JN438869

全球化贸易与管理

全球化贸易与管理

초판 1쇄 인쇄 2013년 3월 8일
초판 1쇄 발행 2013년 3월 15일

지은이 박명섭 · 박우
펴낸이 김준영
펴낸곳 성균관대학교 출판부
출판부장 박광민
편 집 신철호 · 현상철 · 구남희
디자인 이민영
마케팅 유인근 · 박정수
관 리 조승현 · 김지현

등록 1975년 5월 21일 제1975-9호
주소 110-745 서울특별시 종로구 성균관로 25-2
대표전화 (02) 760-1252~4
팩시밀리 (02) 762-7452
홈페이지 press.skku.edu

ISBN 978-89-7986-981-1 93320

* 값은 뒤표지에 있습니다.
* 잘못된 책은 구입한 곳에서 교환해 드립니다.

朴明燮 朴宇 著

全球化贸易与管理

성균관대학교
출 판 부

序 言

当今，我们生活在一个可称之为全球化（Globalization）的时代，而国际交流即是全球化时代的特征之一。人员、货物、服务、资金，甚至于信息方面的跨国交流就是这个特征的具体体现。在整个地球朝着单一的地域单位发展的当今环境下，无论是政府、企业、个人还是团体，如果不依赖于跨越国境的人员、货物、服务、资金以及政府之间的交流是无法生存的。

在这种发展趋势下，从企业的角度来看，企业间的竞争也超越了单个国家的市场范围，进入全球范围内的所谓"全球化竞争时代"。企业的注册国籍变的不再有任何意义，在企业发展有必要的情况下，不同国籍的企业之间进行着大规模的收购、合并、联手合作等让常人想象不到的调整与变化，从而打造全球化产业的全方位国际化发展阶段。此外，企业的人员配备方面也超越了国籍与民族的界限，朝着由不同国家与种族的职员组成的全球化企业的时代发展，成为真正意义上的跨国公司或全球化企业。

而企业之所以朝着全球化的方向发展，这与贸易的全球化有着紧密的联系。在通过原材料的国际调配从而生产并销售商品或服务的全球化贸易的角度来分析，全球化贸易的发展是促使全球化企业发展的重要源泉之一。全球化贸易则是在全球范围内研究诸如“什么时候？什么地点？和谁？做什么交易？为什么和怎么交易？”等有关的问题。二十一世纪的全球化贸易与企业管理与二十世纪的情况在贸易与管理的质、量、深度以及范围等方面有着很多的差别，将来这种差别会越来越显著。因此作为二十一世纪的未来人才，当代大学生们应该对全球化视角下的贸易与企业管理有着系统的了解与认识。

对于韩国来说，贸易是其国家经济发展的源动力。根据韩国贸易协会以及中国国家统计局发布的数据，2011年韩国的货物贸易出口额达到5565亿美元，其中的1347亿美元，即24.2%的份额是出口到中国的。而当今已经成为世界G2的中国，2011年的货物贸易出口额达到18986亿美元，居世界第一，占全世界总额的10.4%。此外中韩两国间的贸易额与两国建交的1992年相比较增长了约为32倍。

作为东北亚地区乃至世界的贸易大国，无论是中国还是韩国，都需要迎合二十一世纪经济政策发展的方向，朝着高度开放型贸易大国的方向持续发展。因此，为了实现这个发展目标，两国政府之间应该进行更多的实质性交流，从东北亚地区开始，建立能够让国内外企业自由而便利地开展全球化商务活动的平台。此外，在与贸易学、管理学相关的学术领域（论文、学术会议、关联专业书籍等）也应该进行更加紧密的合作与交流，共同针对地区的贸易与企业发展形势，进行广泛的交流与探讨。

本书具有包括与全球化贸易、全球化企业管理以及全球化商务有关的基础内容和新颖的数据以及图表分析等特点。此外本书为了让更多的学生和普通百姓都有了解该领域知识的机会，使用了较为通俗易懂的语言和简洁的说明，并使用中文简体进行了整个书籍的编辑。在本书这些特点及优点的基础上，向广大赴韩留学的中国学生、在中国国内相关专业学习的大学生，以及对贸易学、管理学相关知识感兴趣的读者了解并系统的学习国际经济学、国际管理学以及国际商学的相关基础理论知识提供了方便。为他们将来可能成为中韩两国相关领域的优秀人才提供必要的知识养料。

本书大体可分为六个部分、十四个章节。第一部分引入全球化管理与国际企业有关的基本概念。第二部分重点介绍国际贸易有关的理论与政策，焦点是古典与现代贸易理论以及贸易政策和贸易组织。第三部分介绍国际金融的相关问题，主要介绍外汇与国际货币制度。第四部分针对全球化企业的环境进行了分析，主要包括分析全球化下的通商环境的变化，以及介绍为了应对变化而出现的物流与国际协商战略的变化与发展。第五部分介绍全球化企业的战略，主要包括海外市场进入的模式、投资战略，以及战略合作等方面的内容。第六部分在全球化企业运营的角度，从全球化企业运营的四大方面，即全球化企业的营销、企业的生产、财务管理以及人力资源管理的方面进行了系统的介绍。

最后，在此对本书的草稿整理、各种资料分析，以及各个章节内容校对、打字等操作付出汗水和努力的成均馆大学(韩国)大学院贸易学科的中国留学生和毕业生们，以及给予本书出版机会的成均馆大学出版社的编辑以及相关职员们的努力和协助表示衷心的感谢！

目录

第一部分

全球化管理的基本概念

第一章

全球化管理与国际企业

第一节 国际环境变化和全球化管理的概念

1. 对于国际环境变化的理解

到现在为止，因为世界上所谓的3Bs(国境：border，地界：boundary，壁垒：barrier)，管理资源(人，物资，信息，资金等)不能在国际间自由移动，所以企业的管理活动受到了很多限制。

但是最近数年间，国际经营管理环境迎来了3Bs“低下”或者说“缓和”的时代。即迎来了Less 3Bs时代。在这样的变化下，一方面使得指向狭窄国内市场的国内企业，为了在激烈的竞争中求生存而不得不安排战略，另一方面也给指向广阔国际市场的跨国企业提供了挑战新市场的机会。即跨国企业环境的变化是机会和威胁同时展开的。在这里需要注意的是企业全球化配置的产业单位是怎样网络化，以及为了这个网络化如何整备硬件基础设施(hard infrastructure)的？另外是通过有效的制作这样的网络构筑竞争优势的吗？或者说具备竞争优势的网络是如何有效得经营的？等等是今天国际经营管理环境要研究的课题。

虽然作为国家经济地界的国境正在崩塌，但是和从前一样，多样的文化或者制度依据政治的国境，每个国家都具备异质性和多样性。但是政治，经济，社会，文化等全球化(globalization)进程，因为每个国家内在的异质性和多样性在渐渐标准化或者均质化，全球化标准(global standard)正在更加迫切地被需求。所以全球化越是前进，在确认异质性和多样性后，因为尊重存在于全球化管理的展开之中，所以具备了战略价值。换句话说，因为世界经济的全球化，虽然很多国家的生活方式正在变得相似，如果各个国家不能识别其他的价值观，那么不管是什么企业在国际市场上的生存都会很困难。

那么具体的国际环境有什么不一样呢？为了理解这个问题，必须观察“技术”、“经济一体化”、“政治变化”、“市场变化”、“产业变化”等等。

1) 技术变化

技术是指对于人类活动的智慧地应用。在过去，虽然在国际市场是以拥有相对较多的机械或者土地这样的有形资源(tangible resources)的企业或者国家作为强者统治和牵引世界经济的，但是在当今，拥有更多的创意或者技术这样的无形资源(intangible resources)，并使之成为竞争优势来活用的企业或者国家，才能在国际市场中制定新的规则。理由是技术革新正在主导着国际市场。T. 李维特(T.Levitt)教授对上述内容作出了以下说明：

“强劲的力量使得世界市场捆绑成一个共同市场，而这个力量就是技术。通信和运输，还有旅行等的普遍化技术正在扩散。这样的技术才是使没有接触过文明的隔离地区或者贫穷的国民受现代化的诱惑而制造的。任何国家，任何人通过新技术听到的、看到的、体验到的每个东西都使人不能拒绝想要拥有它的欲望。”

在最近的技术发展中，对顾客或者企业有着巨大影响的以电子信息和生命工学为首的领域可以说是让人不禁赞叹。当然，技术革新的效果因为观察视角的不同，同时具有肯定的一面和否定的一面。即，技术的变化虽然给一部分企业创造了新的机会，但是也给其他企业带来了威胁。美国麻省理工大学(MIT)的多媒体领域的布兰德(S. Brand)博士说过："一旦新的技术到达你身边的一瞬间，如果你不能担当起铺路的主角，就会被埋在路基下被世人遗忘。"

还有，虽然与计算机相关的机器的一般费用正在以每年25%的速度减少，但是这个中间与内存相关的费用却在以每年40%的速度减少。虽然计算机的处理速度在25年间增长了200倍，但是在同样的时间里，值得让人惊奇的是费用和能源消费量或者计算机的大小减少了10000倍。如果航空产业以类似的速度发展的话，波音747机现在的价格会降低500美元，用5gal(约18.9吨)的燃料能在20分钟内绕行地球一圈。

在计算机产业的耀眼发展和多样技术的联系与统一中，很多机会被创造出来，同时未来也正在被打开。加利福尼亚的塞特斯(Cetus)(生命工学企业)的费尔德斯(R. Fildes)代表理事在展望中表示："在生命工学和化学，还有计算机等的相互联系发展下，全世界会共有生活方式的基本要素。"麻省理工大学的媒体研究中心也事先预测：三个产业领域(生命工学，化学，计算机)在相互融合的同时，会更加促进广播和多媒体资讯产业，印刷和出版，还有计算机产业等的发展。

所以确保新技术的企业们不光在国内，也会在全世界具备竞争力。最终未来取决于技术，技术革新成功的企业将会成为在全世界具备竞争力的主导企业。

2) 经济一体化

世界的经济一体化是人类经历的最重要的也是最深奥的变化之一。截至19世纪初，经济活动仅仅是局部性的。世界人口大部分的生产与消费都是在50英里以内自给自足式的活动。但是因为技术的发展，生产和运输，通信关联的企业们渐渐扩张到国境，成长为全国性的企业。

进入20世纪，德尔(Deer)(农业机器生产企业)成长成为全国性规模，胜家(Singer，缝纫机生产企业)或者联合利华(Unilever，消费品生产企业)到了跨越国境的扩张阶段。这样的膨胀和扩张在20世纪更加积极得展开起来，进入以 IBM、福特(Ford)为首的富士通(Fujitsu)、丰田(Toyota)随之会合的跨国企业的阶段。

这些企业的出现导致了国家间的经济一体化剧增。美国·加拿大·墨西哥间的自由贸易协定(NAFTA)消除了国家间的贸易壁垒，从而创造了单一的北美市场。欧盟(EU)消除了所有成员国之间的财货和服务，人和物移动的障碍，甚至共产主义国家东欧也掀起了剧烈的名叫"Perestroika[1)](改革)"自由化狂潮。俄罗斯南部的多个城市对于要求财货和服务的自由开放市场的呼声也很高，就连太平洋沿岸的各个国家也加入了世界化的队列。像中国或者印度这样用低薪资高成长进行经济再编的低开发国家们盼望着和在高成长·超高速产业化方面成功的韩国一起前进，来模仿正在进入后期产业化的日本。

3) 政治变化

经济的变化正在引起组织对于政治前景或者对于产业态度的变化。在经济开放之前，国家们通过限制放宽和减税措施等形态赋以新的刺激和保障体系。全世界的所有国家如果减少对产业的支援的话，在撤销企业限制的同时，由国家运营或者管理的国有企业就会被民营化。在很多国家，信息通信和运输，金融业是放宽限制和推进民营化的代表事例。全世界范围内，因为放宽限制和民营化，使得他们的企业面对新的竞争和市场环境。这样的新兴企业正在为上升到主导世界产业的竞争位置上而努力。

---

1) 前苏联戈尔巴乔夫提出的经济与政治体制改革。

4) 市场变化

财货和服务的市场也一样正在全球化。所有的顾客都指望最好的产品和最新的产品，这样的消费趋势使全世界都在同质化。这样的事实就是加利福尼亚的人们想要的东西也是全世界人们想要的，而这样一个市场需要可以总结成“加利福尼亚化”。这个不能单纯地强调成国家或者地域喜好度的差异，最好的产品的意思就是达到世界性的品质水准。最近日本的汽车产业就是以革新的品质改善为基础来主导世界的标准，渐渐地世界市场里面日本汽车的占有率正在变高。美国市场也不例外。因为高品质的进口汽车，美国的汽车制造产业在美国市场的地位正在弱化。所以美国的汽车产业要么赶上日本水平，要么降低价格具备以仅次于日本汽车的竞争力，如果不能创造出对企业价值有利的东西，这样的趋势还会加速。因为再也不能诉诸爱国心来掩盖汽车产业的相对劣势了。在今天，只有世界水平的企业们在扩大市场占有率，没有达到这种水平的企业们一直在丢失市场。

5) 产业变化

主导产业的企业从很早开始在地缘政治上一直在扩张竞争优势，通过统一展开这样的多边化活动来促进全球化。产业的全球化过程始于国家间的战略或者资源的共有和统一。不促进全球化的企业们对于今后会被市场疏远的认识成为了全球化的动机。根据不同的情况，世界化的逆效果并不是没有，但是产业间这样力量的均衡才是第二次世界大战以后促进世界化最强而有力的推进手段。

一个产业的全球化对于属于这个产业的所有企业来说全球化被看作成了一种必需而不是选择。例如，制药界为了新药开发要投入大量的研究开发费用，但是这个不是单纯的以在国内市场开发商品的竞争优势为目的(国内市场防御性的目的)，而是为了在国际市场开发优越的商品来提高在产业内的竞争地位以达到持续性价值的目标。所以企业经营的范围比起局限于狭小的国内市场，应该扩大到机会和价值实现的可能性更高的国际市场，带着这种视角的制药企业越多，就更加能加速制药业的全球化。

消费者家电业的事例被看成是强调世界市场战略统一体战略方案的好事例。飞利浦(Philips)比起持续维持防御欧洲市场占有率战略的日本界企业们，处在了战略的相对劣势上。还有媒体产业全世界形成了5个企业的寡占体系。它们是Time-Warner(美国)，Bertelsmann(德国)，News Corporation(澳大利亚)，Capital Cities(美国)，Hachatte(法国)，这中间只有两个企业是美国企业。在其他的产业比如金融产业，正在由跨国公司过渡到全球化企业。因为对竞争者的不信任，花旗(Citi)集团提出通过企业并购(M&A)变成消费者金融Mcdonald的目标。

出身上海的花旗集团消费者金融组长 Pei-Yuan Chia在和华尔街日报(WSJ, Wall Street Journal)的交谈中说："我们想成为没有地区间差异的Benetton。[2)]"另一方面，法国兴业银行(Societe Generale)的维耶诺(M.Vienot)会长说："在除了原籍国以外的国家，促进消费者金融的方法不得而知。"如果花旗集团正确的话，那么零售金融就会站在包揽零售金融全世界市场的主导位置上。正如它的竞争者法国兴业银行的话，虽然花旗集团是向全世界消费者金融市场投掷新的迷惑的企业，但是因为不可能的梦，竞争力会变得弱化。结果取决于消费者金融市场是否会在真正的全球化中成功，或者是否会留下成为少数国家间的产业。

信息通信业现在刚刚进入急剧全球化的道路。直到数年前通信产业还通常是以依据政府赋予垄断权为主导运营的单一企业。美国电话电报公司(AT&T)和各国的通信公司几乎都是在自己国家内垄断运营的。美国或

---

2) 意大利贝纳通公司，成立于1965年，经营范围：休闲服、化妆品、眼镜等。

者少数国家间的对停滞在地域性垄断公司的企业进行了全球化推进，起因是1984年的法院命令，依据这个法院命令美国电话电报公司的通信权才被分割。这个事件成了容许美国内的通信产业向全世界的装备和电传企业进军的契机。进入美国的企业不光是带来了长距离电传领域非常大的价格下降和生产性的向上，依据美国电话电报公司和地域电话公司(RBOCs)间的竞争也消除了产业的障碍。竞争才能导致在信息传送中传送的内容和经营联合起来。

这样的全球化有多样的推进手段，通过这些手段统一的作用，从而摆脱国境成为创造真正的财货和服务单一化市场的原因。

第二节 全球化管理的定义

1. 全球商务时代的到来

从历史看来，依靠跨国企业，全球商务时代正式开始的时间可以说是在第二次世界大战以后。全球商务的发展阶段按时代可以划分为三个阶段。

第一个时代称为国际商务时代的到来期，是从上个世纪50年代到60年代前期以美国企业为主导而展开，那个时期使用MNC(Multinational Corporation：跨国企业)这样的术语。第二个时期称为国际商务的实现，70年代跨国企业和国家对立的从属理论风靡的时代。第三个时期被称为全球商务时代，从80年代以后跨国企业和国家正式协作的时代。

在这里各国跨国企业最早登场的时间：美国是50年代前期，欧洲是60年代中期，日本是70年代前期，以韩国为首的新兴产业国家(NIEs)是80年代中期才开始的。

2. 全球化企业的发展阶段

在今天，不论国籍，存在于大部分企业的激烈推进的全球化是一个无法避免的课题。企业深切感受这句话的含义，从90年代开始就把全球化当成一个核心的战略课题。推动全球化的企业会和在世界各处运营的多样的企业，这样一连串的概念陷入混乱。即，一个代表性的例子就是，国际化，跨国企业，世界化，还有超国籍企业等在实务或者学界里面往往混同起来。

图 1. 全球化管理的时代区分和各国MNC登场

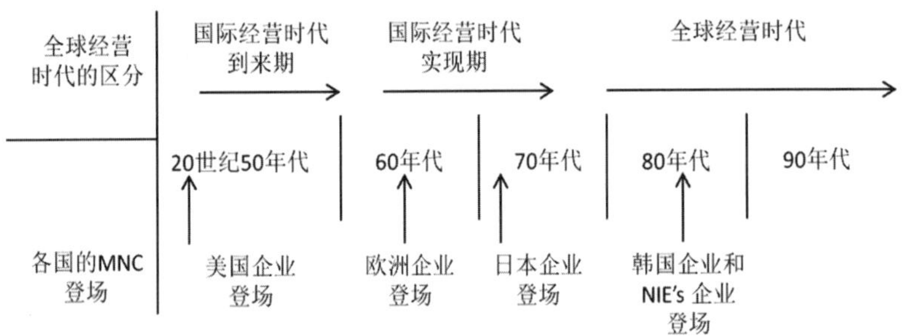

具体来说，国内企业在国际活动，进而连接多个国家，指向各国顾客共有多样资源的全球化企业的发展可以分为四个阶段。那些企业的经营方式和国内企业很不一样，而和国内企业的差异对于决定确保和维持企业竞争力的要素具有重大意义。

全球化企业发展的阶段中第一个阶段是从国内企业开始。因为大部分企业一般都是这样初期指向国内市场从国内市场出发。但是不是所有企业一定要经历这样的阶段，根据企业本土商品的战略改变顺序的情况也很多。

① 国内企业

国内企业(Domestic Corporation)把重点放在本国顾客的要求上面。它们是本国中心主义和本国指向型的。所以国内企业的战略是国内性的。国内企业以本国市场为目标，为了本国顾客的价值创造主要使用本国的经营资源。大部分的企业指向本国顾客而诞生。还有相对的随着市场的变大，以世界市场占有率一定比重的本国特定地区为中心而成长。

例如，在世界市场有相当强市场占有率的可口可乐(Coca-Cola)或者德尔(Deer)是由美国国内企业发展成为全球化企业的典型例子。可口可乐的情况是和美国亚特兰大(有可口可乐博物馆)与东南部地区的顾客成功打交道，德尔是以美国伊利诺伊州和中西部地区为中心事业地区的。但是可口可乐和德尔在20世纪初从美国把它们的特许经营权(franchise)扩张了出去。

② 贸易企业：1660年代登场

贸易企业(International Trade Corporation)是指把企业的财货或者服务为了国内顾客而进口进来或者为了海外顾客而出口出去的企业形态。一个企业想做贸易经营的时候，一开始商业的产品，价格，促销，渠道等市场营销组合(Marketing Mix)尽可能地多在本国尝试也很有意义。通过那样做，他们在可以把重点放在学习实行海外市场的企业经营的方法上。因为时间和资源都没有限制，所以这样的企业需要把重点放在他们最擅长的东西上。

随着时间的推移，贸易企业会认识到为了企业的成功必须适应市场营销组合在各国市场上的差异。例如，虽然在1957年丰田(Toyota)的Toyopet在美国市场上市，但是美国的批评家对Toyopet作出了“价格死贵，动力不达标，设计还跟坦克一样”的批评。丰田把进入美国市场的这样一次失败的经验看成是重要的知识并把它运用到新产品，才造就了今天的成功。丰田这样的失败和成功对于新生企业正给予学习经验和持续经营战略的树立以启示。

③ 跨国企业：1950～60年代登场

一个企业决定要适应市场差异的时候，那个企业是以追求跨国-当地化(multi-domestic)战略的跨国企业(MNCs：Multinational Corporations)来实践的。跨国企业在每个国家树立差别战略并追求当地指向的经营战略。所以跨国企业最大的优点是可以把握各国市场的差异，另一方面最大的缺点是不能认识到各国市场的共同点。

跨国企业根据全世界地区的不同设置地区本部，地区本部通过采用指挥属于那个地区内各国子公司的形态来构筑组织，从而局限总公司对于核心部分的介入，按地区展开差别化战略。

1960年代新西兰的Philips是追求跨国-当地战略的跨国公司中典型的例子。当时Philips对于各个国家的当地市场的对接在持否定态度的前提下运营组织并展开当地化战略。这样的Philips的当地化战略虽然在以日本松下(Matsushita)为首的跨国企业登场之前行之有效，但是渐渐的随着竞争的深化，当地化战略的有效性弱化了。另一方面，松下对于标准化的家庭用游戏机一方面用更加低廉的费用生产，另一方面提出把同样品质的产品提供给全世界顾客的标准化战略，通过全球化战略在全球市场取得了成功。

④ 全球化企业：1980年代以后登场

全球化企业(Global Corporation)通过集中化世界性规模的运营成本优势，从而来确保竞争的优势。因为战略资产，资源，责任和决策是在全球化企业中所以集中到总公司，把全世界市场看成一个市场并展开经营战略。这样的全球化企业在第二次世界大战以后主要出现在主导出口的德国和日本企业中。全球化企业的长处是能同时认识世界市场里面的差别和共同点。这些企业为全球顾客开发适当的产品并追求向全世界扩张产品的全球化战略。同时，通过迎合当地市场需求的产品设计，追求营销的当地化战略。即，通过同时追求产品的全球化和营销的当地化来追求全球当地化(glocal[3])战略从而构筑出竞争优势。

举个例子，松下认识到欧洲的消费者们喜欢价格低廉的电视，所以用低廉的费用生产标准化的产品，从而构筑了以欧洲市场为主的全世界市场的竞争优势。另一方面Philips生产了7个模型来供给欧洲的7个市场。但是因为欧洲的消费者们在产品购买时，趋向于赋予标准的品质，设计和价格更多价值，所以Philips没有能够在彻底的当地化战略中获得成功。Philips这样的产品多样性不是以顾客的需求为基础，而是以Philips的构造和战略为基础，根据各国的市场采用差别设计来生产产品。为了产品的设计和制造，虽然这样的战略决策通过高度的自主权能实现Philips的价值，但是不能被顾客认证为是有魅力的价值。

需要注意的是通过以上四个阶段区分的企业的全球化阶段不是一定要像战术一样区分先行阶段和后行阶段。即，不是国内企业→贸易企业→贸易企业→国际企业→全球化企业这样的顺序过渡的意思。有些企业既可以从国际企业过渡到国内企业，也可以从贸易企业过渡到国内企业。

这样区分全球化企业的发展形态有两个目的。一个是能提供正确区分相互类似而且异质的企业形态的标准，还有一个是对以后要登场的新的企业形态或者发展的企业形态究竟是什么进行想象的时候提供帮助。比全球化企业更有发展的企业形态可以预测为超国籍企业的登场。超国籍企业是为了满足全世界顾客活用全球资源的一种统一的商业系统。但是目前还暂时无法实现。

---

3) Glocal = global + local.

3. 全球化管理的概念

正如所观察到的，企业在全球化阶段中除了不是全球化管理对象的国内企业，为了理解全球化管理的概念先让我们把握好国际经营的概念。根据龙伯克(S. Robock)，西蒙兹(K. Simmonds)，兹维克(J. Zwick)的定义，国际经营是指："跨越国境展开事业活动的企业的研究和作为那个企业的教育对象的经营学的一个领域。这里跨越国境的事业活动的对象包含商品，服务，资本，人力，技术移转和人力管理等。"

国际经营作为独立的领域成为研究对象是在第二次世界大战以后的事情。国际经营作为研究对象起决定性作用是从对'跨国公司'的理解开始的。所以为了理解国际经营的概念先把握跨国企业的概念很必要。因为跨国企业是国际经营的主体，研究对象的中心。根据联合国(UN)的定义，跨国公司是指在总公司所在的国家以外的国家内，存在所有或者正在进行支配的生产或者服务设备的企业。但是现在通过UN里的多次讨论，因为"术语超国家(transnational)包含这些企业从本国公司里面跨越经济国境营业的意思"这点，代替跨国企业"超国家企业(transnational corporation)"这个术语正在被使用。现在跨国企业这个术语正在代替超国籍企业这个术语被普遍使用。即，UN的定义在企业形态从企业构造的变化开始分流的角度，一般情况下跨国企业的概念如以下规定。① 指在两国以上的国家里面保有有形资产并拥有和管理事业的企业，为了得到国内企业分配的利益或者股价差价，和取得外国企业的股份(间接投资)不一样。② 外国的事业活动在本国总公司的共同战略下建立起来。即，如果是在外国单纯地进行直接事业活动，虽然国内企业多多少少能看到国外企业的活动，但是有个特点是在各国市场中作为缜密的进行活动计划和管理的单一企业实体来进行事业活动的。③ 这样的战略展开正在制造出和它对应的组织形态。在事业活动的全体中，海外事业占的比重在增加，这种活动通过长期性和战略性的进行，在国内事业和海外事业间，或者各国的海外事业间的调整统一的必要性下，具备特定的组织形态。

但是从广泛的意义上讲，国际经营的重要关心对象是技术，知识移转，直接投资，间接投资等。国际经营和国内经营不同，具有独特的企业环境。例如，跨越文化的，政治的，经济的传统和制度，经济国境，因为本国和对方国家政府间的关系和货币制度等存在差别，所以国际经营应该是考虑多样环境的企业经营，这个在全球化管理中也一样。

表 1. 根据全球化阶段企业的形态区分

	环境	国境(经济国境)	国家(市场)
国内经营 (国内企业)	×	×	1国
贸易经营 (贸易企业)	○	○	2国
国际经营 (跨国企业)	○	○	2国以上
全球化管理 (全球化企业)	○	△	世界(单一市场)

在这里需要有必要区别全球化管理和国际经营。全球化是指一般情况下企业对于个别国家的市场，比起采用各种不同的战略，把全世界的市场看成是单一市场并树立独立的战略的意思。即，国际化在区分市场单位时以各自的国家为基本单位，企业跨越经济国境进入到其他国家，另一方面，全球化不以经济国境作市场区分。只是，作为全球化企业们指向的目标，“Think Global，Act Local”虽然不区分国境，但是考虑相关地区(市场)的环境。所以全球化管理通过全球化战略(出口，许可证发行(Licensing)，海外直接投资等)，使得世界市场的商品，服务，资本，人力，技术移转和人力管理不受国境限制自由实行的经营活动。同样，由经济国境区别开来的市场统一成一个市场的情况很容易联想到网络卖场。

图2. 企业经营活动场所视角下的全球化管理

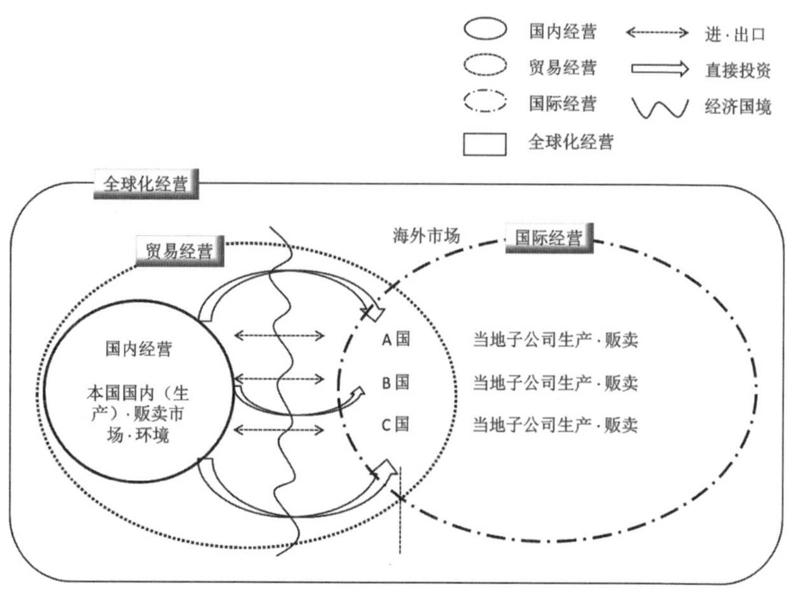

以上立足于国际经营和全球化管理的差异，在本书里面为了达成企业的目的，活动的场所(市场·环境)是以国内市场为中心时，把实行企业经营称作为'国内经营'；更进一步，不光是国内市场，通过贸易把市场的领域扩大到海外时，把为了达到企业目标的经营称作为'贸易经营'。还有企业供给的财货或者服务不光是在国内，进入两个以上的国家并通过制造·生产·营销等一体的经营活动来达成目标的称作为'国际经营'。

最后'全球化管理'从市场，产品，顾客，生产方面可以说明，包括国内经营+贸易经营+国际经营并把全世界看成一个单一的市场，通过全球化战略进行企业经营。即，全球化管理(Global Management)是指全球化企业为了最佳的生产和最佳调配，一边考虑政治，经济，社会，文化等诸般环境，以全世界市场(单一市场)为对象，通过出口，许可证发行(特许经营)，海外直接投资等全球化战略方式，用计划(Plan)，实行

(Do)，调控(See)企业经营，从而创造出顾客价值的经营。另外，全球化企业(Global Enterprise)以世界市场(Ground)为对象，处理成为全球化标准(Global Standard)的商品和服务的企业。在这里，全球化战略不仅包括是像Coca-cola在全世界实行统一战略的情况，还包括像Nestle这样追求全球化战略的同时采取对各个不同市场特性的对接(multi-local)战略的情况。

4. 全球化企业的成功条件

全球化企业是按阶段发展的最后一个阶段，具有特别重要的意义。成为全球化企业绝对不是成为世界一流企业或者成为业界最好的意思。那么作为全球化企业，为了成为世界一流的企业需要哪些条件？如果观察世界范围内正在主导产业的企业特性，会发现具备如下八个属性。

1) 国内企业和全球性企业的共同点

① 是顾客密集型企业。
② 对于国家市场的需要和要求弹力性对应。
③ 人力是所有组织按阶段和按地域选择来雇用和配置的。
④ 持续为改善做努力并且努力提高品质。
⑤ 财货或者服务的生产费低廉。

2) 全球化企业的固有特性

⑥ 正在把世界性的野心和展望，战略性的意志和与这个符合的战略向全世界树立。还有，为此进行的全球信息的收集。
⑦ 以世界的主要据点为中心活动。

这些全球化企业从开发满足本国或者进出口国需要的财货或者服务的水平中脱离，敏感对应包括本国和当地国还有在其他国家新登场的新市场的需要。这些企业不论国籍根据业务任命最好的人选。比起单纯的看作当地子公司的联合或者权威的国内总公司海外据点，把全世界作为一个队伍来强调协调的经营则走在了前列。这样的全球化管理技法不光是在具有代表性的全球化一流企业三星，LG，丰田，可口可乐，本田，联合利华等巨大企业，还在包括广告代理公司没有传播好的许多中小企业和尖端技术企业，对于营销专业化的技术标准化企业，金融机关或者在活用全世界资源和全球化市场经营相关联的咨询公司这样的服务领域出现。还有最近的像网上(.COM)公司亚马逊(Amazon)这样的电子商务(e-Business)企业里也出现得很多。

5. 全球化管理的标准确立

为了使企业经营全球化，第一个阶段是意识变化，接着CEO们认识到产业正在世界化，而为了认识到它需要企业经营的活动基准，首先要具备能够对应世界市场和环境的精神(mind)，只有对应世界性规范的经营活动才会在世界市场里通用。所以在全球化管理里全球CEO的精神态度或者意识是，为了企业实际的商务运行，全球化标准成为了先决条件。

现在说全球化的理由是什么呢？是因为根据世界政治，经济，社会的大转换，全球化的用途也在大为改变。即，可以说从国际(international)开始向全球性(global)的转变。两者都翻译的话，虽然可以说是“国际化”和“世界化”，实际上细微差别(nuance)或者它里面包含的意思也完全不一样。

国际的基本是国民的(national)，即国家。国家和国家间的关系是国际的。韩国和世界各国在所有的领域内都有多种多样的交流。从现在开始到50年前在国际经济里频繁高度成长，虽然追上发达国家很迫切，但是以后应该从国际化的缝隙中逃离出来向全球化前进。全球化是在世界规模，全球规模里的世界化。即，在全地球的外缘积累关系。

冷战结束后，跨越东西墙的贸易或者经济活动的范围正在变得广阔，因为信息通信的发达24小时的交易成为可能。同时，环境问题，人口·食粮等以国家为单位不能解决的，全世界应该一起苦恼的问题正在向多个领域喷发。

同样，跨越国家或者地区而成为世界性规模的课题正在渐渐变多，所以为了应对这个而超越国境能够通用而普遍妥当的“基准”变得尤为需要。这样的全世界普遍妥当性正在成为规范，这个正是‘全球标准(Global Standards)’。

6. 企业经营的全球标准化

不管是哪个国家都具有各自固有的历史和风土人情。存在经过很长时间习惯化的法律和秩序。‘全球标准’决对不是否定国别的独创性(originality)。如果特定的国家具备的独创性在全世界都是有用的东西，它就会被采纳为全球标准。

但是在独创性的名目下，如果固守既得利益或者不公平地活用，这个绝对不能称之为全球标准。韩国的政治，经济系统里面的韩国性质的东西有在世界上不能通用的规范和风土人情。1960年以后，从废墟里到平均每个人的国民所得1万美元上升的过程中，那样的东西在韩国有效地通用了。但是和OECD企业，WTO体系一样的新潮流在进入韩国的同时与韩国固有的经营环境冲突，偶尔也会阻碍发展。

特别是韩国的经济在IMF管理体系下面的时候，从IMF指出的事项中韩国企业的道德风险(moral hazard)可以说是具有代表性的例子。这样的韩国企业一向的制度或者习惯应该在世界上有普遍妥当性和独创性。即，只有确保普遍妥当性和确立世界化的标准才能成为真正的全球领袖

(global leader)。

说全球标准是通过美国式的经营系统来交换的批判很多。即，美国或者英国等发达国家积累过来的20世纪经济社会造成了今天的面貌，在世界上因为美国的影响力很大，所以被强制转换成美国式经营系统。美国式经营系统不管到哪儿虽然对美国企业很有利，但是因为对其他国家还不熟，在竞争中只能处于不利。但是韩国式经营只能在韩国国内通用，在全球市场中的通用很困难。所以韩国企业为了成长为全球化企业，追求具有普遍妥当性的全球标准来应对竞争的课题。

企业为了成为全球标准，从所有的国家或者市场哪里得不到'信赖'的话就不行。即使是美国主张的标准，在全世界得到'普遍妥当性的认证'，如果不能满足'透明性'，'公平性'，'效率性'的基准，就不能说形成全球标准化。

2002年的世界杯不光是韩国的国民们，可以说使全世界的国民们都认证了全球标准化。担任韩国足球代表队教练的希丁克(G. Hiddink)使原本只是领导亚洲地区的韩国足球通过投合全球标准一跃成为足球强国。虽然谁都知道希丁克在执行中运用领导力(leadership)，但是谁都不会在实践中通过运用全球标准使韩国国民实现梦想，让全世界的国民大吃一惊。希丁克的领导力可以归纳为以下几点。他在原则(Principles)上固守'坚强·信念(Hardiness)'和'公正性(Impartiality)'，在战略上强调'强调基础(Fundamentals)'，'追求革新(Innovation)'，'价值的公有(Value Sharing)'，'专业知识的活用(Expertise)'。他这样的领导力是把重点放在明确的目标上，对于周围的杂音没有丝毫动摇，抓住中心向前前进。如果选手们否定希丁克的领导力或者不理会全球化标准的话，是不能完成世界杯四强这个像奇迹一样的大业的。

在企业的运营上也一样，以全球化标准为基础，完成经营的时候就能成长为真正的全球化企业。

7. 自我责任(self-responsibility)原则的风险管理

在全球化标准的放宽限制下，虽然在展开自由竞争和立足于经济原则、市场原理下进行企业活动，但是也要附加上重要条件。它们是‘效率性的原则’，‘自我责任的原则’和‘信息公开的原则’。

在这样的原则下，还有一个重要的东西就是对于经营行为需要当事人自己负责任。例如，因为过度竞争导致的失败，还有因为交易导致损失时，全部需要当事人自己负责。国家的经济向前发展，政府在全球化的经营环境里面再也不能干预或者对企业的经营行为负责任。即，市场经济的原则彻底得成为畅通全球的全球化标准。

自由竞争的原理是指因为非常冷静，所以‘效率性的中止’和‘信息公开’非常重要。危险和收益间是正比例关系。即，危险度高的话收益也高，危险度底的话收益也随之较低，但是问题是不管危险度多高，为了让当事人能充分地了解和判断，信息一定要公开。

自我判断正是指‘危险管理’本身。在开始新的项目或者进行大的投资的时候，收集尽可能大量的信息，分析后应该要准备回避危险的战略。像这样决策就是在自我责任下自己判断的。时间越是流逝，危险就变得更大更复杂。就算是想要把各种危险一个一个来分析和回避，因为各种危险会相互影响，所以回避他们是非常困难的。即，不管是做什么样的决策，危险或大或小经常都会存在。所以现在的企业管理因为前面的原因指的就是危险管理本身。

8. 书面化的标准和事实上的标准

每个国家历史上都会制定各自的基准和标准，它们具备一定的约束力来贡献给政治或者经济发展。基准里有两个流程最近变得更加明显。一个是公共机关制定的书面化的基准(dejure standards)，另外一个是事实上的基准(de fecto standards)。

1) 书面化的标准

书面化的基准是指像KS或者ISO用一定的文件规定的标准。ISO虽然是以工业品为中心，为了国际间的商品或者服务的顺畅流通而规定的国际基准，但是1987年规定了品质管理标准ISO9000以后企业的管理标准要求上更强了，又继续制订了ISO14001环境管理标准。一方面，从2010年8月开始正式生效的ISO26000强调了企业的社会责任以实践为目的。ISO26000是在环境，人权，劳动习惯，支配结构，公正的运营习惯，消费者话题，区域社会参与/社会开发等领域内，通过企业持续的关心和进行有形或者无形的贡献，来接纳社会所要求的需要实现可持续性发展的措施。虽然这个不是强制的事项，但是作出相悖行动的情况下，或吃亏或者发生贸易摩擦。这是在海外投标中，和跨国公司竞争的我国企业一定要做的事情。特别是ISO标准在欧洲地区被强制要求，是在欧洲地区的贸易或者直接投资中非常重要的标准。即，ISO的认证虽然不是强制的，却成了向欧洲地区进行产品出口时的一个壁垒。

2) 事实上的标准

事实上的标准是指在市场竞争中生存的企业产品或者服务成为的标准。即，在市场的贩卖竞争中赢家成为的标准。再加上在市场竞争中胜利的企业会把这个当成基础来继续保持优势。

在电气·电子，信息·通信等高新技术领域，和事实上标准一样，在无法等待时间结果的市场竞争里面，出现了'强者为基准'这样一句话。到现在为止，GE或者Ford等大企业选择的方式在电气机械，汽车产业领域成为了事实上的标准。但是到一定的时候这些企业开发的方式不再成为标准。竞争企业在竞争市场里面占据了优势的话，标准就会被替换掉。

在今天最大·最强的'事实上的基准'是本来是风险企业的微软Windows和世界半导体巨人Intel的Pentium CPU。这两个企业在世界PC市场里面成为了各自领域的世界领头人，与PC相关的企业如果不能与这两个企业各自生产的成品相调和，就会被市场淘汰。其他随从企业在这个市场里只有满足MS或Intel要求的条件，才能在市场里生存。

事实上的标准的重要性在最近抢占DVD标准的Sony和Toshiba的竞争中再一次被证明。在上世纪80年代家庭影视的市场中，索尼的贝塔方式虽然被认证为优秀的技术但是在和JVC的VHS标准竞争中因为落后，结果经历了回撤的伤痛。因为这个索尼和东芝的DVD标准竞争更为引人注意，最终以2008年东芝的撤回宣言而告一段落。这就表示了以后在世界DVD播放器市场上，索尼确保了独占的地位。

3) 全球化标准和价值系统

谈起世界化保准，我们要举丰田(Toyota)的索尼(Sony)的例子，丰田公司从价值体系里面创造的JIT(Just in Time)生产系统因为通过世界性的普遍妥当性得到认证而成为全球化标准，所以具有企业的全球竞争力优势，但是索尼得到了从西欧特别是美国的价值体系中生成的全球标准，所以在适应上有很多困难。在这点上微软或者GE和丰田的情况一样。可以说三星的价值体系和索尼比起来离丰田更近。

第三节 全球化管理的基本和态度

1. 全球化管理的基本

1) 企业经营是附加价值链

企业经营简单来讲，就是调动(input)各种经营资源来创造(output)附加价值的附加价值活动链(chain)。

下面的(图三)是画出附加价值活动链的例子。可以大致分为六个项目。

① 情报的收集和整理·分析：发现想法或者方案后分析·评价技术·财务·营销等视角的可行性。
② 研究开发：设计产品和工程。
③ 试生产：为了生产对品牌的设计，购买，生产，监督等的同时，雇用·训练管理者
④ 市场测试：市场的识别，测试设计和分析。
⑤ 产品导入-产品生产：管理者的雇用·训练，购买，品质管理，财务管理。
⑥ 市场开发：需要的创造，流通渠道，物流的管制等。

2) 世界化市场的价值赋予活动

在世界化市场中，需要把握这六个重要的附加价值活动在何时、何地，由谁来做最有利，并且要分散风险。在这些活动的地点和负责人的选定，以及开始的时机的决定中，都需要决定 ①在本国进行还是在外国进行？②在本公司进行还是通过外包？现在就进行还是其他什么时候进行？等问题。

(1) 本公司的'长处'和'短处'的判断

在这里要做的主要是把之前的附加价值的活动链用从(1)到(6)按顺序(down stream)进行，相对弱化技术资本集约度来渐渐变得劳动集约化。

还有在全球化时代竞争者的角度，最重要的是从这些链中如何正确判断本公司的长处和短处。即，识别本公司的企业特殊性'优势'和'劣势'，在这个基础上构筑最大限度利用'优势'以及使得'劣势'最小化的战略体系。

图 3. 附加价值活动链 4)

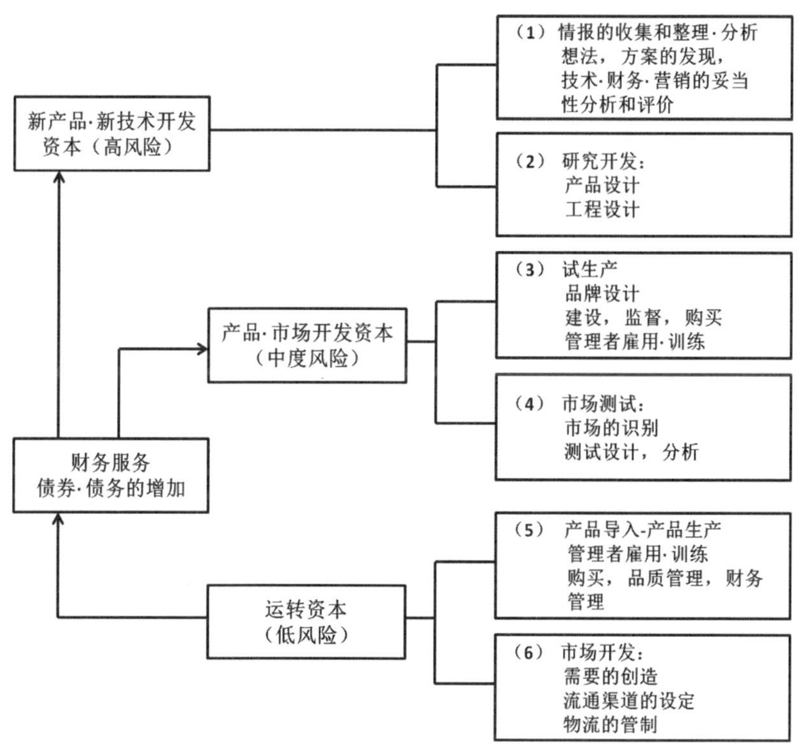

(2) 内部化和外部化的选择

为了最大限度利用优势，所谓经营资源的'内部化(internalization)'战略是最恰当的选择。还有为了克服劣势，实行外部化(outsourcing)可以成为不错的方案。结果是企业可以考虑摆脱整批生产·整批出售的方式，展开部分外订货或者委托(出口)出售的各种投资组合战略。企业

4) 出处：以Richard D. Robinson ed., Direct Foreign Investment: Cost and Benefits, Praeger, 1987为参考作成。

具备的竞争优势(长处)因为时间的流逝，和竞争企业之间根据相对的关系而变化。所以企业对于这样的变化有必要用可以弹性对应的企业文化·组织体系使之变化。

(3) 发现国家特殊性比较优势

就算是迎来了全球化时代，全世界的经济也不会发展到同一个水平。还有全世界的顾客也不会在同质化上发生质的变化。国家之间一定会发生各种差别(gap)和差异。差别从企业的角度看，意思是各国国家特殊性'优势'和'劣势'。即，每个国家都存在'比较优势'和'比较劣势'。一般情况下，先进工业国在资本·技术方面有竞争优势，和这个相对照的是，在新兴工业国或者发展中国家，生产·和劳动的角度有比较优势。

(4) 附加价值链的全球混搭

在经济·经营全球化的今天，企业需要扩张事业展望(经营的展望)，摸索如何通过活用本公司具备的企业特殊性优势并且克服劣势向着世界性规模展开的方法。即，弹性对应剧变的经济·经营环境(国家特殊性因素的变化)，为了实现底费用·高利润应该不断追求附加价值链的全球混搭(mix)。

(图4)中的先进工业国，新兴工业国，发展中国家等，从各国的角度，把资本和劳动的相对费用差用3条直线表示出来。还有(图3)里面显示出来的附加价值链的各个活动理论上最少应该在什么位置也表示了出来。

(图4)是指向全球化的经营者对于本公司的什么(what)项目在何时(when)，何地(where：国内或者国外)，怎样的方式(how：直接投资·合作投资·经营特许权)进行选择，以及是不是需要地点转移(location transfer)等，在立案战略转化计划时作为基本的尺度来提供帮助。

图 4. 国别比较优势和附加价值活动连续的变迁[5)]

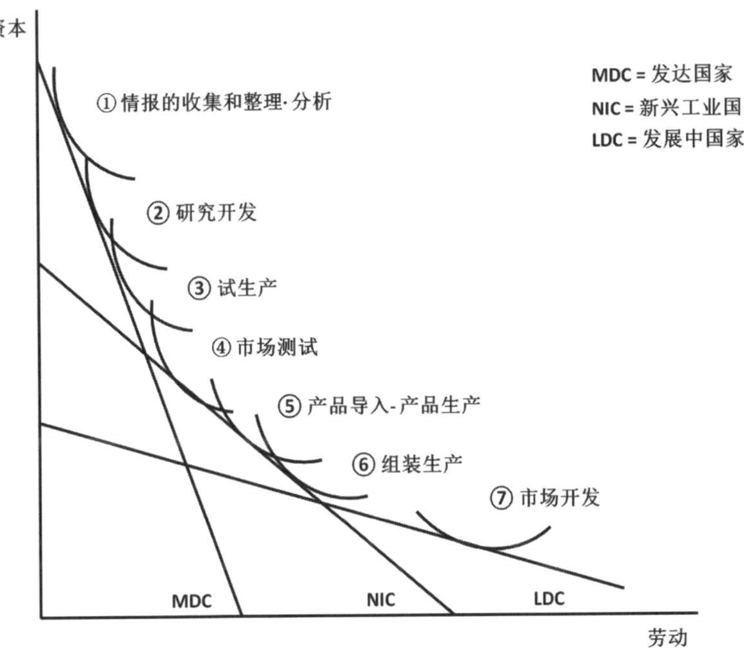

2. 全球化管理CEO态度的重要性

1) CEO的经营态度决定了战略

企业经营全球化从企业的角度看是特别重要的战略性活动，所以对于它的决策只有最高经营责任者(CEO；代表理事)才可以进行。所以最高经营责任者对于全球化管理的基本思考和态度是最重要的。

根据最高经营责任者的意志，对于海外人事或者市场机会的分析，合作伙伴的选定，资金调配等的基本态度也被决定。这样的态度可以分为

---

5) 出处：Richard D. Robinson ed., Ibid, p. XI.

下面四种类型。

(1) CEO的本国指向主义

企业的最高经营者持有本国指向性态度(Ethnocentrism)的情况下，以总公司的价值和利害为中心形成战略性的决策。这样的企业们以利益极大化为优先目的，在本国以同样的方式展开海外经营。所以海外子公司在本公司的经营活动的角度只是陪衬，被看成是本国经营活动的延伸，所以形成了中央集权性的统治。

(2) CEO的当地指向主义

企业的最高经营者持有当地指向性态度(Polycentrism)的情况下，形成了适合国别多样性的战略性决策。这些企业比起利益的极大化优先以在各国的正当性为目的，为了能应对各国的要求展开能适用于当地的经营活动。所以进入到各个国家的支社或者分公司以所在国家的要求为基础，设定本公司要追求的目标，把从当地获得的利益用于当地事业的扩张和成长。

(3) CEO的地区指向主义

企业的最高经营者持有地区指向性态度(Regiocentrism)的情况下，把总公司的利害和地区支社或者分公司混合起来形成战略性的决策。这样的企业们在地区水平下维持利益和正当性的适当的平衡来展开经营活动。例如，在北美地区履行经营活动的跨国企业，比起在个别国家的水准上进行所有决策，更倾向于在北美地区全体的水准上进行决策。

(4) CEO的世界指向主义

企业的最高经营者持有世界指向性态度(Geocentrism)的情况下，把散落在各地的支社或者分公司统一起来形成战略性决策。这样的企业通过全球化商务网络，维持利益和正当性之间适当均衡的同时展开活动。它们的网络也包括利害关系人(stakeholders)和竞争企业。世界指向性企业使总公司和海外分公司有机结合并通过全球性寡占进行经营活动。

和上面一样企业的全球化根据最高经营者具备的趋向，企业和海外子公司或者支社的战略不同。Chakravarthy和Perlmutter对于各个趋向像表2这样进行了比较。

表 2. EPRG模型里面的全球化企业的战略性趋向和功能[6)]

企业的战略性趋向	本国指向型(E)	当地指向型(P)	地区指向性(R)	世界指向型(G)
任务	收益性 (可行性)	所在国家的接纳 (正当性)	收益性和所在国家的接纳 (可行性和正当性)	
调控				
一目标设定的方向 一交流 一资源的分配	上意下达 分层交流 (由本国提供指示，命令和指导) 由本国 决定投资机会	下意上达 (各个分公司根据当地的目的决定) 本国和分公司，分公司和分公司之间的交流几乎不存在 分公司独立决定	由地区内分公司间的相互协商来决定 地区间的纵向·横向交流 地区间资源分配，由本国出示方针	企业在任何水准上都通过相互协商来决定 企业间的纵向·横向交流 全世界性的方案，地区和本国的管理者行使影响力
战略	全球统一	国家的对应	地区统一和国家的对应	全球统一和国家的对应

6) 资料：Chakravarthy, B.S. and Perlmutter, H.V. (1985), "Strategic Planning for Global Business," Columbia Journal of World Business, Vol.20(2), pp. 5-6.

企业的战略性趋向	本国指向型(E)	当地指向型(P)	地区指向性(R)	世界指向型(G)
组织构造	分层商品事业部	带有自律国别组织的阶层地区事业部	按产品·按地区决定组织的矩阵组织	网络组织(包含一部分利害关系人和竞争企业)
文化	本国	所在国家	地区	世界
记述功能 —生产技术	大量生产	批量(batch)生产	柔软的制造	柔软的制造
营销功能 —产品计划 —营销组合决定	产品的开发主要决定于本国顾客的需要 由本部决定	开发满足当地需要的当地产品 由当地决定	虽然在地区内形成标准化但在地区间未形成 由地区决定	考虑当地多样性的全球产品 依据相互协力决定
资金功能 —目的 —金融机关	把利益汇款到本国 本国的金融机关	把利益保留在当地 当地的金融机关	在地区再分配 地区的金融机关	全世界性的再分配 全球金融机关
人力资源管理功能 —配置 —评价和管理	全世界的重要职位由在本国内养成的人才配置 适用本国基准评价人才和成果	当地的重要职位由在当地养成的人才配置 适用当地的基准评价人才和成果	地区的重要职位由在地区内养成的人才配置 适用地区的基准评价人才和成果	全世界的重要职位由在全世界养成的人选配置 适用全世界的基准，适用符合当地情况的加权值

(5) 变化的E-P-R-G(profile化)

在这里需要注意的是，如果说全球化的推进，虽然可以想象成从通商，本国指向(E)开始，向当地指向(P)移动，经过地区指向(R)，最终到达世界指向(G)的经过了E-P-R-G的过程，但是正如从图5中看到的经营全球化的过程实际上是多样的。

图 5. 全球化的方向

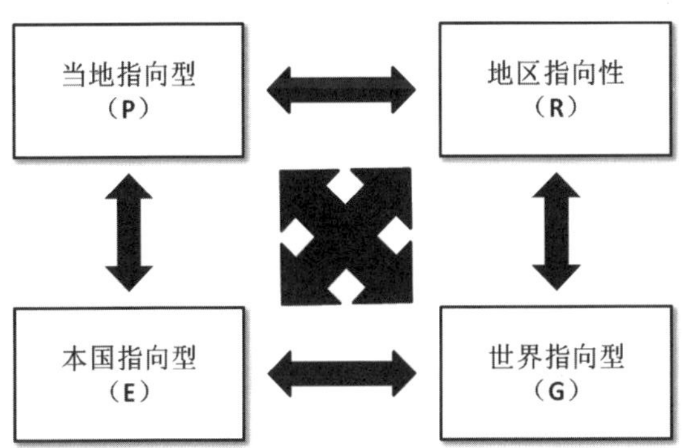

在最高经营责任人中，有从本国指向型到以世界指向为目标的情况，最初虽然是当地指向，但是根据经营环境的变化也有停滞在当地指向的情况，连重返本国指向的情况等各种情况都存在。即，根据企业的经营环境和战略，要注意到不是所有的企业都是以一定的模式在进行全球化这一点。

2) 全球化程度的测定指标

作为决定企业全球化进展程度的测度，经常使用的指标是企业的①海外收益，②海外的销售实绩，③海外资产，④外国人职员的数量等使用可以定量的绩效标准的情况很多。他们的客观指标是为了测定全球化进展程度非常有用的资料。

但是对于这种方法的妥当性持怀疑态度的人不在少数。即，海外出资比率或者外国人职员数量或者海外投资比率和资产的分配情况等对于了解企业经营全球化推进程度虽然有用，但是只靠这个不能正确反应企业的全球化面貌。同时对于最高经营层全球化管理活动的态度的理解是必要的，这样的话前面出示的E-P-R-G模型可以起到很大的帮助。

3) 现今要求的经营者意识革命

全球化不是以人，物，金等经营资源的'世界性扩张'结束的。当然，虽然这些经营资源是全球化的必需品，但是如果企业在真正意义上以全球化为目标，正如先前在全球化标准里面记述的一样，'心'的全球化是必需的。即，最高经营责任者的意志比什么都要重要。如果最高经营责任者的全球化没有意志，那么只有空虚的回音而已。

韩国企业现今从本国指向(输出中心主义)渐渐向当地指向(P)，地区指向(B)，世界指向(G)中的一个方向发展，但是没有准确的解答说具体是哪个方向。理由是依据产业，企业，产品，进出口路线等各种变数，全球化的方向也不一样。重要的是经营者需要知道不用什么样的意识改革，这个叫全球化的障碍物就不能被轻易跨越过去。

以后我们会对企业全球化的各个角度进行观察。即，对于环境角度，战略角度，运营角度等仔细的处理。虽然总公司提出的各种见解到现在为止跟学者们的见解还不一致，但是在实际经营全球化企业的角度可以提供参考的头绪，会成为学习全球化管理的学生们的领路人。

第二部分

国际贸易理论与政策

第二章

古典与现代贸易理论

第一节　古典贸易理论

1. 绝对成本学说

亚当 · 史密(Adam Smith)在他的著作〈国富论〉(1776年)中写到国际分工是因生产费用的绝对差异引起的。绝对生产费用学说是：为了商品的生产,以假定仅仅把劳动力作为唯一生产要素的劳动价值学说为基础的学说。因此，商品的价值可以表示为投入的劳动量。

在〈表 2-1〉中，假设英国生产1单位的毛织物所需的劳动量是100人，生产1单位的葡萄酒所需的劳动量是120人。葡萄牙则是两种材料1单位生产各需110人和80人。这种情况下，英国对于毛织物生产占绝对优势，葡萄牙则是葡萄酒生产占绝对优势。因此，英国生产毛织物，葡萄牙生产葡萄酒，各自专业化集中生产后交换,与之前的生产比较,能增产毛织物 0.2单位和葡萄酒 0.375单位，从而产生贸易利益。

如〈表 2-1〉所示， 两国不仅总体的生产量比之前增加了。而且，因绝对生产费的差异可以得到贸易利益。即，随着英国和葡萄牙之间贸易的开始，英国专业化生产毛织物增产0.2单位，葡萄牙专业化生产葡萄酒增产 0.375单位.因此，达成贸易的话就能产生这种贸易利益。

表 2-1. 对于绝对成本学说的贸易利益

		英国	葡萄牙	两国 合计
贸易前	毛织物	100人(1单位)	110人(1单位)	2单位
	葡萄酒	120人(1单位)	80人(1单位)	2单位
贸易后	毛织物	220人/100人=(2.2单位)		2.2单位
	葡萄酒		190人/80人=(2.375单位)	2.375单位

结论是亚当.斯密的绝对生产费用学说是对于生产而言，把与其他国家相比具有绝对优势的材料进行输出，具有绝对劣势的材料进行进口的情况下，两国都能得到贸易利益。因此，把生产的绝对优势规定为贸易发生的重要要素。

2. 比较成本学说

李嘉图(David Ricardo)的比较成本学说是说一个国家对于两个商品都处于绝对优势(或绝对劣势)，根据比较成本的差异，贸易能够进行的事实。补充了亚当.斯密的绝对优势论的理论，进一步巩固了劳动价值学说的立场。李嘉图和亚当.斯密不同的是他认为在生产费用存在相对差距的情况下贸易也是成立的，并且提到一个国家对于生产费用专业化生产具有相对优势的材料进行贸易，不仅是当事国家，甚至全世界也能得到利益。

根据<表 2-2>，英国生产1单位的毛织物需要100人的劳动力，生产1单位葡萄酒需要120人的劳动力.然而，葡萄牙生产1单位的毛织物需要90人，生产1单位的葡萄酒需要80人的劳动力。

英国与葡萄牙比较，两个产品生产都处于劣势.然而，不利程度对于葡萄牙与英国的比率来看，毛织物是100/90，葡萄牙生产费用的110%。葡萄酒是120/80，葡萄牙的生产费用的150%。

表 2-2. 对于比较成本学说的贸易利益

		英国	葡萄牙	两国 合计
贸易前	毛织物	100人(1单位)	90人(1单位)	2单位
	葡萄酒	120人(1单位)	80人(1单位)	2单位
贸易后	毛织物	220人/100人=(2.2单位)		2.2单位
	葡萄酒		170人/80人=(2.125单位)	2.125单位

得出的结果是生产葡萄酒是更加不利的。所以，英国对毛织物，葡萄牙对葡萄酒专业化集中生产的话，英国会增产0.2单位，葡萄酒会被更多的消费。反之，葡萄牙增产0.125单位，毛织物会被更多的消费。

通过国际分工英国和葡萄牙做贸易的话，会出现毛织物0.2单位和葡萄酒0.125单位的生产量增加和消费量增加，李嘉图把这个称为贸易利益。

但是，这样的比较生产费用学说具有如下几点的限定性。

第一，生产的产品的价值不是根据投入的劳动，供给(生产)成本而决定的。因为受到需求的压力影响，即使生产费用相同，然而根据需求的大小程度，价格又会变的不同。这是李嘉图以劳动价值学说为根据理论展开，之后米尔(Mill)和林德(Linder)的埋论中又对此做了补充。

第二，现在增加生产量时，生产单价的上升或下降的情况很多，收获不变的假设不具备普遍性。所以李嘉图的收获不变生产假设是不普遍的。

第三，在现实中，需要跨越关税或非关税壁垒等诸多的壁垒。与此相反，李嘉图是以贸易没有障碍为前提展开了理论。

3. 相对需求学说

根据比较生产费用学说的原理，各国具有比较优势的材料专业化集中生产的话，贸易当事国能得到利益。但这个原理没有说明利益是怎么分配的。即，没有提到什么能确定交换比率，在哪里确定交换比率。

英国的密尔(John Stuart Mill) 对李嘉图的相对优势论的进行了补充，对古典贸易理论做了进一步的完善。即，密尔说明了两国之间的交易条件是以交易当事国的机会成本(国内交换比率)为上下限，并且两国的相互需求一致的条件下所能决定的。在这种确定的交易条件下，一个国家的出口量和对方国家对于这个品种的进口量变的相同，两国所能得到的贸易利益能够准确的预测出来。

如<表 2-3>所示，假设在英国集中相同的劳动力能够生产棉布10码或亚麻布15码，在德国集中相同的劳动力能够生产棉布10码或亚麻布20码。

这样从<表 2-3>中能够了解到英国对生产棉布具有比较优势，德国是对亚麻布生产具有比较优势，两国间形成了英国出口棉布进口亚麻，德国出口亚麻布进口棉布的生产，贸易模式。

英国把10码的棉布出口给德国，如果进口亚麻布达不到15码以上的话，这样的交换条件是不能成立的。英国以10码的棉布作为交换，能够收到的亚麻布数量是15码以上，越多的话英国的得到利益就越多。

表 2-3. 密尔的生产量比率的原则

	英 国	德 国
棉布	10	10
亚麻布	15	20

(单位：以同样的劳动量可以生产的码数)

另一方面，德国如果以20码以下的亚麻布不能换取10码的棉布的话，交换条件是不成立的。德国越是以比20码数量更少的亚麻布进口10码的棉布的话，利益就越大。这是因为能够以较少的亚麻布进口一定数量的棉布。

两国之间的交换比率越是接近于贸易前的英国的交换比率(棉布10码对亚麻布15码)，对贸易而言，德国的利益越多，英国越少。相反，贸易前德国的交换比率越接近于(棉布10码对亚麻布20码)，英国的利益越多，德国的利益越少。即，英国和德国两国共同谋求的贸易利益的国际交换比率范围是棉布10码，亚麻布必须在20码以下15码以上。

此外，李嘉图是根据比较生产费用的差异比较决定贸易的模式，密尔是根据生产量的比较来决定贸易的模式。

第二节 近现代贸易理论

1. 机会成本说

哈伯勒(Gottfried von Haberler)摒弃了扩大生产投入要素的学说[7)]，根据比较成本提出了和一般均衡理论相适应的机会成本说。机会成本是为生产一种产品而放弃另一种产品的代价。这个理论是用一种放弃生产的产品表示另一种投入生产的产品。后来随着产品生产量的增加也考虑到递增费的产生，将固定的机会成本扩展到机会成本递增或递减的分析。

固定生产成本下的贸易在现实中很难起到作用。这是因为在固定的机

7) 单一的生产要素，同一性质的生产要素，固定的成本。

会成本下，随着X产品生产量增加一单位，Y产品生产量以同样的数量减少，所有的生产要素和产品的生产相互协调。然而实际上国内所有的生产要素中X产品的生产和Y产品的生产不会一致协调。由于所有的生产要素不能协调产品的生产，这样就产生了递增费。

古典学派的贸易理论中，可以假定固定成本完全专业化。然而上述这种情况不可能是完全专业化，仅仅有可能是不完全专业化。

2. 赫克舍尔-奥林定理

赫克歇尔(Eli Filip Heckscher)和俄林(Bertil Ohlin)认为如果两个国家之间生产要素禀赋产生差异，由于产品的生产投入资金和劳动生产率不同，从而成本产生差异。成本的相对差异是贸易产生的原因，这点和李嘉图的理论是类似的。不同的是，李嘉图认为成本相对差异的产生是由于各国劳动生产率的不同决定的，然而赫克歇尔-俄林则认为是由于各国的生产要素禀赋不同而产生的。如果不存在劳动生产率差异的情况下，凭借李嘉图的理论就不可能产生贸易，而依照赫克歇尔—俄林的理论，要素禀赋的不同产生成本差距，如此以来就可以产生贸易。实际上根据生产要素禀赋理论，对于同一种产品，成本上产生差异是相当具有说服力的。和李嘉图不同的是，赫克希尔-俄林理论考虑到资金的投入，并且假设有可变的机会成本和不完全专业化。特别是赫克歇尔-俄林理论对第二要素模型的所得分配，产业间的要素分配和资本积累或者各个国家间要素移动的问题等都能做出分析和解释。从这点上来说，赫克歇尔-俄林理论为国际贸易理论发展的前期提供了决定性的意义。

第一命题：要素禀赋理论

贸易当事国之间的生产要素赋存量的不同产生了成本的差异，进而产生了贸易。各国使用相对丰富的生产要素生产出的产品也具有比较优势。例如中国有着相对丰富的劳动力而美国有着丰富的资本。由于中国的租金低，劳动密集型产品的生产具有比较优势；而由于美国的利息低，资本密集型产品的生产具有比较优势。这种情况下如果增加中国劳动密集型产品的生产，同时也增加美国资本密集型产品的生产，并且相互进行贸易的话，两个国家都会产生效益。

表 2-4. 要素禀赋理论

中国	劳动力丰富	租金低 → 劳动密集型产品的生产具有比较优势 → 劳动密集型产品生产的专业化 → 出口劳动密集型产品
	资本稀缺	利息高→资本密集型商品生产有比较劣势→资本密集型商品生产减少→进口资本密集型商品
美国	资本丰富	利息低 → 资本密集型产品生产具有比较优势 → 资本密集型产品生产的特殊化 → 出口资本密集型产品
	劳动力稀缺	租金高→劳动密集型产品的生产具有比较劣势 → 劳动密集型产品生产减少 → 进口劳动密集型产品

第二命题：要素–价格均等化理论

即使一个国家不把用生产要素投入的劳动和资本移动到另一个国家，而是用此生产要素生产的产品进行贸易，那么两个国家的生产要素的相对价格(=租金/利息)也会最终趋于一致。

一旦进行贸易，在中国，进行贸易前生产资本密集型产品所需的资本和劳动力会向着劳动密集型产品的生产移动并投入。这样生产劳动密集型产品需要的劳动力会相对增加，需要的资本会相对减少。这样就造成了生产要素中的劳动力价格的上升和资本价格的下降。美国的情况恰恰相反。

表 2-5. 要素-价格均等化理论

中国	劳动密集型产品生产的专业化 → 对劳动力需求增加 → 租金上升
	资本密集型产品生产的减少 → 对资本需求减少 → 利息下降

美国	资本密集型产品生产专业化 → 对资本需求增加 → 利息上升
	劳动密集型产品生产的减少 → 对劳动力需求减少 → 租金下降

归纳来说就是在进行贸易前形成的两国间的生产要素价格的差异趋于减少，所以说要素相对价格均等化的形成就是第二命题的内容。

3. 里昂惕夫反论

关于赫克希尔-俄林定理解释现实的国际贸易存在的问题，里昂惕夫(W. Leontief)头一次用美国经济作为研究对象进行验证。他对美国在1947年的投入产出表做了分析，结果表明美国进口替代品的生产资本是出口所需的资本的1.3倍。和其他贸易国家相比，资本相对丰富的美国反而应该出口劳动密集产品并进口资本密集产品。如果存在这种事实，美国经济中的赫克歇尔-俄林定理将不再成立。这就是里昂惕夫反论(Lenotief paradox)。

很多经济学家对于反论的原因提出了各自的统计性的根据。然而得出反论结果的里昂惕夫自己却从各个国家间劳动生产率的差异中找到原因。即赫克歇尔-俄林定理中生产要素被分成劳动和资本，每个国家之间生产要素的质量是相同的。然而现实来看美国的劳动力比其他国家的劳动力生产率要高。从数量上看，美国是资本丰富的国家；从质量上看，是劳动力熟练的国家。若把生产要素分成熟练劳动，非熟练劳动，资本这三种，美国相对来说具有利用熟练劳动密集型产品生产的相对优势。这说明里昂惕夫的反论实际不是反论，只是把生产要素按照质的要求进行细分而已。如此看来，里昂惕夫反论也从一定程度上证明了赫克歇尔-俄林第一命题。

4. 斯托尔珀-萨缪尔森定理

在赫克歇尔-俄林定理占主导地位的贸易界里，某商品的价格变动必然引起生产要素之间相对价格和实际价格的变动，征收关税会对各生产要素间的所得分配产生影响。能对这种现象做出分析的就是斯托尔珀-萨缪尔森(Stolper-Samuelson)定理。即当某国家进口相对稀缺产品时，若对此进口产品征收关税，它的相对价格就会上升。稀缺产品的价格上升导致对稀缺产品拥有者进行有利的收入分配。而贸易保护就是对稀缺生产要素的所得进行有利的再分配。

斯托尔珀-萨缪尔森定理虽然只是在赫克歇尔-俄林模型下具有一定的合理性，但是也阐明了与贸易政策相关的重要意义。从历史看，在英国的工业化进程中，地主阶级一直拥护对进口谷物所征关税，这也能有力诠释此定理的意义。

5. 其他现代贸易理论

1) 代表性需求理论

林德(S. B. Linder)的代表性需求理论(representative demand theory)从需求方面说明了比较优势产生的原因。

林德在贸易理论中把考察的商品对象严格的分成一次产品(初级产品)和二次产品(加工产品)，赫克歇尔-俄林定理中根据自然资源赋存状态只能决定一次产品(初级产品)的贸易模式，并主张对其进行广泛的吸收引进。

然而林德涉及到各个国家在某范畴内生产的除一次产品(初级产品)以外所有的出口产品的类型。出口产品的范畴是根据国内需求所决定的。某产品在国内消费并投资生产是此产品成为出口产品的必要条件而并非充分条件，这就是林德的命题的基本内容。然而为了缩小过于广泛的出口产品的范围，某产品成为出口产品的必要条件就是此产品在国内必须存在代表性的需求。如果国内需求不存在，第一，企业主不会考虑在国内不存在需求的产品的生产；第二，即使存在外国的需求，也不一定产生完全满足国外需求的想法；第三，即使产生满足国外需求的想法，也需要在不成熟的条件下引进大量的设备，这种情况下很难成功。基于上述三种理由，不可能进行商品的廉价(即比较优势)生产。

2) 研究开发要素理论

基辛(D.B.Keesing)、格鲁伯(W.Gruber)、梅尔塔(D.Meita)、维农(R.Vernon)在影响贸易和国际投资模式的生产要素中，认为被称为研究开发要素(R&D factor)的新生产要素对贸易产生决定性的影响。他们对美国产业进行比较优势的实证分析，得出了科学家和技术人员数量多，研究设备完善，并且研究费用相对来说比较充足的产业拥有比较优势的结论。并且对航空工业，电子工业，武器产业等所谓的尖端科技产业中的比较优势和贸易模式进行了进一步阐述。

然而研究开发要素只能看作是一种技术或者其他生产要素，只不过由资本，劳动，资源其中的一项构成的而已。从这个角度上说和赫克歇尔-俄林的要素禀赋理论在本质上还是一致的。

3) 产品生命周期理论

产品生命周期理论(product life cycle theory)是指一种产品和人类生命一样也具有营销生命和变化形态，并且发生的时间和过程也不尽相同，表现为不同国家在技术上的差距，从而决定了国际贸易和国际投资的变化。

产品生命周期理论上分为介绍期(或引入期)，成长期，成熟期，衰退期4个阶段，对产品进入市场到退出市场的过程进行了阐述。根据这个理论，新产品进入成熟期，随着产品由大众化向标准化转变，并依靠先进生产技术和熟练的劳动，产品生产成本低而产量大。产品由比较优势明显，新技术开发成功的发达国家引进到劳动力相对低廉的发展中国家。

表 2-6. 产品生命周期(Product Life Cycle)

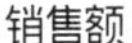

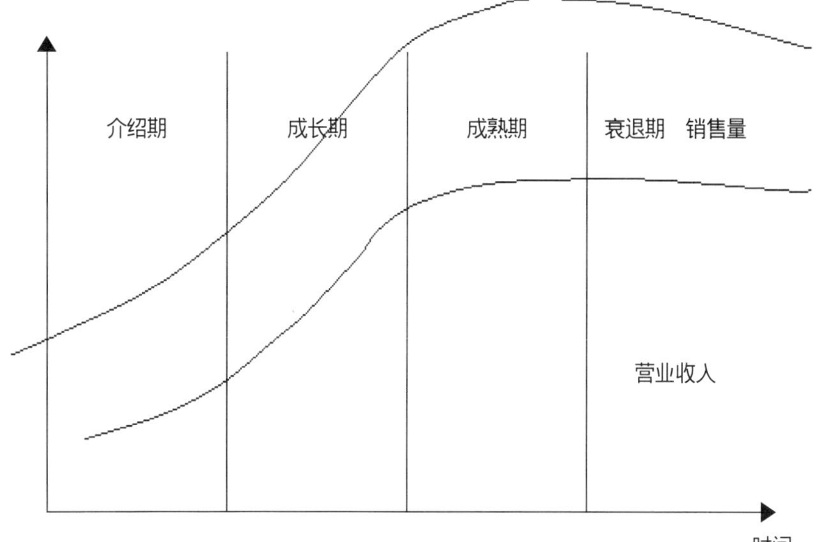

第三章

贸易政策

第一节 贸易政策

1. 贸易政策的概念

政策一般是指政府为了实现一定的目的而采取的行为。贸易政策则是为了要实现影响国际贸易的目的而实行的政府干预。贸易政策大体分为自由贸易政策和保护贸易政策。自由贸易主义认为自由贸易可以给一个国家及整个世界带来利益，并主张废除阻碍国际贸易发展的制度和要素。相反，保护贸易主义是通过对国内产业的保护和扶持以改善就业和国际收支为目的并主张抑制进口。

然而，贸易政策之前一般是随着时间和场所的不同而被选择性适用的。从16世纪到18世纪中期的重商主义时期以与殖民地开展的贸易活动为开端为了积累财富采纳了立足于贸易差额论的完全保护贸易政策。

相反，18世纪后期以后，同产业革命一同成长的英国立足于李嘉图的比较成本论为了享受自由贸易带来的利益而实施了自由贸易政策。然而，19世纪中期分别通过普法战争和南北战争而实现了统一并且很晚才发展产业革命的德国和美国认识到了保护本国幼稚产业的必要性，并采纳了保护贸易政策作为赶上发达国家的手段。

随后，第二次世界大战以后，GATT(关税及贸易总协定)和国际贸易协议的制定降低了关税税率，关税税率降低后的自由贸易政策虽然在世界范围内被广泛的推广，但在1973年的石油危机以后摆脱不了萧条时期的发达国家以统称为非关税壁垒的各种保护贸易政策作为手段强化了新保护贸易主义。

2. 自由贸易政策

如今地球上没有任何一个国家追求之前所提到的贸易理论中的完全自由贸易主义。从历史上看，几乎所有国家在扶持幼稚产业的力度方面虽有差异，但一直都实施着保护国内市场的政策。即除了管制经济时期(19世纪的英国和第二次世界大战以后的美国)，其他各个时期大部分国家都采取并实施了保护贸易主义政策。然而自由贸易主义凭借其理论背景被看作是世界经济必须要解决并完成的课题，对个别国家贸易政策的建立影响深远。

再加上当今的信息通信革命急速的推翻了国家间的经济障壁，加速了全球化的发展。考虑到世界经济的发展潮流，要想激活世界经济并深化国际经济，自由贸易主义乃至经济的开放化必然是不可逃避的课题。

表 3-1. 自由贸易政策的经济收益

静态效应	消费者利益
	生产者利益
动态效应	规模经济效应
	国内经济效益增加

那么下面我们来了解一下自由贸易政策的理论根据。自由贸易政策的经济收益大体分为静态效应和动态效应。前者又分为消费者利益和生产者利益，后者分为规模经济效应和增加国内经济效益。

1) 消费者利益

消费者利益是指贸易自由化导致商品价格下降，从而使商品消费者(包括家庭和企业)从中直接得到的收益。消费者利益中的一部分来源于贸易自由化之前通过关税和非关税壁垒来维持高昂的价格进而从中受益的国内生产者的收益和政府关税收入的转移。

2) 生产者利益

贸易自由化强调以进口商品代替生产效率低下的国内产品。因此贸易自由化通过把低效率性行业的生产要素尽可能的再分配到具有比较优势的高效益性行业上，使生产者从中受益。即贸易自由化会给生产效益低下的生产者带来损失，其他生产者扣除损失后仍会有很大的剩余，所以整体从经济性的角度来看，会带来生产者受益的净增。贸易自由化的实施会凭借生产者收益及其附带效应使一个国家的比较优势产业发展更为突出，而且会大大加强其国际竞争力。然而从另一方面来看，贸易自由化由于伴随着之前存在的生产效益低下的生产者损失，所以会导致在过度调整产业结构方面上的问题。

3) 规模经济效应

贸易自由化扩大了贸易产业可以竞争的市场。一般情况下，尽可能地扩大生产规模就会相应地降低单位生产成本，进而从中得到收益。然而规模经济效应不仅包括为了实现高效生产活动，在具有相对大型且合理的工厂规模的行业中进行大规模生产，从中取得的降低成本效应，而且还包括通过贸易自由化而得到发展的同种行业内的专业化规模经济效应。

4) 国内经济效益增加

贸易自由化具有加剧在国内市场上国企和外企间竞争强度的效应。在垄断企业问题极其严重的小规模经济上，由于垄断企业和外企也必须要互相竞争，贸易自由化致力于通过技术革新来提高生产效益，因此会实质性的增加经济收益。国内市场相对狭小，为了进行高效益生产而必须具备大型且合理的工厂规模的行业中自然难以避免垄断企业的存在。然而垄断企业一般不会致力于通过品质改善和技术革新来提高生产效益，只是专门通过垄断状态的维持来试图实现利润最大化。

3. 保护贸易政策

自由贸易论的可行性就像古典学派的见解一样不是很普遍的。即：第一，必然不会满足作为自由贸易政策重要理论根据的比较成本原理；第二，自由贸易的专业化使各国的产业结构及贸易模式固定化，因此不发达农业国不可能实现工业化；第三，自由贸易改善发达国家的贸易条件，反之恶化不发达国家的贸易条件，使贸易利益从不发达国家向发达国家回返。

1) 不完全满足比较成本原理的所有条件

比较成本原理具有很多前提条件，其中最重要的前提条件是在国内生产要素是自由转移的，产业间的生产要素必须很容易转换。当然在满足所有条件的情况下会实现资源的最佳分配及生产和消费的最佳状态，然而生产要素的自由转移是必然不会实现的。

可以这样说，不发达国家劳动的转移受各种条件所制约，因此产业间存在着生产效益及工资上的差异。这种情况下实现不了资源的最佳分配及生产和消费的最佳状态。所以在不完全满足生产要素自由转移等比较生产原理的所有条件的情况下，由于自由贸易的主张存在问题，因此最佳政策的保护政策正被人们所接受并得到承认。

2) 产业结构及贸易模式的固定化

自由贸易的实现会使各国根据其经济条件形成专业化，并根据此专业化的形成来决定各国的产业结构和贸易模式的发展趋势。依据比较成本原理的实际结论，发达国家依靠其资本丰富，技术发达的优势实行工业领域的专业化更为有利，而不发达国家因其资本短缺，技术落后，但农业资源丰富，所以在农业领域的专业化更为有利。

专业化的形成使发达国家可以向不发达国家出口工业品，不发达国家向发达国家出口农产品。这在国际贸易活动中是一个很显著的表现形式，存在于发达国家与不发达国家间的垂直贸易形态中。

根据以上结论，发达国家通过集中实现工业领域的专业化，完成高度的工业化来实现贸易能动效应最大化。而不发达国家则通过集中实现农业领域的专业化，失去了向工业化发展的机会。正因如此，直至今日，发达国家和不发达国家间的经济性差已逐渐扩大，所以如何减少双方收入差异就成为了一个话题。

3) 不发达国家贸易收益的损失

自由贸易改善发达国家的贸易条件，反之恶化不发达国家的贸易条件，因此贸易收益从不发达国家转向发达国家。例如，如果发达国家和不发达国家分别通过实行工业品生产和农产品生产的专业化来进行自由贸易，那么由于工业品的贸易条件变得有利，反之农产品的贸易条件变得不力，因此对发达国家是有利的，对不发达国家是不利的。

第二次世界大战以后，如果除去一定的期间，那么一个国家对作为不发达国家专业化产品的初级产品实行专业化，即使增加生产量，由于贸易条件的恶化，实际收入也会有减少的趋势。

4) 幼稚产业的倒闭

贸易自由化对国内幼稚产业的负面影响尤其深重。比起发达国家发展中国家受到影响的可能性更大。发展中国家除了少数的劳动密集专业化产业以外大部分在资本，技术，经营，组织方面都有很多的漏洞，因此国际竞争力很微弱。

正因为如此，采取关税下调和过急的进口自由化措施会使国内的幼稚产业被强大的外国企业所践踏。所以大部分发展中国家通过高关税和进口限制来保护本国的幼稚产业。GATT也对其给予许可，WTO也对其例外的给予承认。

5) 国际收支的恶化

贸易自由化促使国际竞争力较弱国家的国际收支恶化。本国产业的基础不完善且国际竞争力较弱的国家通过进口自由化的实施使质量好，价格低的商品大量涌入。即，如果进口扩张过于急速，则无法摆脱国际收支的长期贸易逆差，如今很多国家采取进口限制措施的重要原因中其中一个就是为了防御国际收支长期贸易逆差。

4. 关税

1) 关税的种类

关税(customs, tariff)是指对本国的进口商品所征收的税收。按照征税商品流向，征税目的，征税方法的不同分别分为以下几个种类。

① 按征税商品的流向关税可分为出口税，进口税和过境税等几个种类。

出口税的征收目的主要是为了增加财政收入，然而在国外只有存在完全垄断市场的情况下才征收出口税。另外还有为了确保和维持本国工业上所必需的原材料，保护国内供应而征收的出口税。进口税无论是在贸易政策上还是在财政收入方面作为十分重要的政策手段之一正被广泛的推广并使用。过境税仅指对通过一国关境或某一关税区出口到其他国家的商品所征收的税收。

② 按征税目的关税可分为财政关税和保护关税。

财政关税的征收目的是为了增加财政收入。保护关税是为了保护国内产业。

③ 按征税方法关税可分为从价税，从量税，混合税，选择税，复合税及综合税等几个种类。

从价税是以商品的价格作为标准征收关税。从量税是以商品的数量为标准来征收关税。其他几个征税方法则是以价格和数量作为标准来征收关税，只是在关税税款的计算方法上有所差异。

④ 按照对征税对象国家的差别与否关税可分为差别关税和平等关税。

平等关税是指对来自不同货源的商品或者品种不同的商品实施同一种关税征收制度。而差别关税则对各个国家制定不同的税率，包括抵消税，反倾销关税，报复关税及特惠关税等。

⑤ 按税率决定的方法关税可分为国定关税，协定关税和国定协定关税。

关税本来就是税收的一种，和其他税收一样，税率显然是由一国立法机构单独制定并称之为国定税率或自主税率，按此税率所征收的税收则称为国定关税或者自主关税。而协定关税是指以与别国签订的贸易条约或协定而制定的关税税率所征收的税收。国定协定关税则是在国定税率确定的基础上利用贸易条约或协定来制定协定税率，并以此协定税率来征税。

⑥ 按税率数量的不同关税可分为单一关税，双重关税和多重关税等几个种类。

单一关税原则上虽是国定关税，但有时也属于协定关税。单一固定关税一般对所有的进口商品同等适用。然而差别关税的产生是为了应对本国商品在国外受到冷待或者优待等情况的发生，也正因为如此制定双重关税和多重关税制度。

表 3-2. 关税的种类

征税商品流向	出口税，进口税，过境税
征税目的	财政关税，保护关税
征税方法	从价税，从量税，混合税(从量从价选择税)，复合税(从量从价并行税)
差别与否	平等关税，差别关税
税率决定方法	国定(自主)关税，协定关税，国定协定关税
税率数量	单一关税，多重关税

2) 关税的经济效应

关税作为以进出口货物为征税对象的对物税凭借其特殊性在整个国民经济中的功能多样化，也起到了很大的作用。而且也直接影响着国家财政收入或国内产业，贸易条件和国际收入及国民收入和生活消费水平，正因如此，在理解关税的功能时必须也要将国际贸易和国民经济联系起来进行考虑。

① 国内产业保护及资源分配功能

对进口商品关税的征收是通过提高进口商品的价格来抑制外国商品的进口，从而可以加强本国商品在国内市场价格上的竞争力，增加国内的生产供应，扮演着保护并扶持幼稚产业的角色。而且如果通过对进口商品关税的征收使某一产业受到了保护，那么会扩大市场对这个行业的投资且得到资源分配。因此通过保护关税制度的制定比起受不到保护的产业受到保护的产业会分配到更多的资源。即关税的征收扩大了进口商品在国内的生产，并减少了对进口商品的国内总需求量，此时则可以说关税执行了它的资源分配功能。

② 财政收入确保功能

关税可以增加税收收入。越是国民收入低，国内税比重小的不发达国家此功能发挥的作用就越大。即政府为了实行各种公共目的不得不提高财政收入，因此国际贸易很早就成了税收的对象。

因此关税的制定及税率的决定是为了确保一个国家的财政收入。保护国内产业只是一个陪衬，然而从经济发展和产业结构尖端化的角度来看关税的最重要的作用还是保护国内产业。

③ 收入再分配功能

关税的征收可以对各阶层的收入进行再分配。即购买进口商品的消费者因缴纳关税而导致消费者实际收入的减少。另一方面如果市场上存在和进口商品竞争的国内产品，那么关税的征收会导致进口商品价格上涨，进而扩大国内生产。可以看出，出口商的收入最终被分配到了进口商品和与之竞争的国内生产者上。

④ 抑制消费功能

关税的征收导致进口商品价格上涨进而可以抑制消费。消费者需要以高昂的价格来购买包含关税的进口商品，而且因为国内市场上的同类商品的价格也有可能上涨到进口商品的价格水平，所以消费者也不得不以同样高昂的价格来购买国内生产的同类产品。

⑤ 贸易条件改善及国际收支改善功能

一般情况下，根据关税的价格效应，由于征收关税后对方出口贸易国家的出口价格会下降，所以说贸易条件可以得到改善。关税对贸易条件的改善也就是对国际收支的改善。然而贸易条件的改善也有可能导致贸易活动的萎缩，以长期的角度来看可能会出现问题，为了保护国内幼稚产业和抑制非主要商品的消费，可以说通过关税来抑制进口是一种可以发挥改善国际收支功能的政策，它的效应是很值得期待的。

5. 非关税壁垒

1) 非关税壁垒的概念

GATT体制在得到深化的同时，关税的下调乃至取消关税制度的实施导致了本国产业的国内市场受到威胁，因此在第六次外边贸易谈判(又称肯尼迪关税谈判：1964-1967)作为自救政策提出了非关税壁垒的案件。之后在70年代初受到国际经济停滞型通货膨胀的影响，新保护主义逐渐扩散并得到深化，使得关税逐渐丧失了作为保护手段的意义，而直至今日非关税壁垒仍担当着重要的角色。非关税壁垒(NTB:non-tariff barrier)是指一国政府为了实现一定的经济目的通过对市场的干预对国内产品和国外产品实行差别待遇，为了拉大竞争力差距而实施的除关税之外所有贸易政策手段的总和。非关税壁垒在第二次世界大战之后国际贸易自由化的发展过程中几乎没有被关注，而是在60年代中期以后才开始吸引各国的注意力。

然而非关税壁垒作为妨碍国际贸易发展的要素，虽然在发达工业国之间的贸易摩擦问题上已经成为被议论的焦点，但主要还是对发达国家和不发达国家之间的贸易活动上有更大的阻碍。

2) 非关税壁垒的效应

非关税壁垒进口规定的效应一般是体现在以下几个方面。

① 非关税壁垒是通过对进口量的限制来影响贸易量和贸易方向。进口配额，进口许可，自动出口限制，出口禁令等非关税壁垒是可以产生这种效应的几个典型例子。

② 非关税壁垒对价格和费用有一定的影响，自然也就对贸易量和贸易方向有一定的影响。追征税，进口附加税，金融限制及对进口竞争产业的关税减免和补贴发放都属于这个方面。

③ 非关税壁垒即使是通过对进口量的直接限制或者是对相对价格结构的直接或间接性的干扰来影响贸易量和贸易方向，但大多数的非关税壁垒是对出口和销售给予巨大的不利影响，最终使进口受到抑制。

3) 非关税壁垒的分类

非关税壁垒按照限制贸易活动的直接性和间接性可以进行分类。直接限制贸易活动的情况下可以分为鲜亮，进口许可证制度及各种进口附加税；间接限制贸易活动的情况下可以分为产品价格的严格管理措施，农畜产品的严格检疫措施及环境保护的高标准化等。

表 3-3. 非关税壁垒的分类

直接限制	限量：限制进口量
	进口许可证制度：只能进口被许可的商品
	进口附加税：关税以外的手续费，使用费，专利费及罚金的征收
间接限制	严格的产品价格管理措施
	严格的农畜产品检疫措施：例如美国牛肉
	环境保护的高标准化：限制EU出口汽车的尾气排放量

第二节 世界贸易组织

1. 世界贸易组织(WTO)

世界贸易组织(WTO)是为了刻服GATT具备的限制而设立的，是UR协商的最重要成果中之一。GATT被采纳临时适用后(第29条 2款)，设立了众多的例外规定，限制了国际协定的法律约束力。即，由于不具备司法权，所以对成员国没有实质性的约束力，协商一致的决策方式，导致通商问题解决能力不足。

1986年9月在南美的乌拉圭，GATT 第八轮多边贸易谈判正式启动，1994年4月在摩洛哥马拉喀什举行的部长级会议结束后才真正得到妥善的解决。世界125个国家参加的UR部长级会议指出，为了客服GATT体制的限制，将来更有效的规律新的国际贸易秩序，最终达成了新设世界贸易机构(World Trade Organization)的协议。借此1947年10月缔结之后，维持了47年的GATT体制落下帷幕，WTO体制诞生了。

WTO在所有的经济领域中，作为真正的国际机构，扩大，强化自由贸易秩序，出台国际法律，具备附属的争端解决机构(Dispute Settlement Body: DSB)，具有行使法律约束力权限的经济领域叫做联合国。

1) WTO 的目的和职能

WTO体制最重要的目标是希望在没有副作用的范围内，尽可能的将贸易自由化。WTO去除贸易的壁垒，个人企业及政府在理解了世界贸易规范的概念之后，对相关的贸易政策不会突然出现变化给予信任。即，WTO规范是以透明和可预测为目标的。

WTO规范的另一个目标是争端解决。因为在交易关系中带有相互矛盾的理解关系，所以在WTO体制的内部，协商约定及协定的内容在很多情况下是需要澄清的，而解决国与国之间意见分歧最好的调和方法是依存在法律基础协议上的中立程序。争端解决程序可以认为是设定WTO协定的目的。

因此WTO是以促进WTO协定和多边贸易协定的执行，管理，运营为目的，为更好的促进复数国之间贸易协定的执行，管理，运营提供框架。并且为了在WTO协定的基础上订立追加的贸易协定，出于有关成员国之间的多边贸易关系的协商，遵循讨论场及部长级会议的决定，为协商结果的履行提供框架的机能。

2) WTO体制的基本原则

① 最惠国待遇原则

最惠国待遇(Most Favored Nation Treatment)原则是指某国家的关税及追征税对特定国家的商品开始给予的利益，特权或豁免，那么其他所有国家的同种商品(like product)，也应立即并且无差别的给予豁免的原则(GATT 第1条 1款)。

② 国民待遇原则

国民待遇(National Treatment)原则是指外国公民和本国国民同等对待。根据某国家本国的关税，其他限制以及程序，使进口货和国产货处于平等对待的原则(GATT 第3条)。前面提到最惠国待遇原则主要是针对所有出口国给予并保障其公平的竞争机会，而国民待遇的原则主要是针对进口国内部的进口货和国产货之间给予可以公平竞争的保障，也就是实行自由贸易的目的。

③ 接近市场保障原则

接近市场保障(Market Access)原则是有关关税或租税之外的商品和服务的供给一体的进口限制必须取消。虽然关税或租税进口价格调整，国内市场上的需给是受到影响的间接限制手段，但是其他进口配额和同样各种非关税的手段，进口货的国内运进本身直接收到限制。WTO体制下和GATT一起取消这样的数量限制。

④ 透明度原则

透明度(Transparency)原则是各国的行政部或司法机关的决策，法令作用，制度运营，可在合理的条件下是预测，并通报其决定的理由，或公开决定所涉及的全部法令及材料的原则。透明度原则虽然是WTO体制的基本原则，但是当涉及到国家安全保障，法律的执行，营业上的机密等特定的情况给予例外认证。

3) WTO 的组织和运营

WTO的设立协定和17个附属协定对成员国内部顺利执行，运用提供基础，或对成员国之间的争端给予解决和调整，为实行贸易政策检查拥有自身的法人格，各成员国执行自身的机能，需要法律能力授权的国际机构。

WTO主要组织和运营的形成如下：

部长级会议

WTO的部长级会议(Ministerial Conference)是由所有成员国代表构成的，最少两年举办一次以上。部长级会议是WTO为了执行其机能所需要采取的措施，成员国有要求的情况下，具备设立协定和多边国家之间的贸易协定相关的所有决定权。即部长级会议在WTO协定是对所有问题的具备最高意见权的意见机构。

总理事会

WTO的总理事会(General Council)是由所有成员国的代表构成的，它可以根据需要随时举行。因此总理事会是执行部长级会议决定的常设机构。总理事会副属中包括商品贸易理事会(Trade in Goods)，服务贸易理事会(Council for Trade in Services)，知识产权理事会(Council for TRIPS)。

秘书处

WTO本部的最高负责人秘书长设置的秘书处。部长级会议任命秘书长，以及秘书长的权限，义务，工作条件及任期明示规定的采纳。秘书长根据部长级会议采纳的规定，任命秘书处的职员，决定他们的职务和工作条件(第6条 1项 到3项)。

多边贸易协定机构

乌拉圭回合协定妥善解决的同时，诸边贸易协定(Plurilateral Trade Agreement Bodies: PTA)设置的机构根据各个的协定赋予的机能没能实现多变化，但是这些机构可以在WTO的框架里面运营。这些机构在总理事会进行的自身活动状况必须定期通报。(第4条 8项)

争端解决机构(Dispute Settlement Body: DSB)和 贸易政策检查机构(Trade Policy Review Body: TPRB) 作为其他附属机关，为了执行WTO的机能还设置了贸易环境委员会，贸易开发委员会，国际收支委员会及预算财政运营委员会等。

2. 经济合作与发展组织(OECD)

经济合作与发展组织(Organization for Economic Cooperation and Development: OECD)是促进成员国的经济生长，有关发展中国家的援助和依据多边主义，为了世界贸易的扩大，1961年9月设立的以发达国家为中心的国际机构。

OECD 前后根据美国的马歇尔计划于1948年4月设立欧洲经济合作组织(Organization for Economic Cooperation: OEEC)主体，1960年12月EEC及EFTA成员国，OEEC的基准成员国土耳其，希腊，西班牙，葡萄牙等18个国家，包括美国和加拿大在内共20个国家在那个成立协定上签名为使开始。

1961年 OECD设立之后到现在为止成员国扩大到30个国家，现在OECD成员国在世界经济活动里占比重是全世界的60%以上形成了发达国家集团。再者，从技能和组织方面来看附属的26个领域委员会和200余个工作部，4个半独立机构扩大发展。

1) OECD 的设立目的

OECD的设立目的是 OECD协定文第一条中有明确标明，其内容可以归纳为以下三点：

① 通过促进成员国的经济生长，雇用增大及生活水准的提高，是对在世界经济发展的主导性，引导性的贡献。

② 通过对发展中国家的援助，是对在落后国家健康的经济成长的贡献。

③ 通过多边 · 无差别的自由贸易原则，是对在世界贸易的扩大的贡献。

2) OECD 的组织

OECD的组织主要包括部长理事会，执行委员会，特别执行委员会，秘书长等上位组织和执行指挥命令的各种专门领域的委员会，事务国等的下部组织。

① 部长理事会 (Council at Ministerial Level)作为OECD的最高决策，每年举办一次。

② 执行委员会(Executive Committee)是每年经过理事会选出的14个国家代表构成的，起到执行部长理事会和常驻代表理事会的辅助作用。

③ 特别执行委员会(Special Executive Committee)是通过1972年理事会的决议摄制的，通过成员国的贷款，或贷款供应来构成的，理事会执行的也是辅助作用。

④ 秘书处(Secretariat)是根据事务总长的指挥，起到执行OECD商务活动的计划，管理，调整的作用。

其他OECD附属里有经济政策委员会(Economic Policy Committee)，开发援助委员会(Development Assistance Committee: DAC)及贸易委员会(Trade Committee)等26个领域的专门委员会和具备4个补助性质的运营委员会，并且拥有200余个工作部(Working Party)。另外，还设置了理事会直属4个作业部和5个特殊目的活动部门。

3) OECD 的活动领域

OECD 的活动领域主要划分为以下三点:

① 个别成员国的经济活动涉及其他成员国的影响，即成员国经济的相互依存性立足于成员国之间的活动。例如成员国之间的通话及产业，宏观经济政策的协议及调整等。

② 与其他协力体的关系来看，是为了成员国之间的立场调整活动。例如：UNCTAD(联合国贸易开发会议)和发展中国家的关系，OPEC产油国之间的关系等。

特别是 OECD通过UNCTAD来代言的发展中国家的主张，同时某。求发达国家的共同利益。促进新兴工业国家积极的关系调整。

③ 作为改善世界经济体制的活动，OECD为世界经济起到引导作用。例如：WTO等国际机构中会有一些主要的合同协议首先要经过OECD

的议论产生共鸣之后登场的情况。

像这样OECD的领域范围内的26个专门委员会执行了例如各国宏观经济政策的协议调整，构造调整的促进，自由贸易的扩大，海外直接投资的促进，能源政策的开发，环境保护，开发援助的扩大，尖端技术开发的促进等众多活动。

3. 联合国贸易开发会议 (UNCTAD)

1) UNCTAD 和南北贸易

联合国贸易开发会议(UNCTAD)是在所有国际贸易里的综合和持续的开发保障为目行进的。发展中国家和发达国家之间发生的政治，经济，社会性问题统称为“南北问题”。在这之中，贸易和关联的部分被称为“南北贸易”。第二次世界大战之后，发达国家中心的歪曲经济构造进一步深化，有关发展中国家的贸易开发问题有国际会议举行的提案，另一方面在1962年7月在开罗举行的非同盟国会议上联合国主办下，为了南北问题的讨论，达到宣言要求举行国际会议。之后1962年8月联合国经济社会理事会得到发达国家的同意，为谋求发展中国家的经济开发及南北协力，通过联合国贸易开发会议(United Nations Conference for Trade and Development)的决议。1964年3月在日内瓦举办了第一轮 UNCTAD 总会，同年12月30日，第19轮联合国大会上设置了联合国直属机构。

2009年为止，UNCTAD：A 集团(亚西亚，非洲)，B 集团(OECD成员国)，C 集团 (拉丁美洲)，D 集团 (东欧及俄罗斯)，以及独立集团(亚美尼亚等)五个集团相联接，总成员国数达到193个，韩国是在1964年3月的第一轮 UNCTAD 大会上加入的。

2) UNCTAD 的设立目的

UNCTAD的设立带来的一个根本的背景，用一句话来概括是以GATT中心为基准的，国际贸易秩序在与发展中国家的经济发展相对性的不利作用而出发的。UNCTAD的诞生对于当时来说是新国际经济秩序(New International Economic Order: NIEO)的始发，但，在发展中国家对外贸易里寻找经济开发的动机这一点上可以看出其意义。

UNCTAD 成立最主要目的是促进发展中国家和发达国家之间，或发展中国家相互之间的贸易。这是在GATT体制下以发达国家为主的有关经济机构高度回升的同时与南北问题的最根本的改善要求不同。

4. 亚太经济合作组织(APEC)

1) APEC的成立背景

亚太经济合作组织(Asia-Pacific Economic Cooperation : APEC)是亚洲及太平洋沿岸国家为圆满地进行政治对话和协议而设立的经济合作组织。以2003年为基准，占全世界人口约44.8%(约28.1亿人)，GDP约57%(约20兆7千亿美元)，交易量约46%(7兆530亿美元)的，成长潜力巨大的国家所在地区间以经济合作组织的方式实现地区间贸易比重超过65%，达到与欧洲地区的区域内依存度相差无几的程度。

尽管如此，APEC地区统辖的地区经济合作组织的形成较晚的原因中，第一，个别国家主导的经济开发和成长的顺利进行使地区整合的必要性相对减少；第二，国家间的多样性和异质性(各国家间的国民所得差距为1：20)，人种，宗教，文化，经济体制，历史矛盾等阻碍了地区经济的整合。最后，各国家的对日进口依存度和对美出口依存度的深化是各国家存在的共同问题，这种畸形的相互依存构造对地区经济的整合起着阻碍性的作用。

APEC是1989年1月根据当时澳大利亚总统罗伯特·詹姆斯·李·霍克的提案，环太平洋国家间以经济合作和贸易增进为目标的，在1989年11月结成的最早的政府间的地区经济合作组织。创立的12个成员国参加了第一次APEC部长级会议，就开放，平等，多样性，互相尊重等亚洲-太平洋合作的九大项基本原则进行协商，并成功促进了UP的调解。第三次首尔议通过了规定APEC的目标，组成，活动等的《首尔宣言》，为APEC发展的法律方面，制度方面都创造了极好的机会。第四次曼谷会议通过《曼谷宣言》的发表，在转换APEC正式机构体制的同时将新加坡设为APEC常设秘书处，并设置了研究区域内贸易自由化的高级代表团(Eminent Persons Group : EPG)，为APEC制度方面的发展奠定了基础。第五次西雅图会议上召开了部长级会议以外的第一次首脑经济会议。部长级会议上通过了区域内积极发展贸易和投资的事业正式着手的与贸易和投资相关的基本协议书(Trade and Investment Framework : TIF)和与UR相关的宣言文，设立了贸易投资委员会(Committee on Trade and Investment : CTI)。1994年第六次会议中，首脑经济会议上通过了《茂物宣言》，确定了贸易和投资自由化日程；部长级会议上通过了十二大项投资原则，并将“经济动向和议案特别小组”提升为“经济委员会”。1995年11月在日本大阪举行的第七次会议上通过了比仅限于与贸易和投资自由化相关的，只具有宣言性意义的《茂物宣言》更进一步的，更具体化的，具有实践意义的《大阪宣言》和《行动方针》。2005年11月釜山举行的第十三次会议上就朝鲜核问题和国际恐怖行动问题等主要议题展开了探讨。

2) APEC的组织

APEC组织实现了以最高决策机构—部长级会议(Ministrial Meeting: MM)和实际运营机构—高管会(Senior Official Meetings: SOM)为中心，设立了其所属的贸易投资委员会(CTI)，经济委员会(Economic Committee: EC)，办公厅及预算行政委员会(Budget and Administrative

Committee：BAC)。为了集结高管会的决定事项，设置了作为常设机关存在的占有10个领域的合作事务小组(Working Group：WG)。作为非定期性的首脑经济会议(极峰会议)开设了中小企业财务，环境，通商，信息产业长官会议，高级代表团对部长级会议准备的APEC关于贸易和投资自由化的建议事项进行指导。

这个机构的成员国包括在1993年12月创设的成员国韩国在内的澳大利亚，美国，日本，加拿大，新西兰，ASEAN六国(马来西亚，印度尼西亚，新加坡，泰国，菲律宾，文莱)，中国，台湾，香港等15个国家及地区。1993年11月美国西雅图举办的第五次APEC部长级会议中通过了“APEC贸易投资基本文书(Trade and Investment Framework)”。APEC注意到亚太地区的地区性自由贸易的萌发趋势并认定国家间共同合作领域包括：①交易和投资资料交换，②贸易振兴，③投资和技术移交，④人力资源开发，⑤能源合作，⑥海洋资源保护，⑦电器，信息，交通，观光合作，⑧水产合作。

5. 亚欧会议(ASEM)

亚欧会议是亚洲和欧洲主要国家以及欧盟(EU) 为了谋求包括政治，经济，社会，文化等各项领域的合作而建立的，它不是提出具有约束力的结果的协商机构组织，而是没有公式议题的，只要是国家元首们想提出的事项，无论是什么都可以讨论的一种具有论坛形式的组织。ASEM是各国元首参加的有一定原则的，但国家元首们如果由于国内事物等原因无法出席，副总理或义务长官代替参加也无妨的，每两年举行一次的聚会。

ASEM是新加坡总理1994年10月去法国访问时提出的创意，EU和ASEAN，东北亚三国(韩，中，日)积极的响应促进了事情的成功。第二次世界大战以后，殖民地式的支配关系断绝以后，没有任何联系的亚洲和欧洲建立了新的合作关系，这种合作关系为“欧洲-北美-东亚”三角地带合作体制的发展创造了很好的机会。

1996年泰国曼谷举办了第一次会议，1998年英国伦敦的第二次会议，2000年首尔的第三次会议，2002年丹麦的第四次会议，2004年越南的第五次会议，2006年芬兰的第六次会议都开办成功。

成员国由亚洲十个国家(马来西亚，文莱，越南，新加坡，印度尼西亚，日本，中国，菲律宾，泰国，韩国)，欧洲十五个国家(希腊，荷兰，丹麦，德国，卢森堡，比利时，瑞典，西班牙，爱尔兰，英国，奥地利，意大利，葡萄牙，法国，芬兰)以及EU执行委员会组成。韩国加入ASEM的立场，从广义来说是通过ASEM来主动参与新国际经济秩序的改编，为亚洲地区和欧洲联盟在政治经济方面的合作打下基础；从狭义来说是为改善东北亚安保环境并维持韩半岛安定形势，通过两个地区间多样化合作事业的开展而增强实际的合作关系。

6. 欧洲联盟(EU)

1) 欧洲联盟的成立背景和沿革

虽然从14世纪初就开始提出关于欧洲统合的提案，但从1945年第一次世界大战以后才开始进行具体的努力。欧洲联盟的主体可以看作是1957年3月26日依据罗马条约的缔结而产生的欧洲经济共同体(European Economic Community : EEC)。欧洲经济共同体是具有关税同盟形态的经济统合组织。它于1967年7月合并了欧洲煤钢共同体(ECSC)和欧洲原了能共同体(EAEC)，扩大成为EC(European Communities：欧洲共同体)。按照1991年12月订立，1993年11月生效的马斯垂克条约，欧洲共同体发展成为了具体经济同盟性质的欧洲联盟(EU)。

欧盟组织最早由法国，西德，意大利，比利时，荷兰，卢森堡六个欧洲国家组成；1973年1月1日，英国，丹麦，爱尔兰三个国家随之加入；

1981年1月1日开始，希腊的加入使之壮大为十个国家，西班牙，葡萄牙在1986年1月的加盟使成员国数增加到十二个，以区域内人口数约3亿4千万名，GDP规模约2兆5千亿美元的水平达到了经济政治不结盟的状态。

至今为止，欧洲国家陆续加入，现在成员国包括比利时，法国，意大利，卢森堡，荷兰(1957年加盟)，英国，爱尔兰，丹麦(1973年加盟)，希腊(1981年加盟)，西班牙，葡萄牙(1987年加盟)，奥地利，芬兰，瑞典(1995年加盟)，塞浦路斯，捷克，爱沙尼亚，匈牙利，拉脱维亚，立陶宛，马耳他，波兰，斯洛伐克，斯洛文尼亚(2004年加盟)，共二十七个国家。土耳其，克罗地亚，马其顿正在等待审批中。

2) 欧洲联盟的设立目的及展望

欧洲联盟集结了欧盟成员国，欧洲自由贸易联盟(EFTA)及东欧国家，从而形成了泛欧洲规模的巨大的经济权利。欧洲联盟创设的基础---马斯垂克条约，由欧币同盟(EMU)条约和政治同盟(EPU)条约两部分组成。其中欧币同盟条约是欧洲中央银行设立的，以欧洲单一货币为目标而订立的条约，所以欧盟的最终目标是欧洲在政治方面或经济方面的统一。单从经济方面来看，是要在欧洲创立超过美国经济规模，能于NAFTA相匹敌的单一经济圈。

根据罗马条约的规定：①区域内国家间的关税全部废除，撤销进出口限制。②对外共同关税的设定和共同通商政策的建立。③制定农业，运输，经济限制等方面的共同政策。④劳动力，资本转移，企业设立等的自由化。⑤欧洲投资银行的逐步设立。EU的机构组成包括部长级理事会(Council of Ministers)， 欧洲议会(European Parliament)， 法院(Court of Justice)， 欧洲委员会(European Commission)。部长级理事会是EU的最高决策机关，它由成员国的代表组成，制定成员国的一般经济政策。

欧洲议会是罗马条约制定的不被特定国家的利益影响，处在EU全部国家的立场上，具有监督权限的机关。法院是为了遵守罗马条约的条款或适用法规而设立的机关。欧洲委员会又称EU委员会，它是1993年11约生效的，比现有的EC(European Community)的经济统一更强欧洲联盟条约(又称马斯垂克条约))的产物。①监督EU各机关通过的措施。②对罗马跳跃规定的事项进行指导。③把理事会决定的规则的实施作为任务来执行。马斯垂克条约的目标是：清除区域内存在的所有物理方面，技术方面，财政方面的壁垒，实现完整的经济统一。

7. 联合国粮食与农业组织(FAO)

1) FAO的设立背景和目的

联合国粮食与农业组织(Food and Agriculture Organization：FAO)是UN专门机构中最大的机构，它是为了清除发展中国家的饥荒和贫困而设立的。它是1954年10月16日在加拿大魁北克举办的会议上创立而成，以增进粮食和农产品的生产及分配效率，改善农民的生活为目标而发挥作用的组织。

FAO的办公厅设在罗马，它的主要职能和任务是以提高全部国民营养水平和生活水平，增进粮食和农产品的生产及分配效率，改善农民的生活现状，并以发展世界经济为目标而进行活动。

2) FAO的主要活动和结构

FAO的主要活动是研究世界农业的发展前景；实行各种技术援助计划；发行粮食，农业，林产品，渔业等相关的统计年鉴；调节全世界粮食的不足和剩余。处于这些目的，FAO，UN与世界粮食计划署(World Food Program : WFP)一起将粮食丰富地区的剩余粮食集中后分发到受到饥饿，贫困折磨的地区。FAO还收集，分析，发散相关消息；向政府就政策和机会等问题提出询问；并与政府，专家会面，对粮食和农业问题提出中立的意见。

FAO是由总会(每两年召开一次，由最高执行机关选出理事国，核定预算，新成员国的加入，批准，任命秘书长等)，理事会(由任期三年的49个国家代表构成，执行大会委任的任务，评价FAO的工作活动情况，审议下届会议的提案)，委员会(计划，财政，宪章及法律问题，商品问题，水产，林业，农业，世界粮食安保委员会)，办公厅(六个地区办事处---亚洲，非洲，中东，欧洲，中美洲和拉丁美洲，北美及联合国联络办事处---FAO Liaison Office with the UN)组成的。成员国于2007年止有191个国家。韩国在1949年加入FAO，1953年FAO和韩国在缔结关于技术援助的基本协定的同时也加入了FAO国际粮食保护协定(朝鲜在1977年加入后，在罗马设立了FAO常驻代表部)。FAO的附属机关包括：国际白杨树委员会(International Poplar Commission：IPC)，印度太平洋水产委员会(Indo-Pacific Fisheries Commission：IPC)，国际粮食委员会(International Rice Commission：IRC)等。

8. 国际商会(ICC)

1) ICC的设立背景和目的

国际商会是第一次世界大战后为了谋求世界经济复兴，世界各国的企事业家代表们组织的，改善国际通商环境的国际机关。它是以各国家和地区商业习惯的国际性统一，国际通商相关的纷争，调整及各国商业会议友好进行为目的，设立于1920年的组织。

1919年10月在美国新泽西州，美国，英国，法国，意大利，比利时等国家的企业代表聚集后，就战后世界经济重建，国际通商的复兴等问题展开了会议。通过这次会议，参与国代表们依据私营企业关于永久性国际机构设立的必要性的意见，于次年1920年6月在法国巴黎召开的大会上正式成立国际商会。

2) ICC的特征

ICC作为全世界自由民营企业的代理机关，在商业，工业，运输，金融，保险及通信等全部国际通商领域内，促进民营企业的工作发展并谋求健全的市场经济的发展；另一方面，以国际贸易规则的制定和企业间的交流扩大国际经济合作的为主，由发达国家和发展中国家等所有国家的国际贸易当事人构成的纯粹的民营团体，或者作为当今国际合作通商活动相关的咨询机关来发挥作用。

韩国在1951年加入后，于1959年设立了ICC韩国委员会。1985年第六次年会在首尔举办，全世界40余个国家，350余名国家代表们聚集于此，就“作为世界经济成长原动力的亚太地区”这一主题展开了讨论。2002年11月，商会会长朴龙城在东亚地区先被选拔为副会长，然后根据章程规定于2004年自动升为会长。

9. 国际货币基金组织(IMF)

1) IMF的成立背景和构成

国际货币基金组织(IMF)是与GATT(现WTO)一起，在第二次世界大战后主导世界经济秩序，作为一个国际机构执行对因为机构性的国家收支赤字而经济外汇危机的国家提供救济基金的职能。在第一次世界大战和世界经济危机的同时，金本位制随之崩溃，在保护贸易措施和各国的竞争性货币编制得到坚决执行的时期，为解决国际混乱，英国和美国各自提出了凯恩斯计划和怀特计划。以其为基础，1944年在新罕布什尔州布雷顿森林协商设立了国际货币基金组织(IMF)，国际贸易组织(ITO，设立告吹，但这个机构的正身是1948年成立的GATT)，国际复兴开发银行(IBRD或World Bank)三个国际机构。在这次会以上，通过共同声明的发表，确定设立IMF和IBRD的原案，截止于后来的1945年12月27日，在相当于80%的，共35个国家的协力准备下，国际货币基金组织(IMF)于1947年3月

1日正式诞生了。

IMF的最高表决机关是总会和总会委托的可以行使权限的常务理事会和执行董事会。IMF一般业务的掌管由作为直行部的总裁和两名副总裁及辅佐他们的事务机构构成，共2700余名工作人员在职。

IMF执行与汇率政策和外汇制度相关的政策监督智能，进行国际收支，资金调解的支援，SDR的创造和应用，研究调查活动和成员国政策咨询等四大类活动。1973年浮动汇率制的执行使这项职能发生了比较大的变动，发展中国家和旧社会主义权力在国际金融中比重增大。

10. 北美自由贸易协定(NAFTA)

1) NAFTA的设立背景

缔约国为达到合并目的，创立符合GATT第24条规定的“统一的北美自由贸易区”，美国，加拿大，墨西哥三个国家于1992年12月27日缔结成功并于1994年1月1日开始生效。

NAFTA是将美国的资本和技术，加拿大丰富的天然资源及墨西哥相对丰富的劳动力和与之相反的低廉租金以相互补充的形式结合，形成单一的贸易市场，以延续雇佣，加速经济成长为目的而成立的与贸易和投资相关的自由贸易协定。协定的主要内容包括：①美国和加拿大在10年内逐步废除衣服等纤维类商品的关税，而墨西哥在这个领域的关税即刻废止。②三个国家汽车和汽车配件领域的全部关税壁垒在10年内完全废除。③在农业方面，美国和墨西哥，加拿大和墨西哥，即刻消除57%的贸易壁垒，并于10年后全面废止。④为了三个国家政府采购领域的开放而合作，以后10年内商品和服务交易的关税及非关税壁垒全面废止，实现资本和劳动力的自由流动。

2) NAFTA的特征

EU单一市场的形成不单使区域内国家间劳动，资本等生产要素自由移动，并使与谋求金融和财政政策单一化的经济发展程度相似地国家间积极地经济合并，但与之相对的，NAFTA使将加盟后消除相互间贸易壁垒(关税和非关税壁垒)作为目的保留的同时，是消极的经济合并。但是由于NAFTA的成立，消费者们可以以半价购买到商品；企业们获得在墨西哥市场以外的销售增加的效果。这不仅达到贸易转换的效果，也带给之前为了利用半价劳动力而进军亚洲地区的美国企业以极大的好处。NAFTA成员国和非成员国间的贸易根据国家的不同而受到不尽相同的影响。大致上，美国对非成员国交易受到的影响不会太大，因为美国的贸易保护水平已经非常低，即便是NAFTA的形成，对贸易转换的程度影响也不会太大。相反地，墨西哥对非成员国的交易将会减少30亿美元，其主要原因则是对美国的贸易转换。NAFTA成员国对非成员国交易量预期不会大量减少，但NAFTA的形成将对非成员国对北美的出口造成相当大的影响。美国区域内交易的增加将激活美国的经济，通过经济的发展，区域外交易也将随之增加，NAFTA也将通过自然而然的扩张而促进全球性贸易自由化的发展。

第三部分

国际金融

第四章

外汇与国际货币制度

第一节 外汇

1. 外汇的概念和特性

1) 外汇的概念

国际间的交易开始，牵涉到交易货款的支付，也就产生了国际间资金的移动。汇是指为了消除国际交易的风险，在不同地区的经济主体间交易的货币的债权和债务关系不通过现钞的输送，而是委托第三方进行清算，外汇是为了清算和外国的借贷关系的方式之一。外汇交易是指国外的货款清算不通过现钞的输送，而是利用中介银行发行汇票和支票等信用方式进行的交易。所有的对外交易都伴随国际间的借贷关系，从而也伴随外汇交易。这里把对外交易大体分为商品和劳务交易，转账交易和资本交易。

2) 外汇的形态

能够请求外国货币的全部有价证券外汇大致可分为如下三类。

① 汇票和托收汇票

汇票是债务人为了给债权人汇款利用银行结汇的普通国际汇款方式。托收汇票是债权人不必等待债务人的汇款，利用银行回收债券(bond)的方式，一般国际贸易的托收清算有D/A(Document against Acceptance)和D/P(Document against Payment)两种方式。

② 出口汇兑和进口汇兑

出口汇兑和进口汇兑是从受理汇票或托收汇票的银行的角度来区分，受理银行直接发送汇票或托收时是出口汇兑(outward)，对方开户行接收汇票或托收时是进口汇兑(inward)。

③ 买入外汇和卖出外汇

买入外汇和卖出外汇是以银行为基准，银行买入外汇时是买入外汇(buying exchange)，卖出外汇时是卖出外汇(selling exchange)。

3) 外汇的特征

汇的交易局限在国内时叫国内汇兑(domestic exchange)，清算国际间的债权和债务关系时叫国际汇兑(foreign exchange)，简称外汇。国内汇兑和外汇的差异如下：

① 外汇是为了清算和国外的人的债权债务关系，不同货币间的交换。所以外汇和国内汇兑不同，是不同货币间的交换比率，汇率经常波动，常常伴随着外汇风险(exchange risk)。

② 外汇适用于国际间交易的所有借贷关系，引起国与国之间的借贷关系，随之产生国际收支(balance of payments)。

③ 和外国交易时要考虑时间因素，从而产生了利息的问题。外汇方式采用汇票时，汇票到达国外需要一定的邮递时间，需要考虑这段时间

产生的利息问题。

④ 由于外汇交易存在外汇风险，随之出现了外汇期货制度。外汇期货契约(forward exchange contract)是在外汇契约订立后在将来某个特定的日子里用特定的汇率交换特定种类和金额的买卖契约。契约期间一般在一到三个月或者六个月以内，因为双方提前定好了汇率，从而消除了汇率变动产生的外汇风险。和外汇期货不同，即期外汇(spot exchange)是在买卖约定同时或者2到3日内进行交易的外汇。

⑤ 不管是国内汇兑还是外汇都存在清算差额，国内汇兑时现金的溢短依据汇票交换制度最终通过中央银行进行清算。外汇不是通过中央银行进行清算，而是由国际金融外汇市场担当此作用。各国的国际交易出现的清算差额由纽约金融市场，伦敦金融市场等国际金融交易频繁的市场进行集中清算。

2. 外汇的概念和特性

1) 汇率的概念

汇率(exchange rates)是由某种货币的一个单位表示其他货币的价格。以某个国家作为基准，本国货币的价格即是在外汇市场由外汇的需求供给来决定的价格。外汇是国际清算的方式，长期来看国际收支状态反应了外汇供求，决定了汇率。

汇率是本国货币和外币的交换比率，汇率表现了本国货币的对外价值。汇率即是表示本国货币对外国商品和服务的购买力。本国货币的对外购买力指用持有的本国货币购买外币，用购买的外币购买外国商品和服务的能力。汇率就是本国货币的对外购买力，即对外价值。

一国货币的对外价值上升叫做货币升值(汇率下降)，下降叫做货币贬值(汇率上升)。

2) 汇率的种类

各国间的汇率由基本汇率(basic rate)，交叉汇率(cross rate)和裁定汇率(arbitrated rate)来表示。

① 基本汇率

基本汇率是指各国把使用最多的一种货币作为国际货币，国际货币和本国货币间的交换比率。韩元把美元作为基本汇率。2006年12月1日美元对韩元的交换比率是$1=\1，000时，这个汇率就叫做基本汇率。

② 交叉汇率

交叉汇率是指从一国的立场来看，成为买卖基准率对象的货币和第三国货币间的汇率。从韩国的立场来看，美国美元和日本日元之间的汇率是交叉汇率。如果2006年12月1日美元对日元的交换比率是$1=¥100，这个汇率是在韩国立场的交叉汇率。

③ 裁定汇率

裁定汇率是指用买卖基准率和交叉汇率间接算出的本国货币和第三国货币间的汇率。如果2006年12月1日美元对韩元的汇率是$1=\1,000，美元对日元的汇率是$1=¥100时，日元对韩元的汇率是¥100=\1,000。

实际整理在银行主页调查的内容参照如下。

〈表7-1〉是2009年11月8日在韩国外换银行主页调查的汇率结果。用红色表示的买卖基准率是基本汇率，美元对韩元的汇率是1，168.00元。实际我们在银行换钱时是以“现钞买入价”的金额1，188.44元作为交易基准，基本汇率和“现钞买入价”金额的差额是银行的利润。美元换算率是把外国货币换算成美元，概念和交叉汇率类似，但有些许的差异。美元换算率是每一单位外国货币对美元的金额(€1.00=$1.4877)，交叉汇率是每一单位美元对外币的金额，美元对欧元的交叉汇率是$1.00=约€0.6721。

表 4-1. 汇率调查的例子

调查日期 2009-11-08 * 调查日期为公休日时前推一个工作日

挂牌时间 现在

货币 全部

是否包含NCU ◉ 不包含 ○ 包含 外汇计算器

调查

文本储存 EXCEl储存 打印

基准日 2009-11-06 挂牌时间 6:47(18 회차) 调查时间 2011-05-16 21:25

货币名称	现钞		现汇		T/C	外币支票	基准价	兑换	美元
	买入价	卖出价	买入价	卖出价	买入价	卖出价		手续费率	换算率
美元USD	1,188.44	1,147.56	1,179.40	1,156.60	1,182.01	1,155.78	1,168.00	2.5415	1.0000
日元JPY100	1,312.90	1,267.74	1,302.96	1,277.68	1,303.22	1,276.85	1,290.32	2.5862	1.1047
欧元EUR	1,772.20	1,703.06	1,755.00	1,720.26	1,763.69	1,718.89	1,737.63	2.8550	1.4877
英镑GBP	1,979.85	1,902.59	1,960.63	1,921.81	1,970.33	1,920.25	1,941.22	2.9381	1.6620
瑞士法郎CHF	1,172.01	1,126.29	1,160.64	1,137.66	0.00	1,136.86	1,149.15	2.5183	0.9839
加拿大元CAD	1,119.90	1,076.20	1,109.03	1,087.07	1,114.52	1,086.24	1,098.05	2.7250	0.9401
澳大利亚元AUD	1,089.75	1,047.23	1,079.17	1,057.81	1,084.51	1,056.04	1,068.49	6.0725	0.9148
新西兰元NZD	863.05	829.39	854.68	837.76	0.00	836.50	846.22	5.3750	0.7245
港币HKD	153.70	147.72	152.21	149.21	0.00	149.12	150.71	2.6150	0.1290
瑞典克朗SEK	171.59	163.23	169.08	165.74	0.00	165.62	167.41	2.6850	0.1433
丹麦克朗DKK	239.38	227.72	235.88	231.22	0.00	231.00	233.55	3.4450	0.2000
挪威克朗NOK	210.95	200.67	207.86	203.76	0.00	203.53	205.81	4.1550	0.1762

3. 汇率决定

如前所述汇率的概念是以一国货币表示外国货币的相对价格。汇率和其他商品和服务一样表示某种价格。像某种商品的价格是由这个商品的需求和供给决定的一样，汇率由外汇市场的需求和供给来决定。

1) 外汇需求

外汇的需求由进口和资本外流决定，供给由出口和资本流入决定。这里不考虑外汇的资本移动的供求问题只考虑外汇的国际贸易供求问题。

假定进口货物的海外价格固定，外汇的需求和进口货物的需求成比例，汇率越高国内价格越贵，进口需求减少；反之，汇率越低进口需求增加。外汇的需求由国内的进口需求决定，外汇需求的外汇价格弹性由进口需求弹性决定。

2) 外汇供给

外汇的供给由出口货物的海外进口需求来决定，输出货物的国内价格固定，汇率越高用外币表示的出口货物价格越低，外国的进口需求增大；反之，外国的进口需求减少。

图 4-1. 汇率决定

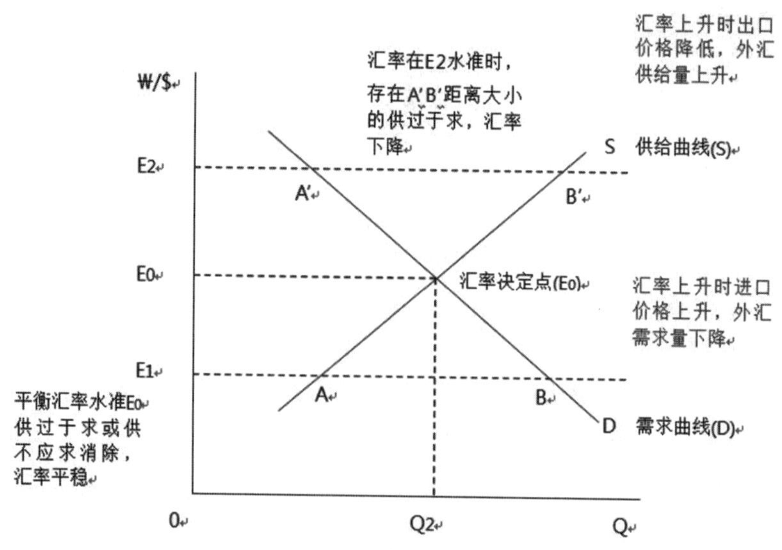

外汇的供给由本国的出口货物的外币价格和外国的进口需求的乘积来表示，汇率上升时，这个大小根据外国的进口需求曲线的形态(弹性)增长或减少。平衡汇率由外汇市场，外汇的需求和供给相交的点来决定。

<图4-1>是由美元供给量(Q)决定的韩元/美元汇率(E)的图表。国内的美元需求量是D曲线，美元供给量是S曲线，国内美元需求量和供给量交汇的点E0决定汇率。如果汇率在E1水准时，A-B之间距离是对美金的供不应求，引起汇率上升；在E2水准时，A'-B'之间距离是对美金的供过于求，引起汇率下降。

4. 国际汇率制度

1) 国际汇率制度的种类

目前，汇率制度大致可分为浮动汇率制度和固定汇率制度两种，可简单整理为下图 4-2。

一. 浮动汇率制度

浮动汇率制度与固定汇率制度不同，它是一种随着外汇市场上外汇供求的变化而自由浮动的汇率制度。这种制度的优点是可以自动调节一国的国际收支。即，在国际收支总是为赤字的时候，汇率就会上升，通过汇率上升来扩大出口，减少进口，使得能够避免长期的国际收支不均衡。政府也因此可以投入到国内经济政策的执行当中。

浮动汇率制度也有着许多的缺点。第一，由于汇率的变动性，也就存在着风险，由此可能导致国际贸易量，国际投资量的减少。第二，在这种制度下，汇率的浮动比较频繁，且幅度较大，为低买高卖的外汇投机者提供了可乘之机，搅乱正常的汇率浮动。第三，在浮动汇率制度下，随着国内货币的增加，使得物价上涨，汇率变高。汇率变高让国内民众对物价上涨的反应变得相对缓慢，政府也就无法在恰当的时机制定相应的政策，来缓解通货膨胀。

图 4-2. 国际汇率制度的结构

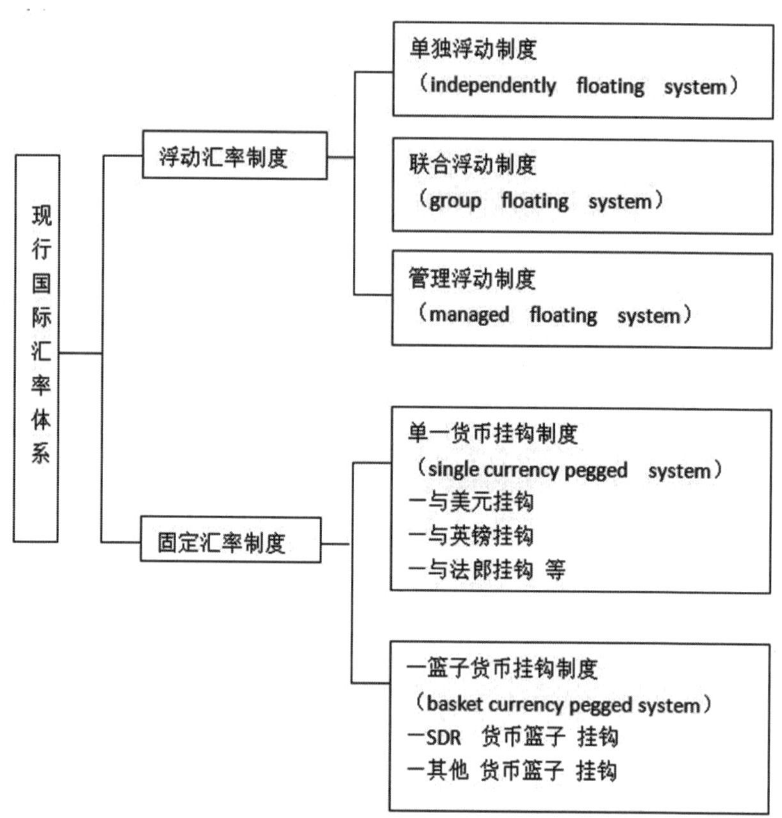

① 单独浮动制度(independently floating system)

单独浮动汇率制度是指有些国家的外汇市场上，随着外汇的供求，自由的制定汇率，所以也叫自由变动汇率制度。发达国家经常采取类似汇率制度，韩国国内也在1997年12月后采用此种汇率制度。

② 联合浮动制度(group floating system)

由多个国家的货币构成的货币体系，在这个集团内的各国货币以基准汇率为核心，在规定的范围内上下浮动，而对外来货币，集团内的各种货币随着外汇在市场上的供求，自由的变动。欧盟货币制度(European Monetary System：EMS)属于其中一种。

③ 管理浮动制度(managed floating system)

国家中央银行为保持汇率在外汇市场上长期稳定，并且在汇率发生比较大的浮动或者浮动速度过于频繁的时候进行介入管理的一种汇率制度。过去，韩国曾经实行过得一篮子货币制度(1980～1990)与市场平均汇率制度(1990～1997)属于管理浮动汇率制度的范畴。

二. 固定汇率制度

固定汇率是指一国以一种固定的汇率为基准，与其他国家进行国际交易的制度。这种制度的特点是假设一国的国际收支没有构造性不均衡现象，而汇率也不能改变。国际收支的构造性不均衡是指国际收支存在着一定规模的慢性财政赤字或者财政黑字。

固定汇率制度的优点有，第一，在与其他国家进行国际贸易或者国际投资的时候不存在外汇变动带来的风险。第二，由于没有汇率变动的风险，有助于促进与他国的贸易来往。但是这种制度也有着非常大的问题，如果确实存在国际收支的构造性不均衡时，这种制度无法进行有效的调节，能够让不均衡回归正常，所以只能采取财政紧缩或者是各种经济管制等非汇率手段来进行改善。

① 单一货币挂钩制度

单一货币挂钩制度是指一国货币的汇率与特定国家的货币挂钩的制度，如美元挂钩制度和英镑挂钩制度等。

② 一篮子货币挂钩制度

一篮子货币挂钩制度是指把本国货币的汇率与数个国家的货币汇率进行挂钩，随着他国货币的变动而变动。具有代表性的有将本国货币的对外价值与IMF创立的特别提款权(SDR)的价值相挂钩的SDR货币篮子挂钩制度。

5. 韩国的汇率制度

自1990年3月2日开始，韩国就采用一篮子货币汇率制度为依据的，以外汇市场供需变化而确定的变动性市场平均汇率制度。但是经历过外汇危机的韩国，自1997年12月16日开始采用以外汇市场供需变化而自由变动的自由变动汇率制度，并且沿用至今。而市场平均汇率算法则是(以美元为例)将前日通过外汇中介所交易的银行间韩元对美元的汇率，用交易量进行加权平均，从而确定当日的汇率，并以此为基准限定次日的汇率上下浮动范围。

现今采用的自由变动汇率制度已然废弃了限定次日汇率上下幅度的制度，而是通过外汇市场的供需来自由的变动和确定，这种制度的优点是使外汇市场更加具有活力，然而当汇率急剧变动时将给国家经济带来巨大冲击也成为这种制度不可避免的缺点。

1) 固定汇率制度(1945.10.1～1964.5.2)

我们国家自解放之后到1964年一直采用固定汇率制度(韩元挂钩美元)，但因为同时期的高度通货膨胀，存在着韩元贬值的巨大压力，通过几次的调节，最终不可避免的导致了货币贬值。

2) 单一浮动汇率制度(1964.5.3～1980.2.26)

自1964年5月3日起，以一美元兑换255韩元为下限，开始实行单一浮动汇率制度，从而把联合汇率浮动体制向单一化演变，采取了允许汇率略微变动的制度(将固定汇率制度流动化，使韩元汇率紧盯美元，随美元的浮动而浮动，实际上还是固定汇率制度)。同时，由于1965年3月22日这一段时期的物价稳定，及向IMF以稳定外汇市场为目的所贷款的930万美元为基础，一边又大幅度取消进口配额，最终实行了单一浮动汇率制度。虽然通过实行单一浮动汇率制，进行了汇率微调(fine tuning)，但是，由于物价上涨，还是经历了四个阶段的汇率大幅度上涨。

3) 一篮子货币汇率制度(1980.2.27～1990.3.1)

为了防止过去因为对汇率制度的死板运营，导致的间歇性汇率的急剧调整和恢复汇率制度对国际收支平衡的调节作用以及增加与他国的国家交易量，并且稳定韩元汇率，从1980年2月开始我们改为采用一篮子货币汇率制度(为缓解断断续续的货币贬值，给经济带来的冲击并让韩元汇率更加能够适应市场)。

一篮子货币汇率制度的汇率确定方式是，首先与SDR一篮子结合为独立货币篮子体系，然后通过加减实际汇率，来确定韩国银行的每日集中基准率，并以此为核心确定韩国银行集中买入率和集中卖出率。

外汇银行间的外汇买卖率是由市场自由决定的，但浮动限定在韩国银行集中买卖率的范围内，外汇银行对顾客的外汇买卖价是以韩国银行集中买卖率为中心在一定的范围内由外汇银行自行决定的。

这种制度的汇率，由于是通过主要国家的货币流通变化与本国国际收支的变化而决定的，所以，可以长期保持汇率的相对稳定。但是，这种制度也存在着一定的问题，它不能急时准确的反应外汇在市场上的供需变化，并且有些人质疑这种制度存在着人为操作汇率的嫌疑，所以为了能够让市场化的作用得到更好的体现，从1990年3月开始，改为采用市场平均汇率制度。

4) 市场平均汇率制度(1990.3.2～1997.12.15)

表 4-2. 市场平均汇率制度下的汇率计算方法 例

银行间汇率	外汇交易量(B)	交易金额 (C=A*B)
800.00 (韩元/$)	US $3,000,000	2,400,000,000
800.20 (韩元/$)	US $2,000,000	1,600,400,000
800.50 (韩元/$)	US $1,000,000	800,500,000
合计	US $6,000,000(D)	4,800,900,000(E)
市场平均汇率	E/D=800.15	

市场平均汇率制度不但消除了对外操纵汇率的质疑，并且提高了汇率对市场经济的调节作用。由于外汇市场的基本条件还不够成熟，同时也是为了自由变动汇率制度的实行做铺垫，1990年3月2日开始采用了市场平均汇率制度。这种制度不但扩大了韩国的外汇交易额，还使得短期金融市场及利息财政交易变得更加具有活力。在汇率调节市场经济的功能提高的同时，还减少了与他国间的交易摩擦。

在市场平均汇率制度下，韩元对美元的兑换汇率是对前日的外汇银行间现货外汇交易量进行加权平均而得出的。

5) 自由浮动汇率制度(1997.12.16～至今)

1997年的外汇危机，引发了外汇市场的不稳定，导致汇率时常发生暴涨的现象。为了应对这样的危机，政府出台政策废弃了限定汇率变动幅度的制度，即汇率制度不再受制于限定的汇率幅度，而是通过银行在外汇市场上的实际供需情况，自由的决定汇率，也就是我们所说的自由变动汇率制度。

图 4-3. 韩国汇率制度的发展轨迹

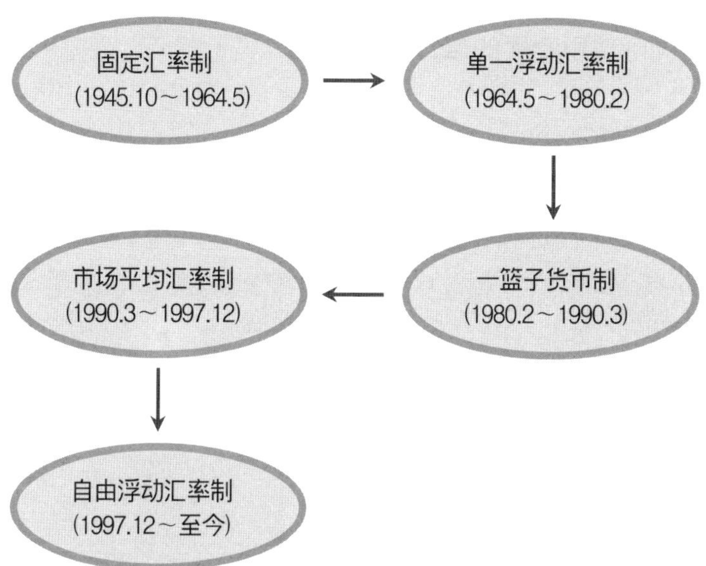

自由变动汇率制度的最大优点就是充分发挥其市场经济的调节作用，使市场充满活力。而与此同时，他也有着较大的缺点，就是当汇率发生变动时，会对市场造成相对较大的冲击，同时由于汇率的不可预测性，吸引着许多外汇投机者的参与，导致汇率市场的不稳定。

第二节 国际货币制度

1. 国际货币制度的意义

国际货币制度(international monetary system)是指为使各国之间贸易和资本的交易更加顺畅地进行而制定的结算制度。比起国内的货币制度，与国际经济的安定与发展相对应的国际货币制度有着其更加举足轻重的作用。在国际货币制度下：第一，应选定国际通用货币；第二，应指定货币发行机关；第三，应确定国际货币供给量。同时，国际货币制度应在避免各国对国际货币产生排斥现象的前提下维护制度。

2. 银本位制(Silver Standard)

银本位制是指以一定量的白银作为货币单位，并允许银币自由铸造的货币制度。它是近代最早的本位制度。法国从1790年至1803年，英国在1774年之前曾实行银本位制，而新大陆的发现以及需求减少等原因导致银价暴跌，银本位制从此销声匿迹。

3. 金·银本位制

金·银本位制是指同时以金银作为本位货币的货币制度。它属于银本位制向金本位制过渡的中间阶段。英美两国分别曾在1816年和1873年开始实行金本位制之前实行过金·银本位制，法国也曾在19世纪70年代中期之前实行过金·银本位制。在金·银本位制下，金银价值随市场上金银供求量的变化而随时产生变化，而流通过程中价值下跌的劣币日益充斥市场(格雷欣法则)，这导致货币难以稳定流通。随着新大陆的发现，世界银产量增加，白银价值难以维持，因此金·银本位制逐渐被金本位制所取代，从而退出历史舞台。

4. 金本位制(Gold Standard，1880～1914)

从19世纪末到20世纪初第一次世界大战爆发前实行的金本位制是纯粹的固定汇率制。在金本位制下，贸易的支付工具是黄金，因此黄金持有量往往可以成为衡量一国富裕程度的尺度。同时，一国的黄金持有量决定了本国的货币流通量，是体现一国货币价值的基准。因此，为了使本国的货币价值维持在一定水平上，各国都持有一定比率以上的黄金作为储备资产(reserve asset)。

图 4-4. 金本位制和国际收支的自动调节机制

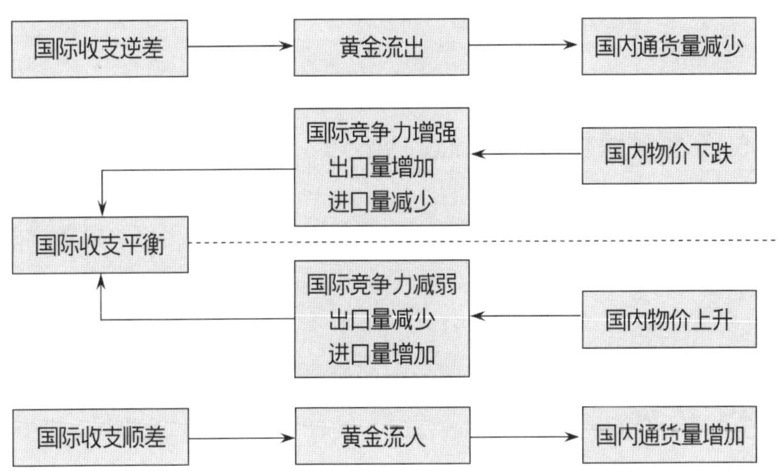

为了维护金本位制度，各国应遵守以下“游戏规则”：

首先，各国政府应用纯金量固定本国货币价值，制定黄金平价(gold parity)。通过这种方法，一国本位货币第一单位所含的纯金量被确定下来。金本位时代1盎司黄金被评价为4.24英镑(英国)，20.67美元(美国)。

其次，各国政府应允许黄金的自由流出与流入。

第三，各国政府的中央银行应根据本国黄金的流入(流出)量来增加(减少)国内货币供给量。

在金本位制度下，黄金的纯流入相当于国际收支顺差，而黄金的纯流出相当于国际收支逆差。黄金纯流出即国际收支逆差意味着通货量的减少。而通货量的减少有两个经济意义：第一，一国的通货量减少会导致物价水平下跌，出口量增加，进口量减少；第二，一国的通货量减少会导致利率上升，外国资本流入。因此国际收支逆差会自动调节到均衡状态。同理，国际收支顺差也会自动被缓解，从而达到均衡状态。如上所述，由于金本位制下国际收支不均衡现象可以自动调节，政府不需要刻意地调节币值。金本位制在第一次世界大战爆发前担当着国际货币制度的角色。

5. 布雷顿森林体系(Bretton Woods System，1945～1976)

第二次世界大战以后，为了挽救处于危机之中的世界经济，树立新的国际通货秩序，1944年7月，联合国44个成员国代表聚集在美国新罕布什尔州的 Bretton Woods商议建立了国际货币基金组织(IMF)和国际复兴开发银行(IBRD)。布雷顿森林体系的根本目的在于消除两次大战间的竞争性货币贬值现象，促进汇率稳定，同时通过取消外汇管制来实现国际贸易的规模扩大和均衡发展。由于金本位制难以继续维系，如何像金本位制时期一样在稳定汇率的同时调整国际收支成为各国主要关注的问题。

布雷顿森林体系旨在通过实行‘可调整的固定汇率制度’来固定汇率，缓解国际收支不均衡现象，从而促进国际贸易发展。直至20世纪60年代，该体系基本维持了汇率稳定，促进了世界贸易的发展。但由于该体系存在着维持货币流动性与维持币值稳定之间的根本矛盾，即特里芬难题(Triffin Dilemma)，20世纪70年代初，以美元为中心的布雷顿森林体系彻底瓦解。

1) 国际货币基金组织(IMF)

国际货币基金组织(International Monetary Fund：IMF)成立于1946年，其成立目的在于消除20世纪30年代出现的竞争性外汇操纵与贸易管制，缓解两次大战带来的国际货币及外汇的不安定性，通过谋求国际收支平衡的同时对短期国际收支不均衡国家提供外汇资金，调节汇率，消除汇率管制来确立国际结算制度，从而促进世界贸易发展。

国际货币基金组织的宗旨在于促进国际货币合作，稳定汇率，确保货币的自由交换性，维持货币流动性，以共同促进国际贸易的扩大和世界经济的均衡增长。该组织是一个通过保证外汇行情安定与外汇交易自由，消除由通货问题引起的贸易障碍来谋求国际贸易均衡发展的国际金融机构。

2) 国际复兴开发银行(IBRD)

国际复兴开发银行(International Bank for Reconstruction and Development: IBRD)又称世界银行(World Bank)，是依照1944年7月布雷顿森林会议上签署的《国际复兴开发银行协定》而设立的国际金融机构。国际复兴开发银行旨在协调国际民间资本移动，合理促进国际投资，是一个为战后经济复兴及欠发达地区的经济开发提供援助的国际长期投资机构。

国际复兴开发银行的主要目的在于将加盟国的政府和企业融资用于促进经济社会发展，维持国际贸易扩大和国际收支平衡，以及为欠发达国家或者发展中国家提供技术援助。

6. 牙买加体系(Jamaica System, 1976～现在)

1) 浮动汇率制度

与国际货币基金组织(IMF)一同创立的布雷顿森林体系经历了国际流动性问题和国际收支调整问题等几次重创。1971年，尼克松政府公开声明停止以美元兑换黄金的金汇兑制度，这宣告了布雷顿森林制度的最终解体。此后，大部分主要国家的货币都开始采取浮动汇率制度。为此，以国际货币基金组织为主的国际机构针对国际货币制度的改革问题进行了反复讨论。1976年，国际货币基金组织(IMF)理事会"国际货币制度临时委员会"在牙买加首都金斯敦举行会议，正式发表世界各国可自由选择汇率制度的决议。布雷顿森林体系的固定汇率制度就此彻底崩溃，而新的国际货币体制应运而生，该体系被称为牙买加体系或新IMF体系。

牙买加体系的主要特征有以下三点：第一，国际货币制度由固定汇率制度向浮动汇率制度转换；第二，随着主张以美元作为国际货币的金·美元本位制度的瓦解，世界主要国家的货币开始作为国际结算货币而被使用；第三，以第一、二次石油危机为代表的资源危机，发展中国家的外债问题，南北贸易问题，第三世界国家的兴起等诸多国际贸易环境的变化导致了国际货币基金组织(IMF)与国际复兴开发银行(IBRD)等国际经济机构的机能和角色的大幅扩大与改变。

2) 协助式的政策互助体制

① 广场协议

进入20世纪80年代，美元价值开始飙升，美国的对外贸易赤字大幅增加。为了缓解经常项目赤字，各代表国协议共同为美元对其他主要国贬值而作出努力。1985年2月，美国、日本、联邦德国、法国以及英国(简称G-5)的财政部长和中央银行行长在纽约广场饭店举行会议，达成五国政府联合干预外汇市场，诱导美元贬值的广场协议(Plaza Accord)，这标示着发达国家为汇率调整作出共同努力，增强国际间协作，形成互助体系的开端。

② 卢浮宫协议

广场协议后数年间美元的持续性贬值使发达国家间的新一轮国际协助显得尤为必要。1987年在法国巴黎召开的G-6峰会上，各代表国签订了卢浮宫协议(Louvre Accord)，协议表明各国应加强协调合作，设定目标汇率范围,并规定若汇率超出此范围,各国中央银行应对外汇市场进行联合干预。各发达国家之所以为汇率稳定而进行较为紧密的协调合作，是因为民间资本的国际移动规模大幅增加；同时，为使本国货币有序贬值，个别国家对外汇储备的需求也大幅增加。

通过卢浮宫协议制定的国际货币制度是在浮动汇率制度的基础上，周期性的设定并公开较为合理的目标汇率范围，各中央银行在汇率超出此范围时正式介入干预的货币制度。这种中央银行介入干预的手段提高了汇率的稳定性。也就是说，当汇率超出目标汇率时投资者由于预想到中央银行的美元购买规模会增大而购买货币，进而诱导汇率再次回到目标汇率范围以内。

卢浮宫协议与广场协议不仅有着很强的实效性与影响力，而且针对各发达国家试图协力调和国际宏观经济政策这一点上有着十分重要的意义。

第四部分

全球化企业的环境

第五章

全球化下的通商环境变化

第一节 世界贸易环境的变化

1. 世界贸易构造的变化

从1980年代后期到90年代，苏联与东欧转换为市场经济；由此世界贸易快速发展。现在的世界经济不只局限于商品与服务，资本、技术、信息超越了国境，结合了各国经济。这样的现象，我们看作是由全球化形成的。

一个国家的经济活动从一个国家经济扩散至全世界，提高国家之间经济的相互依存性，这叫"国际化"，[1] 具体的是海外贸易(foreign trade)，海外直接投资(multinational direct foreign investment)，短期资本移动(movements of short-term portfolio funds)，技术移动(technological diffusion)，国际劳动移动(cross-border migration)等各式各样的国际联合。

---

1) IMF, World Economic Outlook, Meeting the Challenges of Globalization in the Advanced Economic, May, 1997, p. 45.

随着全球化，商品与服务、资本超越了国境，以各式各样的形态和大规模的移动，特别是由于技术发展，更加迅速、广泛的扩散。

大多数跨国企业随着全球化经济活动，不只是单纯的扩大资源，而且为了在更广泛的领域中扩大生产与流通活动据点，进入了发展中国家。因此企业内国际分工的扩大、深化令发展中国家的工业化迅速进步。[2)]

全球化可以看作是世界经济秩序规则的形成或在秩序的现实执行中世界所有国家成为关系者参与其中的形态。[3)] 全球化由三个步骤进行，现在的全球化是1980~90年代发展中国家参与出口工业品的时期。特别是在技术层面，由于信息、通讯技术的发展，可以把大量的信息安全的加工并传达；对分散到世界的生产与服务进行网络管理。

表 5-1. 世界出口增加趋势

单位：亿 美元

	1980	1985	1993	1994	1995	1998	1999	2000	2001	2002
发达国家	–	–	25,965	29,141	34,698	36,706	37,436	39,942	38,697	37,353

---

2) 经济活动的超国境化不是20世纪才出现的现象，而是人类构成国家，进行经济活动时开始出现的现象。
16世纪以后，地理上的发现与重商主义经济活动把世界变成一个市场。1919年，Keynes在 他的"和平的终结"(The Economic Consequences of the Peace)中写到"伦敦的市民可以使用电话，预定全球各式各样的商品，在床上可以喝到早茶；使用同样的方法，可以了解到世界上的天然资源，或者投资新的企业"。鲍德温说在过去150年里，世界经历了两次开放化浪潮；从某些方面来看，1914年的世界比现在还要紧密联合。(Richard E. Baldwin and Philippe Martin, Two Waves of Globalization: Superficial Similarities, Fundamental Differences, NBER Working Paper 6904, 1999, p. 1).

3) 19世纪以后，进行了三次全球化，由此世界经济发展至今。第一次全球化在1820~1914年，英国的产业革命与德国、美国、日本等后进国参与世界经济，导致全世界的自由化过程；由成功实现产业革命的英国主导，降低关税等，促进资源移动。第二次全球化是二战以后世界经济稳定到1970年的全球化过程，以GATT体制为基础，世界经济高速增长。(Jeffrey G. Williamson, Globalization, Convergence and History, Journal of Economic History, Vol. 56, Jun 1996, pp. 277~366).

	1980	1985	1993	1994	1995	1998	1999	2000	2001	2002
北美	2,936	3,090	6,100	6,780	7,769	8,965	9,405	10,578	9,907	9,463
欧洲	–	–	–	–	–	1,789	1,829	1,865	–	–
发展国家	–	–	11,581	13,546	16,341	17,703	19,061	23.642	22,555	24,036
非洲	–	–	772	814	950	929	1,003	1,264	1,187	1,172
亚洲	3,169	4,029	6,414	7,638	9,262	9,762	10,516	12,664	11,825	12,812
中东	–	–	1,380	1,425	1,583	1,498	1,832	2,801	2.613	–
中南美	–	–	1,583	1,832	2,240	2,751	2,950	3,350	3,423	3,463
总计	20,290	19,370	37,546	42,687	51,039	54,409	56,497	63,584	61,253	61,389

※ 资料：吴胜九 外，『全球产业图表』，三星经济研究所，2002，p. 3，韩国贸易协会『2003贸易年鉴』，2003，p. 425，参照制作。

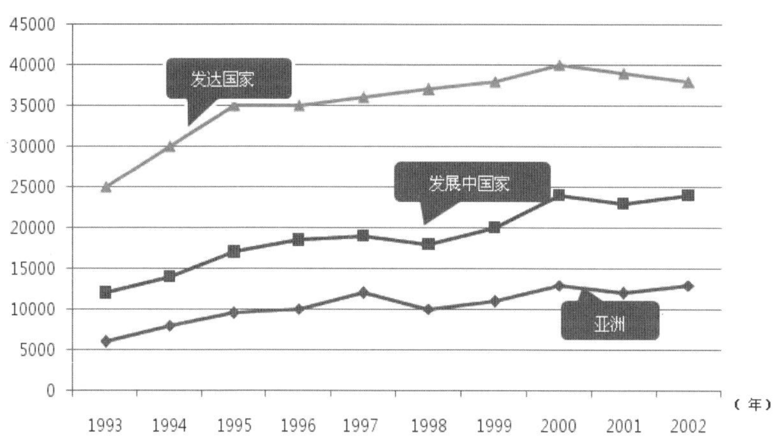

随着全球化的渐进世界经济的特征与随之产生的变动性和不确定性的增加，可以总结为以下方式。[4]

4) 中村裕昭，《全球化进展管理》(久州大学出判会，2001)，pp. 122~123.

第一，各国经济在全球化规模的开放系统中深入市场经济。以此为基础，市场与竞争进入全球化，各国经济内部生产与流通的商品或服务也受到全球化竞争的直接影响。不是过去两国之间的贸易，而是针对全世界的出口活动，所以不确定性进一步提高。

第二，世界市场上的知名企业采纳的经营方式或技法以国际标准渗透到各国企业。在国际市场上市后，得到证明的服务、事业，模型等被各国企业使用。国际会计基准或国际标准环境基准被规则较多的国家采纳，以国际标准渗透到企业。

第三，增强出口并考虑到对方国家贸易不均衡的扩大，把生产设备或销售据点迁移到世界各国，进行超越国境的企业活动。这样单一世界市场的形成，不但需要商品贸易，而且需要生产要素的移动。所谓世界经济的全球化是商品与服务、金融与劳动力能自由移动，现在创造"无国界的经济"(borderless economy)理念昂奋。1995年1月，出台了代替GATT的新贸易机构WTO，这是为了满足自由贸易秩序时代需求的反应。

第四，国家的机能发生巨大的变化使国家与资本之间也发生变化，IMF，世界银行，WTO等国际机关的影响力更加提高。

第五，随着跨国企业全球化活动与扩大合作，劳动力扩散至全世界，从高薪金国家向低薪金国家转移技术与资本，使企业变得多国籍；总公司的概念变得淡薄，为了寻找最佳生产地，最佳配件采购地，最佳销售市场，最佳资本融资市场，以企业的核心商品或服务为中心，开展全球化。通过世界规模的自由选择地点，降低了时间与空间，劳动力国际移动的制约性。

所以从单纯的国内生产与出口的形态到考虑国际劳动移动与技术移动的要素，展开生产与出口活动，导致不确定性更多，需要了解的信息也更多。

第六，随着金融全球化逐渐发展，经济的投机化，赌场经济化迅速发展。因此巨额的不动资金转移；全球化金融活动与实体经济的剩余，加大了世界经济的联动性与不稳定性；这也会增加汇率变动带来的不稳定性。

第七，不在意国家对企业经营的干预，自由地在世界各地活动。对于经营判断，很多人没有全球化意识；可是全球化对进行国际活动的企业带来影响，这成为对形成企业经营无法忽略的重要要素。5)

最后，贸易的地区化趋势属于全球化的特征。即使不通过缔结地区协定，经济活动的"地区化(regionalization)"也很显著地表现出来。90年代，随着东部地区的崩溃，欧洲加快了加入欧盟的脚步。到1994年，加拿大，墨西哥等国一起成立了北美自由贸易协定(NAFTA)，还有扩大亚洲与太平洋连为一体的亚太经济合作组织(APEC)，为了发展而努力的美国反映了现在趋势。6)

2. 跨国企业的发展与产业内国际分工

战后跨国企业在世界各处设立海外分公司或分工场，他们的经营战略中有一环是把商品多样化、差别化，工程细分化、多边化，使产业内分工关系最有效化的利用。

---

5) 全球化与国际化经常混淆，马里兰大学Herman Daly 教授在1999年讲演中说"Internationalization refers to the increasing importance of international trade, international relations, treaties, alliances, etc. International, of course, means between or among nations. The basic unit remains the nation, even as relations among nations become increasingly necessary and important.
Globalization refers to global economic integration of many formerly national economies into one global economy, mainly by free trade and free capital mobility, but also by easy or uncontrolled migration.", 在此明确了一般的差异。Herman Daly, Globalization Versus Internationalizaiton,(www. Globalpolicy). 对此尼桑公司CEO Carlos Ghosn在企业经营的角度提出"全球化和国际化的差别是不在打入几个国家，全球化企业统一经营模式，而国际化企业是中心与子公司形成群"的观点。
日本经济新闻，2001年1月3日。

6) 李大根，前面的书，p. 216.

产品差别化是指产品多样化快速发展的趋势中，随着产品的形状，性能，品质等条件各自分析；寻找出产品的强项，进行专业化生产。

举例说明，美国把大型汽车专业化，德国把小型汽车专业化。工程多样化分工是指为了制造出一个完成品，把中间的每一个工程专业化。在生产中间产品，配件或完成品组装的部分中选择自己的强项，把其中一二个部分专业化分工。

跨国企业在世界各处设立生产与海外分公司的销售据点，设立总公司与海外生产据点或与海外生产据点的分工体制；我们把这样的活动叫做企业内国际分工，特征如下。

第一，不是消费市场上的完成品交易，而是通过企业集团内的中间产品或产品供求来决定分工。

图 5-1. 产业内国际分工事例

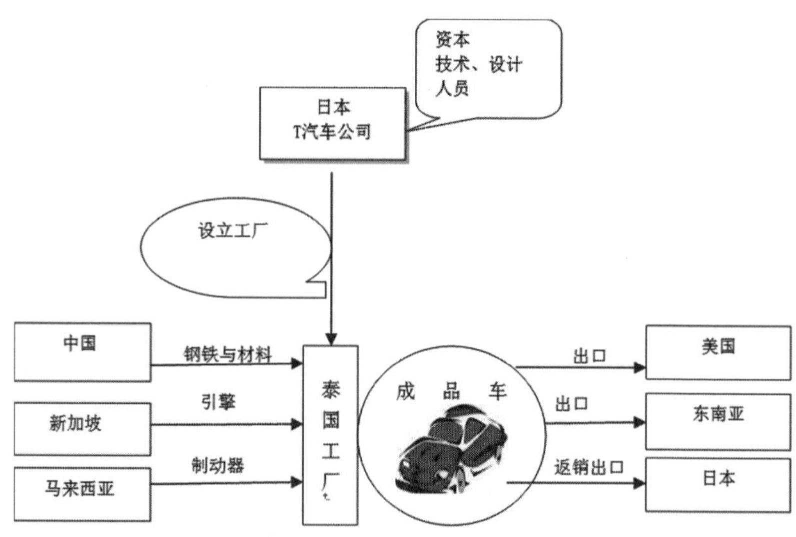

第二，从原材料产业到产品产业的垂直分工体制与一般产业内分工体

制有差异。[7)]

第三，不是总公司与海外分公司之间的单线分工关系，而是众多海外分公司之间的相互分工关系，复线分工关系等。

3. 全球化下的不确定性与企业风险增加

随着未来世界经济的不确定性增加，企业很难树立对策方案。特别是围绕着企业利益关系集体的要求事项多样化，压迫的程度也在提高。在这种环境的激烈竞争中加剧了企业的坎坷。

在竞争中没有了国界与界限，竞争力差异给企业业绩带来了两极分化；最近业内最知名的企业不能及时应对全球化的变化而制定战略，导致企业衰微的例子很多；[8)] 即此刻的成功不能保证10年后的成功。

随着国际化市场经济的扩张与深化，国内外的所有条件或政治经济主体间相互作用的构造以极其多样化的状态体现出来。[9)]

特别是全球化下经济市场化、自由化与各国固有发展战略或制度相冲突，引发更多的不稳定性与货币危机。由此全球化下世界经济不受地理、时间制约的风险增加。[10)]

全球化风险会伴随着预兆或征兆，所以正确的搜集信息并分析，可以

---

7) 石油产业的精炼石油、开采、勘探、钻探，使用上游体制；从石脑油分解过程到各种基础、中间石油化学产品的生产、运送、储藏的过程，使用下游体制；这叫垂直的分工。

8) 1995年全球销售，销售额前50大企业中，2002年，只剩下35家与23家。

9) 古典学派经济学家认为全球化对消费者的实惠是消费者通过贸易，可以扩大市场的选择。向世界上更庞大的国际劳动市场转移，更有效的投资；全球化给很多国家的消费者提供更便宜的商品与服务。(IMF, World Economic Outlook(May, 1997). p. 45).

10) 1997年，泰铢引发的货币、金融危机使所有发展中国家或发达国家的经济大萧条。这是扩大投机交易，短期不动资金交易移动与实体经济无关。但是重要的原因是金融市场的恐慌蔓延与崩溃导致的。

进行管理。特别是这种结果并非都是悲观的，可以通过全球化活动引来可观的结果，正确管理企业风险，为企业带来成长与发展。

全球化的风险对每个产业与业务的影响不同，所以很难正确的判断。虽然企业实行全球化活动中因为风险而艰难，但是也会积累很多经验与知识。

- 应付国家风险
- 对应各国禁止法
- 对各国企业法规的理解
- 对应国民感情
- 应付普通的摩擦
- 对各国知识产权差异的理解
- 对各国雇佣方法的理解
- 对各国诉讼制度的理解

企业的全球化过程不只是从外部认知的国际化，还有把国外认知的国际化要素导入到国内经营里面。国际化的时代是从国内到国外的企业活动；全球化时代的出口还有从国外到国内的项目，使之相互作用，发生变化。

排斥全球化与全球化负作用加剧的理由是全球化扩大，还有美国强化霸权带来的负作用也在加剧。

具体来讲，全球化下竞争深化，需要结构调整的企业增加，导致失业或反抗深化，贫富差距加大，社会保障减弱，使经济、社会不稳定在加深。

随着全球化，各国开发经济，效率低下的部门加速改革进程，世界整体的效率性提高，但是各种负作用也在深化。特别是设定全球化竞争秩序中存在很多难题，而且全球化金融加大了风险力度。

表 5-2. 全球化下的企业风险要素

	全球化下的变化	风险要素	
		消极要素	积极要素
企业形态	与国外资本的合作	• 联营下的成本增加 • 联营合同的纷争增加	• 协同效应下收益增加
股东	国外股东的介入	• 稳定的股东比率下降 • 重视短期，轻视长期企业价值	• 经营监管职能强化
经营者	国外管理层的参与	• 重视短期目标	• 更新现有的消极经营习惯
组织、人事	国外劳动者的雇佣、管理	• 与国内劳动者摩擦和差别问题	• 刺激国内劳动者和提高业绩
生产	导入国际环境基准	• 国际基准对应下的成本增加 • 由于违反环境基准，企业形象下降	• 通过完善环境对策提高企业形象
	导入以外企微软或半导体为基础的计算机系统	• 变更现有系统引起成本增加	• 业务效率上升 • 小规模经营的全球化商务可能性
服务	导入国外商业模型	• 国内市场适应失败	• 商务效率提高
	国际市场进行交易	• 由于国外市场和商品风险理解不足引起损失	• 利用国外市场机会实现利益
销售	国外企业代理或者连锁店契约	• 连锁店费用支付商议合同缺陷发生纷争	• 从国外获得新型营业核心技术
开发	遵守海外土地使用权	• 土地使用权引起纷争	• 随着外企购买土地所有权扩大国内市场
财务	导入国际会计基准	• 合并结算出现子公司赤字表面化 • 依靠市价会计损失表面化	• 提高财务透明化 • 提高外国人投资信任度
信息	网络等国际通讯网	• 发送情报失误引起纷争诉讼	• 利用网络削减全世界交易成本
法务	国外诉讼	• 依据诉讼纷争费用或罚金的损失可能性	• 随着海外诉讼累积法律核心技术，构造战略法务态势

这样的性质下全球化的风险，可以看作动态的风险。这种风险受到社会、经济环境的特定原因同时多发的表现出来，影响到集体内所有成员。举例说明，比如技术发展、流行、消费方面的风险是由消费者需求变化、生产方式的变化、新技术发明等生产方面造成的风险。

全球化下企业运营可以参考像〈图表5-2〉一样的风险一览表来测定风险的程度与频度，这种手段比较有效。可是每天的通商环境都在变化，而且也要面对很多不确定性；所以从积极方面与消极方面，综合的进行研究才有效。

图 5-2. 世界经济环境下的贸易风险分类

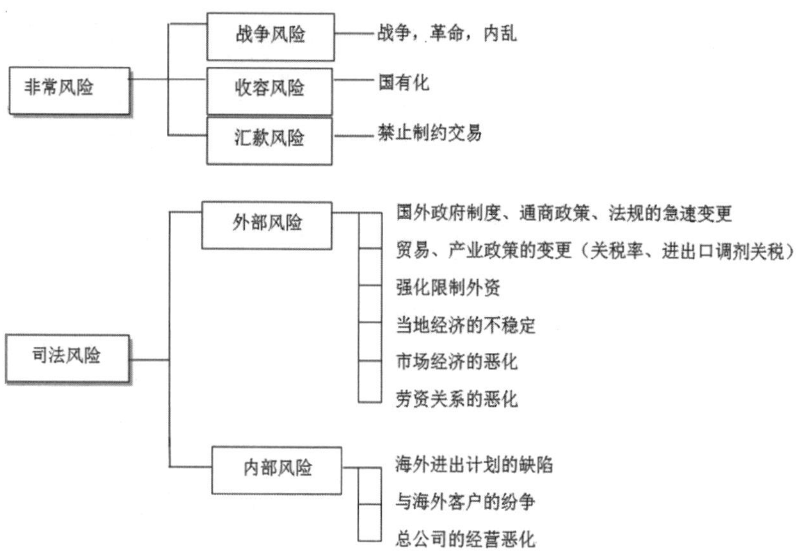

从世界趋势来看，出口风险分类并评价，或者根据公开、市场状况变化而评价。这种广泛引用的基准要恰当的活用在企业风险管理方面。[11)]

事业风险的起因可以分为外部与内部要素分析。外部要素是由于外国政府的制度、政策的急剧变化，引来的不可抗拒风险；举例说明，贸易与通商政策的变化、强化限制外资、当地经济的不稳定、市场经济的恶化、劳资关系的恶化等。

外部要素是企业自身可以管制的风险，比如为了进军海外的投资计划缺陷、与海外客户的纷争、经营者选定失败、总公司的经营恶化等。

与以上一样，全球化风险中只有投机风险才存在很多单纯风险。当然也存在 ①火灾、爆炸、地震、喷火等各种灾害风险或 ②威胁企业、拐骗要人等各种犯罪风险。特别后者有重要的意义，这里也存在保险管理的必要性。

第二节 世界交易秩序和WTO体系

1. 世界经济的体系变化

战后的世界经济可以分为①西方先进资本主义经济，②由战后社会主义经济体系发展的东欧诸国经济，③战后殖民地体系崩溃后产生的新生发展中国家经济进行说明。

这里①和②的经济圈关系可以分为东西关系，①和③可以认作为南北关系(南北问题)。[12]目前的东西关系中，资本主义的市场经济和社会主义计划经济间的对立矛盾已经消除。东西基轴的崩溃意味着战后世界经济历来坚持的相互关系系统崩溃。现在东欧各国欲想加入EU渐渐达到经济协力关系紧密化。

---

11) 对可以数量化的风险，使用计量化方法；对汇率、利率等财务风险，使用全球化标准的美国基准。

12) 李大根，『世界经济论』，博英社，2004.

1) 世界经济的地域化

世界经济在冷战体系后出现地域主义化(regionalization)倾向。在欧洲，1993年11月马斯特里赫特条约生效，并与1994年1月由EC(欧洲共同体)转为EU(欧盟)，原本从属于EFTA(欧洲自由贸易联合会)的国家也加入此中。在北美，创立了北美为中心的北美自由贸易区(NAFTA)，围绕亚洲、太平洋地区的APEC兴起，以及东南亚地区依据ASEAN诸国创立的域内自由贸易地区(AFTA)等等陆续实现。

2) 中心–周边构造的性质变化

社会主义计划经济的崩溃也对南边发展中国家的经济起到了决定性的影响。期间，从国际经济来看，代表南方立场的UNCTAD或OPEC等国际机构的影响力得到削弱。这样的事实使南北争论的重点问题交易条件的恶化，能源、资源的价格协商，GSP的采纳，地球环境保存问题等复杂的问题从对决的态势转为协商的态势。社会主义理念的崩溃由此可以看作是因为对非资本主义之路展望的消失。

3) 资本主义经济的性质变化

因为社会主义体系的崩溃也给资本主义经济体系带来很多影响。自认社会主义经济失败和若转为交由市场调节机能方向，资本主义市场经济国际统计技能就会得到灵活运用。现在资本主义的经济是全球化经济(global economy)，向经济无国界变化意味着今天的世界经济是国民经济的范畴逐渐崩溃。

4) 市场的变化

世界的经济局面以市场的分化与合并的角度来掌握的话，大体可以概括为三个潮流。

第一，世界经济的地域主义化倾向(regionalization)。这是超越国民经济领域向全世界市场合并的地域主义化现象。这样的动向首先是以国家为主体创造EU、EFTA，或者ASEAN、NAFTA等法律上、制度上的完全经济整体，东北亚经济圈或者说中华经济圈可以说成是民间企业市场圈的扩大动向。依据这样的现象，可以看出世界经济指向于以下三极构造。即为①以EU为中心的欧洲经济圈，②以NAFTA 为中心的美国经济圈。首先贸易在IMF-GATT体系之下依据自由贸易注意急剧扩散。③围绕日本，NIEs，ASEAN，中国等的亚细亚经济圈。[13)]

第二，其中一个向世界市场合并的全球化是向贸易和投资两个方向的展开。首先贸易在IMF-GATT体系之下依据自由贸易主义急剧扩散。由此通过1933年末的乌拉圭回合关贸总协定调解不但工业品，农产品或服务业直至技术贸易果断地实现了市场开放。投资是跨国企业国际化的扩大和深化的过程。前进中的产业间分工体系迅速转化为产业内乃至企业内分工体系。现在通过OEM方式或者企业外部资源动员制等形态国际投资比国际贸易占据了更重要的位置。

第三，从全球化和地域主义化可以看出从国民经济的束缚中向世界市场扩大在这一点上是统一的，但是地域主义是境外国家不能加入的。从这一点可以看出和全球化的差别。

2. 世界交易秩序和地域主义化

1) 国际分工的性质变化

在现在巨大的国际经济趋势下，以地域经济或世界经济代替国民经济

---

13) 强化以美国为中心APEC的新太平洋共同体(New Pacific Community)也有动作，也有可能构成欧洲经济圈与非欧洲经济圈的两极构造(李大根，『世界经济论』，博英社，参考第11章)。

或者国际经济范畴的概念越来越活跃。[14] 像这样，随着国民经济概念的微薄化、各国国民经济间商品交换关系，国际贸易的性质也立即发生的很多变化。它是国际商品交换关系还是单纯的国内市场交易连区分都很难。

商品交换关系的性质可以看出是根据生产过程中形成分工关系的性质不分明发生的变化。为了商品生产的分工关系是国内分工还是国际分工也立即变得很难区分。为了制造一个商品必须经过国际分工(inter-industrial division of labor)和国内分工(intra-industrial division of labor)同时进行才能达到。通常说的国际分工就是由产业间分工转为产业内分工。

今天引导产业内分工的主体就是跨国企业。跨国企业广泛的海外生产活动也就是内部的产业内国际分工。总公司和分公司之间的分工关系，或者海外子公司间的相互分工关系都具有产业内分工关系的性质。因此，从一个跨国企业集团内的企业展开来看的话，既可以说是产业内分工关系再次转为企业内国际分工关系。

企业内国际分工的发展使国际贸易的性质发生根本的转变。第一，从前产业间分工时期以成品为主的贸易转为半成品或零部件的贸易，第二，贸易的主体由过去的国家商标转变为跨国企业的为主的企业商标。第三，由两国间的贸易转为多个海外子公司间的跨国贸易等。由此，商品最后的品牌报告书上看不出是哪个国家的商品便是今天国际分工的实际情况。

今天以MNC为主的产业内(企业内)国际分工超越了过去国家间的分工

---

14) 经济学分析方法也从一向使用一个国家经济分析到一个经济圈或一个经济体的地区经济乃至世界经济本身作为单位进行分析.从这点来看，只分析一个国家经济再生产构造的马克思经济学或只寻找一个国家内一般均衡条件的近代经济学在研究方法上已经达到了极限。

关系，形成了一个广泛的世界分工体系。不管发达或不发达国家，所有的国家被一个世界范围内的国际分工网所容纳，这就是今天世界系统化下的国际分工的真实情况。[15)]

2) 地域主义化和乌拉圭回合关贸总协定的调解

世界系统下国际分工的的基本形态向产业内国际分工体系的变化过程中，1994-95年间记录了世界交易中几个重要的变化。

首先1986年以后7年间涉及到乌拉圭回合的协商问题得到调节，从1995年1月开始延续到现在的GATT体系转换为新的WT体系。在欧洲，不但由马特斯里赫条约到现在的欧共体(EC)转为关系更融洽的欧盟(EU)，1994年，和欧洲一些其他的经济整体EFTA(欧洲自由贸易联盟)合并的EEA(欧洲经济区)正式出台，[16)]而且在北美1993年11月多次混乱后由美国议会通过的NAFTA协定在1994年1月得到生效等等都在这一时期得到实现。

以上的地域主义化不仅仅局限于欧洲和美国这些发达地区。即使把亚洲地区和北美、大洋洲等太平洋地区以其围绕的APEC强化计划的活跃促进放到一边，依据ASEANDE的区域内自由贸易地区(AFTA:ASEAN Free Trade Area)的强化方案[17)]或者马来西亚主导的东亚经济和新论坛(EAEC: East Asia Economic Caucus)等等设立构想得到了活跃的议论是显而易见的。

即使不管乌拉圭回合关贸总协定和WTO的出台，也可以看出未来的世界交易条件首先是归于地域主义趋势化。未来APEC可以成功发展的话，

---

15) 李大根，同前书。

16) EEA原来计划把EU12国与EFTA7国(奥地利、挪威、瑞典、芬兰、冰岛、列支敦士登、瑞士)联合成19国，但是瑞士、挪威等几个国家在联合案的国民投票中被否决，结果由16个国家构成。

17) AFTA从1993年1月开始实施，但是没有大的进展；之后1993年10月加入到有效普惠关税(CEPT)协定，从1994年1月开始，降低关税后期待有一定的进展。

世界贸易也就不能排除欧洲圈(EEA)和亚太圈(APEC)的两向分化。[18)]

世界经济向两个经济圈分化与其说成是地域主义化还不如说成是世界范围主义更贴切。这里的地域主义强化趋势也强调了乌拉圭回合关贸总协定的调解成为影响世界交易秩序的证据。

乌拉圭回合关贸总协定的调解最重要的就是扩大了国际交易对象。到目前为止，包含了由于非关税壁垒(NTB)带来的自由交易服务，知识财产权，贸易关联投资和农产品等所有自由国际贸易对象。同时因为此调解，国际间贸易纷争的处理程序，补助金和课赋反补贴税等国际法规得到了新的确立也从而扩大了世界交易自身。总之，是最重要的意义就是在GATT体系下不能使用的农产品、服务性贸易等在新的WTO体系下可以任意使用。

3. 世界交易展望和WTO体系

乌拉圭回合关贸总协定的调解和WTO体系的出台扩大了世界贸易，考虑到服务交易自由化，保护知识产权和农产品市场的开放，可以肯定的是，未来比起以工业产业为中心的商品交易，农产品和服务交易应该以更快的速度发展，与贸易相关的国际投资和金融资本的国际移动也必然更加活跃。

依据GATT为首的IBRD，OECD等国际经济机构分析的结果来看，乌拉圭回合关贸总协定成功的情况下，世界交易的增大必然也带来了相当大的收支。但是地域主义化的强劲波澜是不能完全排除的，目前为止，世界上的不公平贸易频频发生，像美日间的不公平贸易一样各国的贸易摩擦

---

18) APEC能否发展为EU或NAFTA一样的经济共同体存有很多疑问.首先地理性的很多问题与成员国之间的经济差距较大。代替APEC，可以发展为亚洲独立经济联合机构，使APEC会分为北美圈与亚洲圈等二个区域；那么世界贸易将分为欧洲、北美、亚洲等三个地区。

也占据在世界各处。

领导着世界贸易的美国仍然面对着巨大的贸易赤字，但是就目前改变现状的方案还很不明确。因此，美国继续使用美国综合贸易特别法301条款可能引起更高的贸易壁垒双边摩擦甚至成为世界交易扩大的绊脚石。

美国这种脱离WTO法规果断的独自行动会触发报复贸易倾向对世界交易带来明显的负面影响。WTO体系里面没有阻止对应美国这种独自行动的战略非常重要，这也就是今天世界交易秩序的进退两难出境。

从这些观点来看，未来乌拉圭回合关贸总协定的经济效果有：第一，新WTO的权利可否主导世界各国间贸易纷争的摩擦；第二，能否阻挡地域主义化的波澜；第三，抑制美国单独行动的程度在于几个事项的处理能力。

尽管乌拉圭回合关贸总协定艰难的得到了调解，但是绝不意味着完成了围绕着国际交易的各种多边协商。把地域、环境问题和国际贸易关联的是环境保护跨国协作会议(Green-Round)或者把生产劳动者的低工资、各种恶劣劳动环境和国际贸易关联的是蓝色回合(Blue-Round)等等后续的世界交易问题被陆续提出。

像这种多边协商越来越广泛的话，不仅仅是直接和交易有关的问题，也不排除国内的储蓄、投资，技术开发政策，反垄断政策，劳动、社会保障政策等这些一般的经济社会问题也被搬到多边协商的桌面上来。因此，前一节我们所观察的以发达国家的“政策调整”为对象的宏观经济指标的预计调整也就是对今天和“相互依存时代”相吻合的全球化经济形成的展望。

第六章

国际物流

第一节　流通与物流

1. 流通的作用与活动

现代社会，一般来说商品的生产地与商品实际消费形成的消费地相互分离。生产地与消费地之间不但存在着空间和时间上的差异，而且存在生产量与消费量的差异。流通的作用就是用来填补生产地与消费地之间的差异。

1. 场所调节功能
2. 时间调节功能
3. 供求调节功能

场所调节功能是指调节生产地与消费地空间与距离上差异的功能。场所调节就是由运输来调节生产地与消费地之间的差异。时间调节功能是指为了调节从生产到消费的时间，缩短运输时间或将商品进行储藏。因此，可以说场所与时间的调节是物质性的流通功能。相反，供求调节功能可以调节生产量与消费量，因此可以说它是具有经济性质的流通功能。流通如果不具备供求调节功能，就会导致影响商品价格以及供不应求，或者过剩的不安定的经济现象。

流通活动是指使生产出来的商品到达消费者手中而进行的活动。一般来说，商品在生产地制作完成后被保管到工厂仓库。然后，生产商向批发商出售保管在自己仓库中的产品，产品被移动到批发商的仓库。临时保管在批发商仓库中的商品通过销售活动进入零售商的仓库或者卖场，最后在卖场中商品被销售给消费者。商品又一次移动到零售商的仓库，最终到达消费者的手里。这样的流通活动大致可分为以下两类。

1. 商业(交易，销售)流通活动：销售、市场营销、购买、促销、接单等。

2. 物的(商品的移动，管理)流通活动：保管、运输配送、包装、装卸、库存管理等。

从前，这两种活动各自为营，只是作为各自的体系而展开。为了便于全局管理，商业与物的流通活动概念开始被统称为企业的流通系统或后勤(logistics)系统。这种概念的融合伴随着现代信息通信技术的发展而更加快速。

2. 物流的定义和目标

我们通常所说的“物流”或“物的流通”是由1960年代开始使用的physical Distribution(PD)字面翻译的。物流定义为包括一切有型和无形的(财务)的废弃和还原活动。物流是连接供给者与需求者之间，通过克服时间的差异和空间的转移以及部分性质转变来产生效用的 ·种物理性活动。后勤(logistics)是比物流更高级的概念，可以定义为‘企划市场和生产，商品的买进的同期化管理’。PD和logistics经常被认为是同样的概念，但是严格的讲logistics是比PD范围更广的一个概念。logistics是供给、商品管理和流通结合在一起的，也就是说从原材料调配到交货给顾客的实质商品和信息流通过程。美国的CSCMP(Council of Supply Chain Management Professionnals)认为，后勤管理(logistics management)是为了满足顾客的要求有效率、有效果的计划管理从原产地到消费地的有关物品和消费信息的流动。简单来说，这里的PD就是工厂或者卖家把商品送达消费者手上的过程。而logistics就是从原材料、零件、商品的调配到交货给顾客的一连串的过程。在全球化加剧的现代社会里，生产地与消费地之间场所和时间性差距越来越大，这更加突显出物流的重要性。当今物流的目的在于尽可能地削减费用，以最低费用最大限度为顾客服务。但是追求最低费用的同时对于顾客的服务就会相对的变差，相反，如果以最高标准为目标的话，越是提高物流的服务质量相应的费用就会变高。这种贸易交换二律背反(trade-off)现象使二者同时满足的情况变得相当困难。因此把适当的商品在适当的时间里配送到适当的场所，从而最大化的满足二律背反的目标就是目前的课题。

3. 物流活动的构成要素

物流活动的手段包括以下几种活动。物流活动大致分为运输、配送、保管、装卸、包装、流通加工、物流信息等。各种物流活动聚集在一起才能完成物流的全体功能。

1) 运输–配送

把商品从一个地点移动到另一个地点就是运输或配送。一般情况下长距离使用运输，短距离使用配送。运输或配送所使用的工具是船舶、航空、铁路、汽车(卡车)中的一种运输手段(unimodal transport)或两种以上的运输手段(multimodal transport)结合起来。运输货物怎样选择运输方式时比起一律性的标准，充分的掌握运输服务的种类特色及运输工具的优缺点(速度，费用等)。选择最佳的运输方式是有效地使流通保持通畅的前提条件。

2) 储存

前面所说明的物流的含义里有填补时间差距的功能。调整生产地与消费者之间的差距就是储存活动的主要功能。提高商品时间效用的功能也是储存活动的功能之一。另外，储存不仅能调整供应和需求，还会影响价格。因此，有人认为以调整供需为目标的储存活动具备'时间调整'和'价格调整'两种功能。储存活动一般在仓库里进行。在大量生产，大量消费的今天，仓库还可以进行储存以外的活动，仓库的功能也有很大的变化。[但是现在仓库的功能也有着单纯保管以外的工作而逐渐有变化。]为向顾客加强促销和强化服务，即对安计划生产的产品进行临时保管的同时，还可以进行包装和简单的加工等所谓的流通活动。所以名称也逐渐由储存仓库(storage warehouse)改称为流通仓库(distri- bution warehouse)或流通中心。

3) 装卸

所谓装卸是指随商品的运输，配送，保管的活动而附带发生的搬运工作。具体来说，从生产地搬运来的货物，到仓库后从车上"卸货"，再向仓库内指定的场所"搬运"，接到顾客的订货单时从仓库里分类及整理货物后"装载"到配送车上的一连贯工作都属于装卸活动。过去，装卸是依靠人力劳动进行的。近期，根据顾客的需求(needs)，货物的装卸工作变得更加重要。为提高装卸活动的合理化和效率化，最好的方法是通过货物的托盘化(palletization)和集装箱化(containerzation)等(单位载荷)单元载货法(unit load)，提高装卸活动的机械化和机械化。

4) 包装

包装是以保护物品，方便装卸，单元载货，区分标记商品为目的而进行的活动。很多制作流程中包装是生产工程的最后一个阶段，要整理商品，为安全准确的配送而进行包装。这种包装需要达到以下几个条件。最基本的是不能损伤商品的外形及质量，确保商品到达目的地。还有在中间物流地储存容易，卸载方便，不占有仓库大量空间，能够进行合理有效地装卸的包装。最终达到尽可能的减少物流费，又可以保证商品的保护和运输安全的包装。另一方面，包装活动中也要充分考虑到报废和回收问题。进行不必要的包装或不合理的包装不仅会造成环境污染，还会产生相对应的额外支出。因此，做适当的包装，不断开发和积极选用可再利用的包装材料。

5) 流通加工

流通加工是指在流通阶段中对产品简单进行的加工或组装，再包装等工作。流通活动原本主要在零售店等离顾客比较近的场所里进行。但是随着大型零售连锁店的登场，流通过程逐渐发达，加工过程也集中在物流中心或流通中心，而且逐渐形成机械化。流通加工是产生很多费用的工作之一，这样的过程是为了更加适应顾客的需求(needs)。通过商品附加值的增大和对于顾客的方便性的提高，流通加工会产生促进销售的效果。

6) 物流信息

随着企业物流活动而产生的物流信息是保持物流活动中的运输-配送、储存、装卸、包装及流通加工顺利进行的必不可缺的重要要素之一。根据信息提高顾客服务，预备更好的运营物流系统的方案，搜集管理方面物流信息也十分重要。物流信息可分为以下几类。

1. 订货信息
2. 库存信息
3. 生产指示信息(采购指示信息)
4. 发货信息
5. 物流管理信息

接到顾客的订货信息后，根据订货信息确认查询现存商品的库存信息。商品库存不足时向厂商发送生产指示信息或向批发商发送采购指示信息。有库存时发货才会顺利形成。所谓的物流管理信息是交货完毕通知，物流费，仓库-车辆等物流设施及器械的运转率等。它对于全体的物流活动管理及控制有着必不可少的重要作用。物流的目标是提高顾客服务的同时将总费用最小化。对于这种相互二律背反的目标，物流管理信息有着管理物流各活动并把他们适当调和的作用。

第二节 国际生产和国际物流

1. 全球化和物流

全球化把目前的'海外销售'观念改变成'以国际市场为目标的最佳生产地点的供给'。这个观念对物流概念也产生很大影响。

1) 海外供应的增加

目前为止决定工厂的位置要考虑国内供应的难易性及地价，劳动费用等问题。保管各个工厂生产的产品的物流地点也要根据工厂的位置来选定位置。海外供应的增加意味着国内物流前提的崩溃。

2) 工厂的海外扩张

工厂的海外扩张有以下的几个形式。

(1) 扩张到人工费低廉地区的形式

扩张到人工费低廉地区的形式是指将在海外制作的产品销售到国内或海外市场。在海外制作商品意味着使用当地充足的原材料及零部件的总数会变多以及海外供应会逐渐增加。它们意味着目前为止在国内生产的产品转移到海外生产，导致国内生产共同化的原因。随着进口产品的增加和国内生产品的减少，物流系统需要大量库存。

(2) 扩张到海外市场附近建设工厂的的形式

扩张到海外市场附近建设工厂的的形式在欧洲-美国的十分盛行。最近扩张到中国的公司目的与其说是低廉的劳动力(劳动市场)，还不如说是以中国为销售市场。从物流方面分析，首先扩张到海外的公司需要搬运原材料，零部件等物品，还需要将工厂生产的产品运输到世界市场销售。

(3) 世界规模物流系统的再构造

目前为止我国属于加工贸易国，依赖于海外出口的倾向比较强。不过，以后海外出口的难度会越来越大。这是很高的生产费用造成的后果。国内生产的商品销售到海外的方法也已经不能见效。代替的是面向世界市场销售，使用制作于世界规模的最佳场所里生产的商品。物流现在需要世界规模的后勤系统(logistics)的构造。我们把它称为‘国际后勤系统’。

2. 国际物流和国内物流的差异

国际物流和国内物流的差异大概分为以下两种。进出口通关等各种程序，不同国家存在着不同的输送状况等。

1) 通关等各种程序

国际物流要求在国内进行的后勤系统编辑成世界规模的后勤系统。国际物流的基本方式跟国内物流非常相似。然而，作为国际物流会增加其他附加条件。首先，成为面向多数国家的物流需要通关等各种程序，而这种程序需要时间，即会增加实际输送需要的处理时间。所以有必要熟悉各国通关结构。

最近，有些国家对于通关等各种手续，提供相关信息系统服务。如果不实行相关信息系统服务，处理通关手续需要相当长的时间。但也有些国家根本不支持信息系统服务。

2) 根据不同国家的不同输送情况

对于各国的输送情况做详细的调查也很重要。某个制造企业因为生产费用低廉的原因在海外建设工厂。如果那个国家的物流情况不好，在搬运制作完成产品的输送确保上会出现问题。要注意的一点是根据国家的不同，物流的品质及服务也有差别。

语言及习俗的差别也是很大的问题。根据不同的国家，需要分别对应和采用不同品质，不同材质的商品。由于不同的国家有着不同的物流情况，物流系统的构造也不尽相同。

第三节 国际物流合理化与物流体系

1. 国际物流合理化

最近，随着电子商务的发展，外贸商品的生产和订货模式发生了巨大变化。其中从生产角度来看，商品的多品种化，少量化；从订货的角度来看，订货的高频化趋势十分突出。因此，站在出口企业的角度来看，根据这种新的趋势，出口企业必须一手抓在库量减少，一手抓销售增进。为此，最近出口企业通过构建JIT(Just In Time)体系以及拼箱货运体系来提高物流合理化。然而，出口企业为了发展满足海外市场顾客要求的国际物流战略，不但要着眼于削减物流总费用的层面，还需要构建改善物流服务的统合型物流体系。我们把这样的国际物流体系的变化过程称为国际物流合理化的过程。

从最近出口企业的物流合理化趋势中可以看到两个突出特点。首先，以往零散分布的发货支点和海外送货支点等物流节点开始呈现集中化态势；其次，企业内部的国际物流的体系化趋势正在逐步强化。也就是说，企业通过对分散的国际物流支点的整理、集约化与合理的再配置，以及通过整合在库物品清单和在库量，与此同时通过规划运输的合理化等手段，从而达到提高顾客服务水平、物削减物流费用以及开展统合的物流战略等目标。

从企业选择运输方式的模式可以看出，在运输原材料和大批量货物的情况下，企业通常选择使用海运方式。与此相反，在运输电子计算机、半导体等高附加值货物或者时装衣料、海鲜等在货期和销售时期上受时间限制的货物的情况下，企业通常会采用空运方式。一般说来，大部分的贸易商品都会使用集装箱船这种运输方式。尤其是最近为了满足顾客需求以及谋求物流合理化，企业会对针对需要运用空运和集装箱船运输的情况较多地采用海-空多式联运方式。

在推进物流管理合理化之前，出口企业最关键的是要明确“要在哪个区域如何最有效地配置海外物流支点，链接起这些物流支点需要如何构建一个合理的物流体系”这个课题。因此，在决定把海外物流支点设置在哪个国家、哪个区域之前，企业首先需要对特定区域的地理及经济条件、政治及货币的稳定性、外汇自由化的程度、对外国人所有权的许可度以及对外资企业是否有优惠政策等条件进行比较和分析。除此以外，企业还应根据外贸商品的流通形态和特点来设计和运用最适合本企业的国际物流体系。

2. 国际物流体系的形态和选择

根据从出口国的企业出货开始到进口国的顾客为止的物流渠道及处理方法，国际物流体系可以分为古典体系、转运体系、直运体系以及多国仓库体系四个体系形态。尽管除此以外还有由这四个体系衍生出的其他众多物流体系，但是国际物流体系的形态基本上包含在上述四类体系的范畴里。在某些情况下，同一个企业会同时综合运用两种以上的物流体系。国际物流的四个基本体系的概况和特点如下：

1) 古典体系

古典体系是指外贸商品从出口国企业出货到海外子公司的仓库，当接到订单后，从子公司的仓库到最终把货物送达顾客手中的体系。这也是最普遍的一种物流体系。在这种体系下，子公司带有出口企业在海外的仓库的性质，当有大批量的商品从出口国企业的生产工厂(或仓库)被出货到海外子公司的仓库的时候，出口企业要尽可能地考虑使用最低廉的运输方式以及要尽可能地减少运输次数和运输速度。此外，采用古典物流体系的出口企业为了维持最高的顾客服务水平和最适当的生产规模，通常会采用商品的最小频度、大批量出货这种方式。本体系的优点如下，即由于出口企业从出货到货物达到海外子公司的过程中可以持续地运用大量的运输方式，从而企业可以通过运费较为低廉的海运方式实现低廉的运输。除此以外，由于出口企业可以用混合装载的方式出货，运费率也能随之降低，与此同时，一系列与输运有关的业务也能够被统一地进行处理，因而处理海运相关文件等关联业务量也随之减少。尤其是在这种体系之下，企业能够随时把握持续供给货物的库存从而避免了因缺货而导致失去客源。相反，在这种体系之下，在海外的子公司为了维持大量的库存而必须设立大型的仓库，这就导致了总物流费用中的保管费的比重要比其他任何一种物流体系下的保管费的比重要高，这也是古典物流体系的一个不足之处。

2) 转运体系

在某个层面上来看，过关体系与古典体系有着相似之处。然而，与古典体系下海外子公司只是作为一种储存中心的仓库作用相反，在转运体系下，海外子公司的仓库更多地具有过关中心的作用而非储存的作用。即，出口企业首先向海外子公司运输货物，然后在最短的时间内沿着货物流通的下一个渠道向顾客提供外贸产品。这种形态导致了转运体系下海外子公司的仓库作为储存的作用并不大。并且，比起古典体系，转运体系下出口企业的出货频度很高，从而具有节约海外子公司仓库保管费的优势。即使如此，总保管费也不一定就是降低了。因为如果只从海外子公司的角度来看，虽然保管费是降低了，但是出口地的保管费就会相对地增加。因此，相比起古典体系，采用了转运体系的企业在兼顾数次迅速的运输过程的同时如果要维持与古典体系下相同的顾客服务水平和市场份额的话，就不得不导致运费上升以及办理相关文件等关联业务量也会随之上升。这也是本体系的不足之处。此外，在罢工等因素而导致海外子公司的配送中断的情况下，出口企业很有可能要承担由此导致的销售损失。

3) 直运体系

直运体系是指，把货物从出口国的工厂或配送中心直接送往海外子公司的消费者手中；或者是把货物从出口国的配送中心直接送往最终的消费者或经销店的形态。因此，海外子公司虽然参与到流通的商品交易之中，但是并不直接参与到物流活动当中。在这种体系之下，企业把所有货物都集中储存在出口国的一个仓库并对此进行运营，因此比起其他任何体系，本体系具有节省保管费的优点。与此相反，比起其他体系，使用本体系的企业由于出货频度相对较高，因而不仅很难采用混合装载的运输方式，而且办理通关手续的次数以及与此相关的其他业务量也会相应地增加。此外，企业为了维持较高的顾客服务水平就不得不较多地使用空运方式，而由此产生的负担也不可小觑。另外，在发生罢工的情况下，企业由于无法持续地向消费者供给货物从而导致失去消费者的后果。

4) 多国仓库系统

多国仓库体系是指，出口企业在诸如欧盟、东北亚等特定的经济圈之内的某几个国家中设有子公司，在相关经济圈的中心国家里设有中央仓库(regional center)，并且通过此中央仓库实现对此经济圈内的所有国家的货物供给的体系。在相关的体系之下，商品从出口国企业的工厂里被大批量地运往特定经济圈内的中央仓库，然后再从中央仓库里被运往特定经济圈里的各个子公司或顾客手中。显然，在此体系下，中央仓库同时兼备保管形仓库与通关形仓库的职能，因此在本体系下会呈现多种输运的形态。在此体系下，特定经济圈的中央仓库的在库被集中安排，因此相比起各国都拥有各自的在库管理的古典体系，此体系能够通过削减总在库量从而降低保管的费用。然而，比起在库被集中于出口国仓库的通关体系，此体系下的保管费应被看作相对地增加。相比起古典体系，此体系下商品将被一次性、大批量地通过统合运输的方式进行大批量出货。因此，运输费用只应被看作货物从中央仓库被运输到同一经济圈的进口国的子公司的仓库或顾客这个过程的运输费用的削减。

同时，由于此体系包含了从中央仓库开始的运输服务，因此它会受到地理条件的制约。例如，从地理条件上来说一些对运输不利的区域，或者在对于进口国的顾客难以维持更高的服务水平的时候，此体系需要保有巨大的在库量。相比起同一经济圈中的其他国家，中央仓库所在国的消费者能够优先享受服务，这是此体系又一缺陷。在中央仓库的维持管理费应该由哪个国家具体承担多少的问题上，子公司之间也会产生矛盾。中央仓库的维持及管理的费用不得不直接由总公司来承担的情况也是有发生。

第四节 国际供应链管理

1. SCM 概要

SCM(Supply chain management)即“供应链管理”，或称“流通总供给网管理”。它是一种通过有效利用信息通信技术，从而对制造和物流、流通企业的商品流能够一目了然地进行控制的流通供给管理网。制造、物流、流通企业等流通过程中的所有企业以一种战略合作的形式，共同地构建一个数据库，以达到最优地配置在库量以及缩短货期的效果。因此，要想成功地运用SCM，流通供给网内的所有企业关键是要构建一种战略合作的伙伴关系。即，企业必须深化通过相互之间的战略合作从而达到在激烈的市场竞争中确保有利地位的信念。

对于分散的顾客-零售商-批发商-制造业者-零配件及原材料供应商等动态的供给活动进行实时地掌握和传达，以及最终提高供给网内的全部资金流的效率势必存在着风险。SCM常被比喻成为单一的只对数据进行处理的企业资源计划管理赋予其“智能”的供应链。

此外，货物从生产者到最终消费者的过程中，SCM还旨在缩减由商品流的信息共有而产生的时间与经费的花费。它是以编制适合消费者实际需求的流通供给网为目的的企业之间的BRP(business process re-engineering)的其中一种形式。

SCM通过构建制造、流通企业等与流通相关联的素有企业之间共有的数据库来实现对在库量的最优化以及对货期的缩减，它带有企业间战略合作的形态。通过这种形态，与SCM有关的企业不但能够削减费用，而且还能通过降低价格从而达到最大化地满足消费者的需求。

2. SCM的发展历程

1) 第一阶段

SCM从仓库和运输之间的关联性之中开始发展。由仓库和运输这两个功能统合成的物理的流通管理使用通过更快、更经常、更确切的运输方式从而达到减少在库的目的；同时还通过利用更快捷的仓库操作方式从而缩短订货的反馈时间、加快运输速度，最终达到缩减预测时间的同时提高预测的准确度。此外，企业运用运输和仓库操作的同时还会重点考虑二者的实际操作能力，最有效地配置仓库的位置以达到用最低的总费用向顾客提供最优质的服务。

物理的流通管理可以通过利用不同层次仓库(工厂，区域流通中心)之间的互相经过处理的资料交换和更精密的统计分析(例如，总仓库-运输费，最适的运输/仓库网络等)来实现。更准确的资料来源和更先进的分析技巧有助于提高更复杂的因素集合体之间的决策能力。因此，所有经过处理的信息交换与分析有助于更复杂的决策的能力的提高。

2) 第二阶段

SCM的第二阶段为“物流阶段”。在这个阶段中，除了第一阶段的制造、调配、订货管理等功能之外，还通过利用EDI，Worldwide Communications，以及执行资料储存及分析的电子计算机技能等手段，以提高SCM的执行能力。

3) 第三阶段

第三阶段被成为“统合SCM阶段”。经过统合的功能链向两端延展，一段连接着货物供应商，另一端连接着顾客。比起只具有两种功能的物理流通网，这个阶段显然更为复杂。为了处理这种复杂情况，企业需要通过利用电子计算机化的决策系统来完成电子资金的流动，最近的通信以及计划与施行。

4) 第四阶段

SCM的下一个阶段被成为“Super-SCM”阶段。此阶段是集商品开发、市场营销、顾客服务等更多功能的统合体。Super-SCM通过利用更为高级的通信手段、用户更为容易操作的电子计算机化的决策体系来实现。现在这些方法中的一部分已经被企业所采用。

作为供给连锁团队的其中一员，在这种SCM阶段下的商品研发者必须加速研发更为容易安装和提供服务的定制商品，同时还要对参加事先-订货信息和订货信息的所有供应链上的参与者做出最快最正确的反馈。而让这些统合的程序能够真正实现的正是电子计算机技术与通信技术的高速发展，即信息技术的革命。

3. SCM的成效与优点

SCM被有效使用的话，由于货期缩短了，因而在库也会随之减少。此外，经营费与在库费的削减也会最终带动消费者价格降低。简单地分析SCM，可以得出以下几个优点。

① 根据不同顾客的类别定制(customize)电子目录，根据电子目录又可以提供定制化得顾客服务。

② 根据不同的要素，企业可以得到并提供多种价格选择。

③ 购买周期(cycle time)可以被缩短，因此企业可以维持最少的在库量。

④ 与购买、订货有关的各项业务费用得以缩减，因而与订货程序相关的费用得以削减。

⑤ 商品配送的管道周期(pipe cycle)得以缩短，企业能够24小时实时地为全世界的顾客提供满意的服务。

第七章

国际协商

第一节 协商的主体及类型

在国际协商中因为协商主体具有不同文化背景的特性，首先应了解文化与协商形态才能正确的沟通及合理的消除矛盾。

1. 协商的主体

协商的当事者可分为个人与企业、政府及机构。前者是个人完成大部分的任务，而后者一般是由各部门或各领域的专家组成。多数的当事者协商表明具有相互依赖性。而且这种协商者之间的相互依赖性又决定了协商者之间的关系及战略。

协商不是一方的行为而是与对方进行拉锯式的双方行为。这表明制定的协商战略再齐全，因对方的立场，协商经验，协商目的与对应战略等的影响也有可能得到完全不同的结果。因为这种协商的相互作用，通过企业与国家不同行为的比较很难预测协商的结果和成果。

根据当事者数量与构成，协商组织的数量多的一方在协商进行过程中各自的理解关系变得明确，因此可以在各自的立场上强化战略要素。

2. 协商的类型

协商的类型包括“分配式”谈判和“一体化”谈判[19)]。“分配式”谈判又称为“零和”谈判，是指如果一方得到积极的结果，另一方则得不到积极的结果。谈判双方的关系基本具有竞争性，因此如果对一方有利，则对另一方不利。大小已定的协商分配属于“零和”谈判。

与之相反的类型是“一体化”谈判，又称为“双赢”谈判。在这种谈判中以获取共同利益为主，因此可称为“一体化”谈判或“双赢”谈判。协商当事者的利益关系不是互相排斥的，这种协商类型是一方目的的实现在不影响另一方目的时可以成立。“一体化”谈判与“零和”谈判的根本不同点在于“零和”谈判是分配固定价值为前提，而“一体化”谈判的前提没有固定的价值，而通过双方的合作可创造更大的价值。

带动“一体化”谈判的重要因素是正确认识协商以哪种方向对协商主体给予多大的影响。对另一方来说有很大使用价值，然而对自己来说没有价值的项目让给另一方；选择对另一方有很小的使用价值，然而对自己具有很大使用价值的项目并且有效的管理矛盾的例子属于这一范畴。

---

19) 李達坤，《协商论》，法务上，1996.

第二节 协商过程

1. 矛盾的认识与情况分析

协商的准备过程中认识到矛盾后，或者解除矛盾；或者不采取任何措施而放任；需要二者选一。当事者为了实施协商，双方应认识到通过协商解决问题有利于其它方案。在实施协商之前首先应该分析其状况，并且充分检讨在协商中可选择的方案，这是有效实施协商的方案。

2. 预先协商

预先协商是指与对方就本质的协商议题确定一个范围，并且对协商方式及程序等进行协商的过程。本质的协商议题的明确化有助于今后协商的核心方案，即有效执行利害关系的调整。

3. 提议与对应提议

在谈判桌上，如果一方提出提议，另一方则提出对应提议来提示自己的要求。这种提议的交换是由战略性的媒体而形成，因此能够准确分析相互作用过程才能获知对方真正的意图。

4. 协商的结果

协商的结束过程。第一是完全妥协；第二是完全破裂；第三是以部分妥协与部分未解决的形式结束。使用哪种途径对今后要进行的协商有很大的影响。

1) 必要的协商

实行必要的协商时如果不能达成一致，可通过第三者的介入来解决问题。例如，如果协商征用仲裁，则不允许通过诉讼执行，而必须通过仲裁来解决。

2) 事后批准及执行

协商代表者没有充分的权威和权限，因此如果需要得到最终决定者批准的话对方有可能拒绝协商。或者可以在协商中灵活运用自己不是最终的批准者。协商当事者不具备最终决定权并且需要事后批准的话，可利用最终批准者的反对为借口否决要求条件。

3) 部分妥协

协商当事者做部分妥协的一般理由是首先可以对可协议部分集中努力。过多纷争方案推迟到下次协商，对可进行协议的问题不延迟协商而进入协议阶段并妥协，这有助于解除整体的矛盾。另一个理由是意见相反的问题可单独分离而避免矛盾扩散到其它主题领域并有助于维持整个关系。即通过部分的协议，把剩下的纷争放在容易处理的新的脉络中。

与形式上协议有关的有假协议。形式上是完全的协议，然而没有新的交换或者共同利益的最新结合，因此是不包括新决定的协议案。把各自意图放在心上并且双方承认这种默契的话，可对仅包括形式上的妥协案进行协议。这种假协议有象征性的意思，实质上已形成默示的协议。假协议的成立可看作是双方在今后的协商中可达成一个实质性协议的互相确认。

4) 协商破裂

即使协商没有达成任何默示的协议，在协商过程中商讨的问题随着时间的流逝其特性也随之改变。发生这种连续变化的原因如下。第一，其后的协商不是独立存在的，而视为与之前协商相关的一个整体。第二，协商过程中表明的最后立场往往是做宣传的一个基础，也有强调形象的作用。第三，协商当事者内的内部决策过程容易具有一贯性。

第三节 国际协商的特性及种类

1. 国际协商的特性

国际协商与国内协商的差异在于不同文化间的协商，政治、经济、法律的多元性及意识形态文化等的差异使得与国内协商相比不稳定性较高。国际协商一般具有以下特性。

1) 不稳定性

国际协商首先一直存在政治的不稳定性，在很大程度上还有可能受到对方政府的政策变化等影响。并且协商时没预想到的汇率变动也有可能带来汇兑损失。

2) 不同点

文化差异对国际协商的整个过程具有很大的影响。文化差异所带来的各种壁垒和沟通问题是与其它文化圈协商较难的主要原因。而且对协商对方文化的理解和协商对方政府和国民文化的理解在协商中也起到很重要的作用。协商当事者希望多样的利害关系者能够获得成功的结果，因此要了解此文化。

3) 多元性

所有国家都具有本国固有的制度和体制，因此了解各国制度的差异有助于进行有效的国际协商。而且对方国家的政治制度或者外交政策对国际协商也有很大的影响。

2. 国际协商的种类

国际协商是指不同国家或者其它文化圈的当事者间的协商。一般国际协商大体上可分为以下几种。

1) 国际政治关系协商

国家间或国际机构间协商国际政治、军事、外交等热点问题。

2) 国际通商协定

以WTO为代表的多边协定及FTA等国家间的协定，此时协商当事者是政府或者国际机构。

3) 国际经营协商

企业间的协商或者企业与政府间的协商等，企业以当事者形式介入协商。即，只要一方当事者是企业，无论另一方是个人、企业、政府或者国际机构都可称之为国际经营协商。

第四节 国际协商战略

1. 国际协商的战略

为了有效的进行协商，需要制定协商进行方向及框架。国际协商是在不同文化圈内的协商，因此与协商者之间有类似性及沟通手段统一的文化圈内的协商相比难上加难。所以建立明确的战略至关重要。国际协商战略应尽量容易易懂，并且包括详细方针，这有助于实际协商的实行。为了树立此类协商战略，应认知以下基本原则。

1) 认知及尊重文化差异

国际协商中发生的文化间矛盾是由于不同文化背景而产生，虽然认识到不方便但往往无法认知它是来至于文化差异。这种文化差异的认知不足在国际协商中会引起深刻的误会，同时也有可能产生国际摩擦。因此认知文化差异，理解并尊重对方文化是国际协商中首先要面临的姿态，并且需要建立考虑这种差异的协商战略。

2) 换位思考协商

实施换位思考协商至关重要。站在对方的立场上思考并把握协商会有利于使对方的协商态度变得友好，因此可以得到自己所希望的协商结果。相反，如果以自我中心为主的态度进行协商的话会使对方的协商态度变得顽固、戒备，这样很难得到自己所希望的情报或协商结果。

3) 诱饵与威胁

进行协商的时会遇到难题或者因过多的竞争相互利害无法折中。这时根据情况不同应提供间接补偿来抑制对方，相反也可通过威胁的方式获取补偿。

4) 自我确信

协商是相互作用的意识沟通。要想从对方手中获取自己所愿，首先要有自我说服能力。因此要确信所提出议题的合理性和客观性。因为自己本身都无法确信的话，更无法说服对方。

2. 协商的五大要素

为了在协商中获取好结果应考虑诸多因素。协商的成功与否受诸多状况和因素的影响。因此对同样的主题进行协商，根据协商的参与者，协商的地点及时间，此外受政治、经济状况等的影响其结果也不同。其中，在协商中起到最大作用的要素如下。

1) 协商目标

为了获取最佳协商结果，必须明确目标。并且需要制定乐观的目标。制定的目标越高，为了达成此目标而更加努力，因此可获取更好的结果。然而要避免胡乱制定太高的目标。避免痴心妄想，应该在现实中可实现的范围内制定最高目标且为此而努力。

2) 协商能力

协商能力是指在协商中能够引出好结果的能力。希尔(Shell, G. R)认为协商能力是以自己所希望的条件引出协议的力量[20)]。包括给对方压力和威胁的力量，控制能力，使对方回心转意及以同一目标为志向的力量。这种协商能力取决于协商者的地位，时间制约，相互依赖性及内部利害关系者的反抗等因素。

---

20) Shell, G. R.,“通过讨价还价争取优势：理智之人的谈判策略”，企鹅出版社，2006, p. 96.

3) 关系

一般协商者之间关系越深，有可能获得更好的协商结果。协商者之间的关系可分为互惠关系(supportive relationship)，交易关系(transactional relationship)，敌对关系(hostile relationship)，个人关系(interpersonal relationship)与业务关系(working relationship)等。互惠关系是指双方可得到相互利益，并且具有长时间持续的倾向。相反，交易关系有一次性交易的倾向，这种关系的形成仅考虑协商中的利益。敌对关系如美国和北朝鲜的关系，双方视对方为敌。这种关系根据双方的信任度、共同点与互相关心等形成。

4) 谈判协议的最佳替代方案(BATNA)

拥有最佳的BATNA，会具备很强的协商能力，并且可以得到最佳协商结果[21)]。谈判协议的最佳替代方案是指在无法达成最佳交易成果的情况下采取的第二选择。谈判协议的最佳替代方案可以增强协商能力，并且可以避免不好的结果。

5) 信息

如果拥有很多信息，在协商过程中可占据主导地位。信息的多少不仅包括信息量的多少，也包括高品质、可信赖的信息。因此为了有效利用这些信息应对此信息给予充分的分析。如果不能准确分析并运用信息的话，即使拥有再多，再好的信息也无用武之地。

---

21) Fisher，R.，Ury W.，“达成一致：没有让步的谈判协议”，企鹅出版社，1991年，pp. 97-98.

3. 协商者的资质

美国大型银行对有能力的协商者应具备的资质进行了调查，其顺序如下。

表 7-1. 有能力的协商者应具备的资质

名次	资　质	平均分
1	协商的计划	4.8
2	对主题的业务知识	4.5
3	可处理不确定性及压力的能力	4.5
4	倾听者	4.4
5	判断力 & 智力	4.3
6	说服力	4.1
7	耐心	4.0
8	果断性	3.9
9	值得尊重及信任	3.8
10	控制感情的能力	3.8
11	读取对方想法的直观力	3.8
12	协商组织的领导能力	3.6
13	开放性	3.5
14	竞争力	3.5

※ 资料：Raiffa，Howard，"谈判的艺术与科学"，
哈佛大学贝尔纳普出版社，1982，p. 121.

在调查中提出的34个资质中排第一位是协商计划能力。其次是管理主题的业务知识，不确定性及其压力的能力。倾听他人的意见仅次于第二个协商能力，也是很重要的资质之一。综上所述，如果想成为有能力的协商者，需要具备以各种经验和学习新知识的开放的思考方式为基础的

学习能力。如上述，协商受到很多环境的影响，因此仅凭借经验及专业知识是远远不足的。所以应恰当的接轨两个项目。而且需要具备理解各国文化的态度及社交能力强的国际领导者。如果想成为符合国际化时代的协商者，应理解文化的不同，应懂得关怀对方，应拥有全面或广阔视角的国际礼仪。倾听他人故事的技巧及控制感情的技术也是应具备的资质之一。

第五部分

全球化企业的战略

第八章

全球化企业的海外市场进入

第一节 跨国公司的定义和类型

1. 跨国公司的定义

跨国公司(multinational enterprise)由于其内容、活动与机能的复杂性无法被赋予一个统一的概念。实际上跨国公司根据其国际性组织与活动形态的差别不仅可以被称为国际公司(international company)或者世界企业(world business)，对于这些名称的定义也是多种多样。也就是说，随着观察视角的不同，跨国公司的定义也不尽相同。

依照彼得·德鲁克(P.F.Drucker)的定义，'跨国公司是指摆脱空间上的制约，企划和管理世界规模的企业活动，并可以在世界任何地方制造和销售的企业'，而罗宾森(R.D.Robinson)则将跨国公司定义为'将海外业务与国内业务同等对待的企业'。

商业周刊(Business Week)对跨国公司的定义如下："跨国公司是指不以国内业务为主，而进行国际性活动的企业。其必须具备以下两点要素：①至少具有一处以上的固定制造场所或者以其他形态存在的直接投资，②经营者应切实放眼全球，使有关市场开拓、生产和研究的基本决策在世界任何地方都能得以实施，从而将事业发展壮大，推向海外。”

联合国对跨国公司的定义是：“跨国公司是指在两国或两国以上支配资产(如工厂、矿山、营业场所等)的所有企业。这是一个很广泛的概念，其中外国投资的主体并非只限定于法人，也可以是不具法人形态的国企或合作社。”

2. 跨国公司的类型

跨国公司进军海外市场的形态有很多，一般可分为以下4种类型：

① 市场确保型：以开拓产品市场为目的，在开拓、扩大现存市场或关税、进口许可税等出口壁垒被强化时，为了保护市场而进军海外的方法

② 劳动力确保型：利用东道国低廉的劳动力和有利的关税制度，以获得有利的工业区位，从而进军海外市场的方法

③ 原材料确保型：国内无法充分调配原材料时，为了确保稀缺的基础资源而进军海外市场的方法

④ 国际协作指向型：发达国家以国际协作为目的，站在对发展中国家的经济安定和经济开发进行援助的立场上进军海外市场的方法

虽然以上列出了跨国公司进军海外市场的四种类型，但一般来讲比起选择某一种特定目的，跨国公司会选择以多重目的进军海外。

第二节 跨国公司的经济效应

跨国公司的海外投资在具备多重动机和条件的同时，其所带来的经济、政治效应也不容忽视。如今的跨国公司对母国、东道国甚至全世界的经济都产生着十分深远的影响。以下将分别介绍跨国公司对世界经济、母国和东道国产生的积极和消极的影响。

1. 对世界经济的影响

跨国公司最大的经济效应在于它能提高国际资源分配的效率。也就是说，通过将本国具有竞争力的产业进行专业化分工，各国可以因地制宜地高效分配资源。此外，跨国公司还可以对东道国职员进行培训，通过供应商和购买商进行技术转让，在经营管理和研究开发上实现规模的经济，促进东道国的市场竞争，提高世界经济效益，进一步通过国家间的紧密联系来增大世界资本生产力和世界经济福利。

然而跨国公司的投资过剩会造成资源的浪费，而贸易壁垒又会阻碍资源的高效分配。此外，海外投资的利润分配不均可能会导致发展中国家用于经济开发的经费随跨国公司留出海外的负面经济效应。

2. 对母国的影响

通过海外直接投资，母国在获得人力、资本、经营技术等生产资源活动所带来的企业利润和要素收入的同时，还可以获得本国稀缺的生产要素，如技术、自然资源、廉价劳动力等。海外直接投资还可以改善母国的国际收支情况，使其高效应对世界贸易形势的迅速变化，从而提高国内产业的灵活性。

然而由于海外直接投资利用母国企业的资本开拓海外市场，其用于国内投资的资本就会相应减少。这有时会造成母国国内生产规模缩小，产业空洞化及失业等问题，从而削弱母国的国际竞争力。此外，跨国公司有时会为了追求自身利益，脱离政府管制而单独行事，这容易造成母国与东道国之间的冲突，从而给母国带来政治、外交上的负担。

3. 对东道国的影响

东道国通过引进外商直接投资可以促进本国经济增长，提高就业率。也就是说，跨国公司的大规模融资弥补了东道国资本不足的缺陷，其直接投资有利于扩大就业，促进东道国劳动力技术水平的全面提高。与此同时，外商直接投资在增大东道国生产要素收入的同时充当着先进技术与经营理念的传播媒介，在一定程度上刺激着当地的资本形成。而这样的技术传播不仅有利于提升发展中国家的技术水准，促进其经济开发，对新技术的开发和推广也作出着很大的贡献。

然而由于跨国公司在本质上追求自身利益，其不可避免的会与东道国产生一定的利益冲突。当跨国公司对资源开采产业进行集中投资时，其所带来的技术与经营理念的传播效果微乎其微，对当地产业的相关影响和收入影响也并不明显。另外，当跨国公司对奢侈性产业及非生产性服务产业进行投资时，其会阻碍经济的均衡发展和当地的资本形成。外商通过直接投资虽然可对东道国进行技术转让，但这种转让具有一定的局限性。而东道国的对外技术依存度过高也可能会导致当地技术开发潜力的不足。

第三节 海外市场的进入模式

1. 出口模式

出口实现于企业海外活动的初期阶段，出口是企业海外活动类型中风险度最低的一类形态。即，出口与许可证模式或对外直接投资模式相比，不仅技术流出的危险度低，而且因资本投入较少，随之所承担的风险相对较低。1)间接出口(Indirect export) 生产企业的产品销售于国外市场的行为，并非依据企业内部的特殊活动，而是依赖于他人或其他企业而实现生，实际上，是产企业并非直接介入的一种形态。生产企业通过将产品卖给国内出口商或委托出口代理商代理产品出口，以便降低生产企业的投资费用及风险。2)直接出口(Direct export)所谓直接出口，即企业不通过中间商，直接将产品销往国外客户。直接出口的出口任务包括以下几个部分：国外市场的选定，目标市场贸易对象的选定，对贸易对象的控制，物质流通及办理出口手续等。

2. 许可证模式(Licensing)

国际许可证模式(International Licensing)是指企业在一定时期内向国外法人单位转让其工业产权(如专利，商标，配方，核心技术等无形产品)的使用权，以获得提成或其他补偿。国际技术转让是以转让知识产权的使用权为代价，获取一定专利使用费和报酬的典型代表。国际许可证模式与对外直接投资相比，可以以相对较少的资金投入与相对较低的风险进入国际市场。因此，国际许可证模式是不具备实施对外直接投资所需的资本能力与经营能力，但却具备卓越技术能力的企业可有效运用的进入国际市场的模式。

许可证模式的劣势在于技术控制力较弱；技术流出的风险性较大；

技术持有者为维持技术的优势，研发并维持技术投资费用较高，负担较重。

3. 特许(连锁)经营模式(Franchising)

特许连锁经营模式是指特许经营权拥有者将自己拥有的著名商标，专有技术及经营模式等以特许经营合同的形式授予被特许者使用，被特许者按合同规定，在特许者统一的业务模式下从事经营活动，并向特许者支付相应费用。许可证模式与特许连锁经营模式不同点在于，许可证模式是一时时期内的技术使用权转让，然而特许连锁经营模式为持续性的关系，转让技术与商标使用权的同时，还要通过给予品质管理，经营方式，组织运用等的支援进行直接的管理与控制，相似于"纵向一体化"企业的特性。特许连锁经营模式多使用于快餐与宾馆等的服务行业，以统一的形象和管理模式对外营业，使消费者可在任何地方享受与本社相同的服务。

特许连锁经营模式的优势在于以较低的资本投入，企业在不受资金限制的前提下快速发展业务，以标准化的市场营销战略集中精力提高企业管理水平，加快国际化发展。再者，加盟店的盈利空间可激励企业发展。特许连锁经营模式的劣势在于本社获得利益的局限性将导致加盟店的不易控制与管理，在加盟店获得总店核心经营技术后，可另起炉灶，以总店竞争者的身份登场。

4. 对外直接投资

对外直接投资(Foreign direct investment：FDI)是资本国际化的主要形式之一，对外直接投资因投资资本相对较多，风险性随之较高，是企业进入海外市场模式中最具风险一种方式。按投资者对投资企业拥有的股权比例的不同将对外直接投资分为单独投资(开办独资企业)与合作投资(与投资所在国合办合资企业)；按投资组建方式可将对外直接投资分为创建方式与并购方式(兼并与收购)。

1) 单独投资与合作投资

单独投资(开办独资企业)是指企业单独投资建立新企业(工厂)或收买现有企业，独立经营，自负盈亏的一种国际直接投资方式。对外直接投资根据投资者对投资企业拥有的股份是否达到100%而判定是单独投资还是合作投资。然而，一般母公司拥有95%的子公司表决权股票就可看作是单独投资。单独投资的优势在于可建立以母公司为中心的井井有条的经营体制，进而可以实施其强有力的统治权；企业政策与战略规划可保持一致性。

合作投资(与投资所在国合办合资企业)是指两国或两国以上的投资者在一国境内根据投资所在国的法律，通过签订合同，按一定比例或股份共同投资建立或收购，共同经营，共享利润，分担亏损和风险的股权式企业。与投资所在国企业合作可更好的了解东道国的经济，政治，文化和市场信息，有助于投资者作出正确的决策；获得东道国的政策性优惠待遇；合资各方可以在资本，技术，经营能力等方面相互补充，增强合资企业的竞争力；减少不必要的外资费用(Cost of foreignness)的浪费；降低政治性风险；有效利用合资对象的销售网和销售手段开拓国外市场。

2) 创建方式和并购方式(兼并与收购)

对外直接投资按投资组建方式可分为创建方式和并购方式(兼并与收购)— M&A(Mergers and Acquisitions)方式。并购方式是指一个企业通过购买另一个现有企业的股权而接管该企业的方式。当一家企业单独完成并购时称为单独投资，与其他企业合作并购是则成为合作投资。企业通过并购方式进入目标市场的原因是可以获得目标市场企业所独有的特性并结合自身的特点为企业带来协同效应。通过并购方式投资者能以最快的速度完成目标市场的进入，以廉价购买资产节省进入国际市场所需的巨额费用；可迅速获得现成的生产要素与核心技术，管理人员并结合自身的力量，可强化企业的竞争力，迅速建立国外产销据点，抓住市场机会，迅速占领市场。但是，通过并购的方式不仅兼并与收购该企业的优势，而且连同该企业所存在的问题也一同收购，有时会因会计准则的差异与信息的难于搜集，造成价格评估和对被收购企业实行经营控制方面存在困难。并购前，必须将因企业文化的差异而将产生的运营问题也考虑在内。

第四节 国际市场营销

1. 国际市场营销的概念与意义

国际市场营销(International Marketing)是指商品和劳务流入一个以上国家的消费者或用户手中的过程，是一种跨国界营销管理的过程。国际市场营销不同于在企业熟悉的营销环境中展开的国内市场营销，在一国以上的不熟悉的营销环境中开展，获得扩大市场机会的同时受到双重环境的影响，尤其是受到各国环境的影响，使营销策略复杂得多，难度也随之增加。从国内市场营销阶段转换至国际市场营销不仅是企业重要的成长机会，而且也是确保企业成长的主要手段。

与企业进入国际市场相同，初期都是通过出口的方式进入。因此，市场营销亦是通过出口营销的扩张过程进入国际市场营销阶段。以下为国际市场营销的详述发展过程。

1) 国内市场指向阶段

本阶段出口尚未实现的一个时期，企业的成长多依靠国内的市场，国际市场只是作为国内市场的补充。一段时期后，因国内市场的竞争激化，相对减少了企业所得利润，因此为销售过剩的生产量慢慢将目光投向国外市场。

2) 海外市场指向阶段

以出口为起点，开始将市场营销的视野转向国外市场，把国内市场和国外市场作为一个整体看待，侧重于发现国际市场机会的同时不可忽视国内市场重要性的海外市场试验阶段。

3) 国际市场(全球营销)指向阶段

将国内市场视为国际市场的一部分，持续进行国际市场营销的阶段。伴随出口量的急速增长，以出口为中心的市场营销逐步转变为当地市场营销，进而进入国际市场的营销阶段。

2. 国际市场营销组合

市场营销组合(Marketing Mix)是指在选定的目标市场上，为应付企业国内外不可控制的环境变化，综合考虑企业内部可以控制的因素，加以最佳组合和运用，以完成企业的目的与任务。企业内部可控制的要素包括产品(Product)，价格(Price)，营销渠道(Place)，促销(Promotion)。以达到满足顾客需求与市场需求的目标，将4个可控要素组合成4ps组合。

1) 国际产品策略

产品策略是市场营销4P组合的核心，是价格策略，营销渠道策略和促销策略的基础，其主要目标为供给各种有形和无形产品以满足国际市场消费者的需求。国际市场存在着各式的环境要素与文化要素，因此消费者需求更加多样化。与国内市场营销相比，国际市场营销形式更具复杂化。

根据跨国企业的需求所选择的国际营销策略之产品策略，需以产品差别化为基础，并综合考虑一下两个要素。第一，企业开发全新的产品以占领国际市场时，需充分考虑产品的国际市场适应性；第二，判定产品的全球标准化精度。产品的适应性主要是指企业开发的新产品需适应国外目标市场的各式文化、特性及市场的环境。

国际市场实现产品标准化，全球可通过生产线的标准化确保规模经济，进而降低成本，确立统一的销售系统。然而国际产品策略的劣势在于产品无法适应各个目标市场的特性。

2) 国际价格策略

国际价格策略是直接吸引海外消费者的主要手段，是确保企业竞争力的武器。定价时需充分考虑企业的费用，需求与竞争状态等多方面的要素。

国际市场的定价方法多样且复杂，国际市场可根据目标市场的需求定价，然而盲目的以目标市场的需求弹性为中心定价也存在着一定的缺口，有时为达到定价目标价格应高于或低于市场的均衡价格，给予一定的调整幅度，以提高效率性。

跨国企业制定价格时，需考虑以下因素：

① 整体市场营销组合的竞争力

② 制定全球统一的价格，还是根据各国的具体情况差别化定价
③ 是要成为价格的引领者还是价格的追随者
④ 是否重视以促销为指向的定价方式
⑤ 是否有考虑到产品的生命周期而定价

3) 营销渠道策略

在全球范围内，多数生产多样化产品的跨国企业为向最终消费者销售其产品，采用多数的营销渠道并做到营销渠道组合的最少化。跨国企业是直接管制营销渠道还是委托当地流通企业需充分考虑以下要素后决定。

① 费用：开发营销渠道所需资本的投资费用与维护渠道所需的费用
② 资金的必要性：扩充单独的营销渠道与销售人员所需的费用
③ 控制：是否控制价格、销售量及促销
④ 市场的规模：销售量最优化与适当的市场占有率
⑤ 企业与市场的特性：所选的营销渠道系统是否符合该企业与该市场的特性
⑥ 持续性：企业与当地中间流通企业长期的合作关系的维持

4) 促销策略

促销实际上是一种沟通活动，不仅是企业生产优质产品，定价后将产品销往目标市场的活动，而且是通过各种促销方式与消费者之间有效的沟通，已达到扩大销售量的目的的沟通活动。促销包括向最终消费者，流通企业或一般大众及时引导采购，建立产品形象等活动。促销的目的是向消费者(包含潜在消费者)提供产品信息及服务优势，激发消费者的购买欲望，扩大产品需求。

就算企业将优质且价格合理的产品流通于市场，若无有说服力的促销方案并行，则无法实现成功的销售。因此，可将促销策略看做是说服消费者购买本企业产品最有效的沟通活动。

第九章

海外直接投资战略

第一节 海外直接投资概况

1. 海外直接投资的概念

对于海外直接投资(FDI：Foreign Direct Investment)，路特(F.R. Root)把它定义为对具有经营统治权的海外企业的长期股份投资，而小岛清把它定义为以获取海外企业经营和利益统治权位目的的资本移动。因此，海外直接投资可以被定义为企业通过对被投资企业的资本参与，在一定程度的上参与经营权的海外事业运营方式。

但是，像下面这些情况，不需要国际性的资本移动也可以实现海外直接投资。第一，跨国公司通过在当地金融市场借入资金来获取对被投资企业的统治权。第二，通过投资专利、技术、机械等非货币性的实物资产来获取对被投资企业的统治权。第三，通过把现有投资收益在被投资国进行再投资以获取经营支配权。

金德尔伯格(C.P.Kindleberger)认为，与其把海外直接投资严格定义对国际性资本移动，倒不如定义为通过对海外直接设施、资产的资金转移和投入来进行资本构成(capital formation)的这样一种跨国企业的资金及金融的能力更为贴切。

因此，本书把海外直接投资(FDI)定义为，企业、个人或政府为了实现对当地企业的经营支配或统治而采取的国际性的把各种有形无形资产(资本，产品，技术，知识，特权，经营管理能力等)转移乃至投资到被投资国家的当地企业的一切经营行为。它不仅仅表示资本的移动，与以获取股息或利息收益为目的的获取外国企业股市或债券的海外间接投资(international indirect investment)不同。另外，海外直接投资还要与企业为进入当地市场而进行的成品、半成品等有形资源转移的出口(export)，或者为获取专利费而进行的技术、知识等无形资产转移的许可证贸易(licensing)区分开来。韩国自1968年到2010年9月，海外直接投资累计额达1，493亿美元，进军海外市场的新生企业数达47，872家。

2. 海外直接投资的动机

从国际经济学的角度来看，海外直接投资是由国家间资本投资边际收益率的差异引起的，资本从边际收益率低的国家向高的国家移动。但从个别企业的角度，海外直接投资的动机和目的因企业而异。

虽然企业各自的海外直接投资动机多种多样，特定企业或产业甚至国家各不相同，但大体有一下几种动机。

第一，满足当地需求，与当地消费者密切联系，构建销售及服务网络，保障间接出口基地等与市场相关的动机。因此，为了易于进入当地市场，扩大市场占有率，需要通过直接投资进行当地生产及销售活动。

第二，为确保物质生活和服务生产所需的原材料、辅材料和劳动力等廉价生产资源而产生的与生产相关的动机。与此相反，为了确保当地的尖端人力、技术资源而进行海外直接投资的情况也存在。

第三，与经营环境相关的本国工资上涨或者回避当地贸易壁垒等环境变化引起的海外直接投资。随着世界经济地区主义的扩散，境外企业渐渐处于经营环境不利状态。因此有了在这些地区国家进行扩大设备投资，进行海外直接投资的倾向。

第四，竞争企业开拓海外市场的刺激，对来本国开拓市场的外资企业的对应措施等与竞争有关的动机。

第五，当地政府积极引进投资而产生的海外直接投资政府政策相关的动机。当地政府为了促进就业，引进先进技术和资金，促进经济发展而积极吸引外资企业。

第六，跨国企业随着经营环境开放化、国际化、自由化的趋势，从战略角度需要积极构建国际合作框架。这一现象随着WTO体制的出台，无限竞争时代到来的加速化势头愈加明显。

3. 海外直接投资的决定要素

企业进行海外投资的原因多种多样。表7.1列出了海外直接投资的主要决定要素。市场营销因素中，企业的发展需求是海外直接投资增加的主要原因。这一点可以在加尔布雷斯的“发展对与为此贡献的人来说意味着更大的责任和更多的支出”这一假设下理解。美国市场再大，也有发展局限。

未来的竞争需求使得企业需要在美国，欧洲，日本和其他地区同时运营。因此，企业也就需要为了维持或扩大自身的销售接近更大的市场。这一目的可以通过获得海外企业迅速实现。扩大直接投资可以比较容易的获取接近政治技巧和知识产权的利益。例如对于政治行为者和机会更加优秀的思考力，迅速接近政治舆论决定者和意思决定者，对他们施加影响的优秀交涉力。

图 9-1. 海外直接投资的主要决定要素

A. 市场营销要素
1.市场规模
2.市场发展
3.维持市场占有率的期望
4.母公司扩大出口的意愿
5.维持客户关系的必要性
6.既有市场
7.出口基地

B. 贸易局限
1.贸易壁垒
2.当地顾客对当地产品的喜爱

C. 原价要素
1.接近供给地
2.劳动力的可利用性
3.原材料的可利用性
4.资本、技术的可利用性
5.劳务费低廉
6.生产原价低廉
7.低运费
8.政府财务吸引
9.更加有利的原价标准

D. 投资环境
1.对外国投资的一般性态度
2.政治稳定性
3.财产权限制
4.外汇管制规则
5.外汇稳定性
6.租税结构
7.国家间的亲密程度

E. 一般性要素
1.期待利益
2.其他

※ 出处：OECD，International Investment and Multinational Enterprises，1983.

海外直接投资的另一个要素是通过海外交易和运营可以克服企业在当地的各种障碍。例如美国虽然对加拿大进行了很多投资，但是加拿大政府为保护和支援国内产业，抑制外国人投资。但是北美自由贸易协定(NAFTA)改善了对外国人投资的限制。

像这种来自政府政策的障碍和来自由民族主义倾向或文化差异引起的执着于本国产品的顾客的障碍是存在的。而且当地购买者会选择购买他们认为值得信赖的供应商提供的产品。比如某种产品的原产地证明需要在特定国家内设置工厂，这种情况可以通过外国企业在当地直接生产和供给来解决。

另一个要素就是以低价获取原材料和供给品为目的的企业的原价因素。

最后是一旦决定进行国际投资，投资环境很重要。企业希望能在会对他们的投资进行，并具备最佳成功机会的地区投资。

第二节 关于海外直接投资的诸多理论

随着跨国企业的出现，传统的贸易理论需要新的解释。传统的贸易理论在国家间交易的说明过程中，没有考虑个人和企业的交易，只是把它们假定为国家的一部分。但是，跨国企业的存在使得这一假定不能不被修正。因为跨国企业的利益并不一定等同于国家的利益。

自1960年海默(S. H. Hymer)开始试图理解跨国企业之后，出现了很多理论和实证性研究。但是，这些研究只局限于对跨国企业的形态，即直接投资，技术转移，贸易往来等的部分性说明，对于海外直接投资的支配性综合理论至今没有出现。

1. 垄断优势理论

一般情况下，企业进军海外市场时会在与当地企业的竞争上处于劣势地位。比如会受到当地政府的差别待遇，当地消费者的民族主义和当地市场环境等信息方面的不足。垄断优势理论(Monopolistic Advantage Theory)强调，企业为克服这些不利因素，在当地竞争中占据优势，需要具备特有的垄断优势要素。就是说，企业用自身独有的垄断型优势抵消掉在当地面临的不利因素，通过海外直接投资发展为跨国企业(MNC: Multinational Corporation)。

海默(S. H. Hymer)认为企业要进行海外直接投资，必须具备垄断性优势，同时市场要不完整才能在与当地企业的竞争中取得胜利。

企业特有的垄断性优势包括技术，品牌，规模经济，市场营销能力，研究开发能力，生产力，人力资源，资本调节和管理等管理经验。这些优势要素在本社向当地子公司转移的时候几乎不需要任何费用，并且可以自由转移。当地企业要获得外国企业所具备的垄断性优势的话需要很长的时间和费用的话，外国企业为了获取最大利润而进行在当地进行直接投资。

但是，海外直接投资并不是仅靠拥有垄断性优势就能实现的。由于当地市场的不完整性，当内部利用比外部利用更能保证价值时才能实现海外直接投资。如果当地市场是单纯完整的市场，没有贸易壁垒等交易费用的话，企业就没有必要再花费用进行海外直接投资了。即，比海外直接投资所需更少资金的贸易变得更加有利的话就不需要冒众多风险在当地进行直接投资了。

金德尔伯格(C.P.Kindleberger)把不完整市场的产生原因归为以下几个。

① 产品市场的不完整原因：产品差别化，市场营销能力等
② 要素市场的不完整原因：特权，经营者能力，技术能力，资本调节能力差异
③ 规模经济：内外部规模的经济，垂直一体化利益
④ 政府管制：进出口管制，对租税，关税，利率，汇率等的政策

外国企业利用这种市场不完整因素确保垄断性优势，进而克服海外市场发展的不利因素，确保获得比当地企业更多的利益和竞争优势。

2. PLC论

跨国企业的PLC(Product Life Cycle)模型是由哈佛大学的弗农(R. Vernon)于1966年提出的。它作为宏观国际分工研究的代表性理论，是

国际贸易和海外直接投资理论的创新。弗农指出，需求和供给结构会随着产品生命周期发生变化，跨国企业的出现是对此国际垄断竞争的合理反映。

1) 寡头垄断企业间的竞争

由于寡头垄断市场的企业数量有限，竞争对手采取何种行动会对企业产生很大影响。因此，在竞争中很好的预测对手的发展方向，从而采取合理的行动极为重要。如果现实与预测的行动不同的话需要调整自身的决策。但是当各企业的行动和预测完全一致时就不需要采取调整，市场也实现均衡。像这样，寡头垄断企业间持续变动的相互作用机制的结果会决定各企业的行为。

但是均衡状态不会维持很久。市场环境会动态变化，需要企业进行决策调整。PLC理论是把寡头垄断企业随环境变化而调整的国际市场决策从产品寿命层面进行模型化的理论。

2) 产品的生命周期

所有产品都有生命周期。新产品被开发投入市场以后，需求急速增加，一段时间以后需求量会达到临界值，最后会被新出的产品替代。

这样的产品生命周期在世界所有国家不是同时发生的。由于世界经济发展不平衡，产品周期存在差异。PLC理论是20世纪60年代首先在技术发达的原革新国家(像美国)被开发然后传播到新兴先进国(像一些欧洲国家)，后经一段时间传播到发展中国家的。

(1) 新产品阶段(new product stage)

一般情况下，新产品最先由技术发达、收入水平高的美国等先进国家开发出来，被消费者使用。新产品在美国开发出来，被市场接受的话再被介绍到海外市场，出现海外需求。

在这一阶段，产品高度差别化，需求的价格弹性低，几乎不存在需要降价的因素。由于生产技术没有标准化，优秀的技术能力尤其重要。

(2) 成长产品阶段(growth stage)

被投入市场的产品生产技术逐渐标准化，大量生产成为可能。规模经济的实现使得生产费用和价格降低，进而引发需求增大，生产增加。同时，价格的降低使得新兴发达国家对产品的需求增加，原革新国家开始输出产品。

在成熟产品阶段，原革新国家和新兴发达国家内都出现竞争企业，竞争压力逐渐增大。由此市场防御需要增大，产品标准化使得需求的价格弹性增大。为了适应需求的变化，企业开始试图减少费用来降低产品价格。

(3) 成熟产品阶段(maturing stage)

在产品完全标准化的阶段，价格竞争力成了最有力的武器。在此阶段，产品的生产技术也达到充分的标注化，生产费用的压力更加严重。比起技术开发费用，产品的价格更主要由劳动费用决定，企业开始在生产费用相对较低的发展中国家生产产品，然后输出到原革新国家和新兴发达国家。即，原革新国家不再是出口国，而是从发展中国家进行逆输入的进口国。发展中国家也不再是进口国，而成为了出口国。在此阶段，原革新国家的企业开始积极地在生产费用相对较低的发展中国家进行海外直接投资。

3) PLC理论的评价

在美国开发的新产品从国内生产、出口阶段开始的在发达国家生产开始，到成熟产品阶段的在新兴发达国家生产，最终实现在发展中国家的生产，作为描述这样一个过程的动态理论，PLC理论对国际经济及市场营销等经营学和经济学领域产生了很大的影响。PLC理论被认为可以很好的解释20世纪60年代，推动全球化发展的美国企业在新兴发达国家和发展中国家进行海外直接投资的现象。但是PLC理论在解释当今跨国企业的海外直接投资上存在以下几点不足。

第一，随着欧洲和日本企业的飞速发展，欧洲和日本企业在美国投资的事例越来越多。即，新兴发达国家在作为原革新国家的早期发达国家进行直接投资的事例正逐渐增多。

第二，已经开始国家化，并且在开发国际物流链的企业也在采取特别的行动方式。比如在本国开发的产品忽然在发展中国家生产的现象经常发生。

第三，世界范围内技术传播的速度加快，需求均衡化使得产品周期与企业生产地转移的时间差几乎消失。

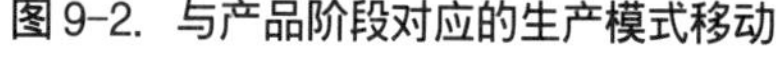

图 9-2. 与产品阶段对应的生产模式移动

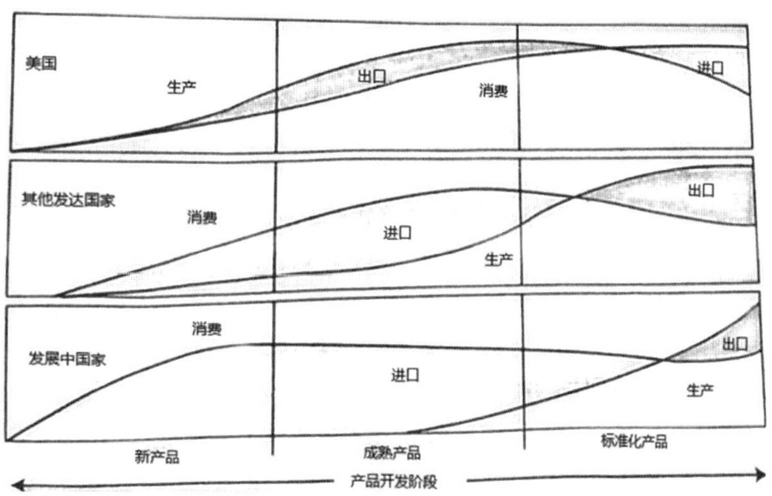

表 9-1. 与产品阶段对应的产品特性和竞争武器

产品阶段	技术变化	要素集约度	需求弹性	竞争武器	贸易结构
新产品	非常迅速	技术集约度高	小	研发力 产品差别化能力	美国：出口 欧洲：进口
成长产品	迅速	资本集约度高	中	大量生产销售 管理方法 费用竞争力	美国：出口 欧洲：进口<出口 发展中国家：进口
成熟(标准化)产品	缓慢	劳动集约度高	大	费用竞争力	美国：进口 欧洲：进口>出口 发展中国家：出口

3. 市场内部化理论

巴克利(P. J. Bukley)和卡森(M.C. Casson)等人为了解释海外直接投资，引入了市场内部化(internationalization of market)概念，提取了内部化理论(theory of internationalization)。它解释了企业在海外市场如何发展的关系方法论，是关于国际经营的诸多理论中最受关注的理论之一。

市场内部化理论是以跨国企业在当地市场的不完整性为前提的。跨国企业通常通过创造企业体制内部市场来实现经正常市场交易实现的外部市场交易，创造利润，当这种市场内部化超越国境，跨国企业的海外直接投资出现或扩大。

1) 市场的不完整性

市场完整的话企业就不会进行海外直接投资，根据国际分工的原理，会形成依比较优势进行生产专业化和产品贸易的正常外部市场交易。优秀的管理资源也会根据比较优势进行跨国性移动。但是，当市场不完整时，产品或资源的经济性、合理性国际移动被阻碍，外部市场交易效率降低，产生会多费用。这时，企业就不会再进行正常的市场交易，而是通过在国外建立子公司或者当地法人企业，通过与子公司在企业内部进行交易。即，通过不完整市场进行海外直接投资来降低费用，取得更大利益。内部化的直接动机是市场的不完整性，它会由①产业特殊性因素(industry-specific factors：产品差别化，外部市场结构)② 地区特殊性因素(region-specific factors：地理性及社会性特征)③ 国家特殊性因素(nation-specific factors：国家的政治经济特征)④ 企业特殊性因素(firm-specific factors：组织内部市场的管理能力和经营资源)引发。这些因素复杂交错作用，使得市场不完整，并促进跨国企业的出现。

2) 市场交易费用

市场不完整会产生交易费用(transaction cost)。交易费用是指在市场上销售货物、服务时需要支付的市场"使用费"。对货物或服务进行交易、销售的行为通常分为三个阶段，如图7.3所示。找到交易对象，确定交易条件，进行交易。市场交易是根据竞争原理，通过自由进入和退出来实现这三个阶段。市场交易过程中会发生交易费用，如果交易费用对企业来说过大的话，企业会对交易费用进行内部化。内部化是指在企业内部进行，把交易费用转化成一般管理费用来管理。

但是把市场交易内部化并不意味着只有利益，还会产生费用。这里的费用被称为内部化费用，跟交易费用不同。表7.2概括了跨国企业通过市场内部化能得到的利益和失去的费用。

内部化理论是默认以追求利益最大化的垄断优势为前提的。母公司具有的优势反而只在海外直接投资时被活用，独立企业间的交易费用要比企业体制内部需要的管理费用(市场内部化费用)高得多，所以市场内部化得以实现。

图 9-3. 交易的3个阶段

第一阶段：**发现交易对象**
对交易对象的性质、质量进行合理判断

第二阶段：**决定交易条件**
决定交易对象的品质和数量
在哪里设定交易价格（或者能否得到正常成果）

第三阶段：**实施交易**
检查是否遵守交易条件

表 9-2. 市场内部化的利益和费用

市场内部化的利益	市场内部化的费用
创造内部交易市场 构建价格差别化系统 避免交易双方的协商 避免消费者不确定性 最大限度减少政府干涉	市场细分化带来费用增加 沟通费用增加 遭到当地政府差别化待遇的可能性增大 提高管理人员专门性的投入费用增加

※ 出处：P. J. Buckley. & M. Casson，The Future of Multinational Enterprise，Macmillan，1976，pp. 36~45.

3) 市场内部化理论的评价

内部化理论的研究方法是解释企业如何对应中间产品市场的不完整性，知识技术市场的不完整性，资本市场的不完整性，只假设市场的不完整性就可以使用到海外直接投资的任何一种情况。比起垄断性优势理论所主张的企业可以凭借所具有的垄断性优势进行海外直接投资盈利，把垄断性优势进行内部化从而盈利更为恰当。

但是整体上内部化理论的一般性局限体现在一下几点。

第一，不能阐释海外直接投资的方向，即不能阐释生产地概念。不能把生产地人为地看做企业内部化的对象的国家及地区特有的因素。

第二，开拓海外市场的动机不明显。前面提到的内部化的利益在国内经营和国外经营利益上没有多少差别。

第三，企业不仅对外在的市场不完整性进行对应，还能积极制造市场的不完整性，这一理论没有对此可能性进行否定。也就是说，世界范围内的跨国企业有时也可以把市场的不完整性进行内部化，永久保持企业特有的优势，维持垄断地位，从而制造出市场的不完整性。

4. 折衷理论

折衷理论(Election Theory)是由邓宁(J.H.Dunning)在总结海外直接投资主要理论的基础上提出的折衷性理论，充分指出了跨国企业从事国际生产的必要充分条件。邓宁指出了决定企业国际化的三大要素。第一，通过产业组织理论性接触的所有权(ownership)特殊性优势，第二，布局论提倡的区位特殊性优势，第三，内部化理论的核心，内部化(internationalization)刺激上的优势。取这三个要素的英文首字母，把它称为"OLI模型"。

1) 所有权特殊性优势

所有权特殊性优势是指，企业在海外市场生存所必须的竞争优势的源泉。企业在海外市场与当地企业比较时，作为"外国人"会有一定的劣势。本国和当地之间存在地理上和心理上的差异。不了解当地市场情况，还会遭到来自当地民族主义情节的差别待遇。因此，企业为了克服这些劣势，需要具备独有的特殊性优势要素。

跨国企业可以通过以下两个方法在竞争中占据优势。

① 储备技术，知识，技巧，人才，垄断力等其他企业没有的特定资源

② 把资产按地区规模进行分配，活用，构建联系网络，创造附加值

由于其他企业不具备企业储备的资产，这样就能在竞争中占据优势。而且跨国企业要在海外市场取得胜利的话还需要具备把这些资产在全球范围内进行活用的能力。

2) 区位特殊性优势

区位特殊性优势是指，把某个国家跟其他国家区分开来的国家特殊性变数，在当地国家选址，然后进行经济活动，灵活运用当地各种资源，来减少供给费用实现产品的差别化。

区位特殊性优势变数由以下两个方面构成。

① 劳动，能源，原材料等的价格和品质，诉讼费，政府的贸易限制政策，各种优待措施，汇率，社会间接投资，国家信用风险等供给层面的变数

② 收入水平，消费者喜好，市场规模等的需求层面的变数

比如，发展中国家通常具备进行劳动集约型生产的区位优势。down stream的活动很容易在市场方面差别化。但是由于汇率和政府政策等的动态变化，区位优势也可能变成区位劣势。

因此各种经济活动都要符合当地特殊的区位变数，适时适所的进行分配。这样才能把所有权优势和区位优势联合起来强化自身竞争力。

3) 内部化激励优势

企业灵活运用所有权特殊性优势和区位特殊性优势占据竞争优势的事实日趋明显，但是存在一个如何利用这些优势的问题。没有这个问题的话，跨国企业的组织形态也不会出现了。

在市场发挥所有权特殊性优势需要很多费用。邓宁指出市场费用是由于①风险和不确定性②规模经济③外部性的存在使得市场作用不能充分发挥出来而产生的费用。

因此才会出现不利用不完整市场而利用企业内部具有的优势的这样一种跨国企业组织形态。

4) 企业开拓海外市场方法的选择

明确了O-L-I的特征和位置，就能预测企业将开拓哪一个海外市场，并采取什么样的战略。要在海外市场建立子公司进行生产，需要持有三种优势。企业的所有权特殊性优势通过内部化能创造利益的话，进而会被内部化，然后在具有区位特殊性优势的国家进行生产。所有权，区位，内部化这三个优势缺了哪一个都不能成功进行全球化生产。

表 9-3. 进军海外市场方式的选择

决定要素 / 进军海外市场方式	优势要素（advantages）		
	企业特有的优势要素（ownership）	内部化要素（internalization）	区位要素（foreign location）
海外直接投资	o	o	o
出口	o	o	×
许可证贸易	o	×	×
间接资源移动	o	×	×
海外委托生产	o	×	o

表 9-4. OLI能够影变量的国家 产业和企业特性

所有权特殊性变量
　　国家特性：保有要素，市场规模，市场特性，知识产权等
　　产业特性：技术集约，产品差别化程度，规模经济等
　　企业特性：企业规模，生产、工程和市场多边化程度等
区位特殊性变量
　　国家特性：国家间地理上、心理上的距离，关税，数量限制，海外直接投资优待政策
　　产业特性：国际性不可动资源分布，运费，产业特殊贸易壁垒
　　企业特性：经营战略，企业经验，心里距离
内部化激励
　　国家特性：转让价，政府关于企业合作的政策，市场结构的国际差异，社会间接资本
　　产业特性：纵向联合及同业联合的可能性，进行资源、市场调控的必要
　　企业特性：企业的组织结构，调控战略，发展及多边化意图，签约合作的态度。

5) OLI的相互作用

所有权，区位，内部化这三个优势不是相互独立的。OLI变数受国家特性，产业特性和企业特性影响，OLI通过这种影响相互作用。即，各特殊性优势相互独立形成的同时，在与其他优势相互作用、反作用的过程中强化或削弱。

通常情况下，企业所具有的特殊性优势越强，企业越像把它内部化。例如，产品差别化是形成所有优势的生产特性，同时市场的控制也很重要，这样内部化的刺激就会增强。成长和多边化指向型企业特征体现了内部化激励。规模和多边化制造了所有优势。

例如在市场巨大的发达国家，企业的大规模化很容易形成所有优势。而且在高收入，需求的价格弹性大的市场，企业在产品差别化和市场营销技术方面更容易获得所有优势。这些特性也会作用于区位优势和内部化激励优势。

6) 折衷理论的评价

邓宁的折衷理论是迄今为止最普遍、全面的理论。但是也存在以下几

个缺点。

第一，邓宁没有提出海外直接投资理论和贸易理论的综合模型，只是从企业层面来描述，没有把海外直接投资和贸易的一般理论结合起来。即，折衷理论只是典型的部分分析理论。

第二，折衷理论指出了通过市场内部化进行海外直接投资的诱导因素，而这些因素主要在世界性规模的垄断性跨国公司存在，因此折衷理论是对寡头垄断性大规模企业的各种企业行为的理念上的合理化和拥护。

第三，小岛清主张从宏观经济的角度来分析海外直接投资，而折衷理论是从微观角度进行的，所以难免会存在与宏观经济角度下的国家经济发生冲突。

5. 交易费用理论

交易费用(transaction cost theory)是由威廉姆森(O. Williamson)提出的交易费用分析理论来解释海外直接投资现象的理论，内容简单概括如下。

交易费用是指随双方进行交换产生的交涉、监督、履行费用，这些费用的出现是交易的困难造成的。交易困难的根本原因是人的投机心理和合理性的有限性。另外，根据交易对象的资产特有性和成果预测性，交易费用的多少有所不同。交易资产对交易人越特殊，交易对象的成果预测就越困难，投机的可能性就越大，交易费用也越多。交易的条件不明朗或者信任度越低的话投机的可能性就越大。

1) 直接投资的决策

内部化理论虽指出了使企业进行直接投资的决策具体化的直接投资决定的具体动机，但没有把与经营决策相关的构成要素定型化。与之相反，交易费用理论从交易费用的角度，系统性的整理了内部化决策带来的收益和费用，解释了与直接投资相关的决策的一贯模型，内容如下。第一，通过直接投资对内部化决策直接产生影响的不是市场不完成性，而是促进契约交易进行的费用，即交易费用。第二，交易费用不仅取决于被转移的技术等物质的属性，还跟交易当事人间的关系等交易情况有关。第三，不仅市场交易等外部交易会产生交易费用，内部化，即内部交易也会产生交易费用。第四，企业通常会在外部交易费用大于内部交易费用时进行内部化，内部交易费用大于外部交易费用时进行外部交易。第五，所以直接投资和企业的分析单位也就成了交易单位。

2) 影响交易费用的要素

威廉姆森认为影响交易费用的要素主要分为人性要素和环境要素。环境要素由未来的不确定性和对少数人协商的相互依存性构成，人性要素由有限的合理性和投机主义构成。即人类再怎么想追求合理也会有各种各样的限制，基本上是只要有机会就会追逐利益，所以当未来不确定或者相互间的相互依存度发生变化时，企业间再签约，维持和进行交易就很困难了。这些困难下签约，进行和维持交易必定需要费用，这些费用总称为交易费用。

亨纳特(J.F.Hennart)把交易分为水平性交易和垂直性交易，按交易类型分为内部交易费用和外部交易费用，从交易费用理论的观点把海外直接投资一般化了。

亨纳特认为通常情况下外部交易费用是由水平交易中转移的物质的属性——企业特殊性，专有性，潜在竞争对手数等与交易双方的关系决定的，相反，垂直交易的费用是由市场情况，替代供应商的可用性和初期专用投资的规模决定的。

3) 交易费用理论的评价

交易费用理论基本上能解释发达国家到发展中国家，发展中国家到经济落后国家进行海外直接投资的现象，在一定程度上克服了垄断性优势理论，内部化理论和折衷理论的局限性。

首先，它指出了即使没有垄断性优势也可以进行海外直接投资。比如为确保原材料供给而进行的直接投资，或者为了流通进行的直接投资，代替贷款的直接投资等现象都得到了交易费用理论的明确解释。

其次，交易费用理论清楚地解释了内部化理论存在的问题——市场不完整性假设。

最后，交易费用理论把交易按分析单位进行假设，解决了折衷理论存在的解释不一贯问题。它主张与特定市场交易者进行市场交易时会产生很多费用，持有特殊优势的情况下进行市场交易时也会产生很多交易费用，所以才会进行海外直接投资。

然而交易费用理论也有缺点。它不能解释因进出口管制或法律上的局限性等人为原因产生的海外直接投资。假设实现了自由贸易，那么作为国外直接的一般性理论，交易费用理论具有合理性，但没有实现自由贸易的话，就与其他理论有着同样的命运了。

第三节 海外直接投资的类型，程序及影响

1. 海外直接投资的类型

海外直接投资可以根据分类标准分为多种形态。

首先可以根据持有股份分为单独投资和合作投资，根据投资方式，即现存企业的有无分为新设投资和并购投资，又可以根据投资内容分为现

金投资和实物投资。另外还可根据企业创造价值部门的类型分为销售法人，生产法人和海外研究所等。

按照投资动机，海外直接投资可以分为市场扩张和追逐资源两大类，但是投资动机并不是相互排斥的。跨国企业进行海外直接投资的首要动机是市场扩张，第二大动机是追求资源。

1) 按投资类型分类

(1) 单独投资和合作投资类型的海外直接投资

特定企业通过海外直接投资参与当地企业经营时持有100%股份的话就是单独投资，不到100%的话就是合作投资。

国际合作投资是不同国籍的两个以上企业为了达成特定的目的，把各自的经营资源和能力结合起来，建立共同企业的过程。根据持有股份比例又可细分为多数股份，50比50，50%未满的少数股份，合作伙伴又可分为当地企业，当地政府机关，第3国企业。

(2) 兼收和并购(M&A)的海外直接投资

在直接投资的方式方面，主要可以分为持有股份同时收购现存企业的类型和建立新企业两种类型。

要收购现存企业或其营业的一部分的话，有以下三种方法。第一，直接收购企业股份或者在当地设立子公司，让子公司来收购。第二，从一开始就吸收合并现存企业。第三，收购企业营业的全部或一部分，把它作为分店运营。

不管以哪种形式进行收购，企业打入海外市场的目的都是为了获得当地企业拥有的特定资源，通过综合效应实现企业价值的最大化，利用事业的多边化和区域性多边化谋求盈利可能的扩大和危险分散。

(3) 实物投资

实物投资是进行代替现金投资的，进行与投资金额相应的机械、成套设备等实物投资的行为。广义上技术和经营方法的传授也属于实物投资的范畴。实物投资的优点如下，第一，实物投资可减少融资负担。第二，可以对企业的旧机械设备进行再利用。第三，进行机械、设备转移时会增加附属品、素材等的中间再出口，同时对当地相关企业的产业设备出口可能性增大。但是，实物投资时对实物的资产评价没那么简单，特别时合作投资时就更加困难。

2) 按投资动机分类

(1) 市场扩张动机下的海外直接投资

企业以市场扩张为目的进行海外直接投资的情况，是把海外市场由国家市场到地区市场再到全球市场进行扩张为动机进行的海外直接投资。

这种海外直接投资的出现是为了避免高额的出口物流费，解决国内生产量的不足，实现规模经济，回避各种贸易限制措施，对应一般消费者和生产企业的购买行动，满足顾客及竞争企业和比较成本的变动。

(2) 资源追求动机下的海外直接投资

企业以追求资源为目的的海外直接投资通过采购-生产-市场营销活动的前向一体化和后向一体化的纵向联合，实现生产活动的合理化，更容易的获取海外生产要素，延长产品生命周期，灵活运用外国政府吸引投资的政策，有意识的寻求经济资源和企业资源。这种海外直接投资可分为为开发原油、矿物质等地下资源，农业资源，林业资源和水产资源等而进行海外直接投资的对自然资源的追求和为获取和活用海外丰富廉价的生产要素而进行海外直接投资的对生产要素的追求。

3) 海外直接投资的优缺点

企业进行海外直接投资的优点如下：

第一，与出口和许可证贸易不同，海外直接投资可以实现对产品生产，技术转让和市场营销活动的控制。

第二，可以根据当地消费者的喜好生产合适的产品，产品供给迅速，售后服务可及性更高，在当地直接就可以销售，在市场营销方面具备优势。

第三，可以节省关税费用，避开贸易壁垒，节省生产要素费用。

第四，可以在当地塑造跨国企业形象。

但是，海外直接投资在开拓市场方面需要很高的费用，也需要对应当地的政治、经济、文化风险的战略，另外也存在资本回收时间长，事业失败后撤出市场费用高等缺点。

2. 海外直接投资的程序

1) 海外直接投资战略提案的制订

想要进行海外直接投资的企业需要在整体性国际经营战略的大范围内树立海外直接投资战略。

海外直接投资战略作为企业为实现整体性国际经营战略目标而实行的战略之一，必须在企业已经树立好的国际经营战略大范围内进行决策，并与企业职能型、经营性战略统一起来。这样企业才能在效率性、效果性和经济性上实现合理的国际经营。

继而，在制订的海外直接投资战略范围，制订具体的海外投资项目计划，然后进入到获得首席执行官同意的阶段。这是由于要着手新项目或着收购海外企业或工厂时，首席执行官拥有筹措项目所需资金的最终责任，而且还对投资项目的成败付最终责任。

2) 海外直接投资战略的审查

图 9-4. 海外直接投资的决定过程

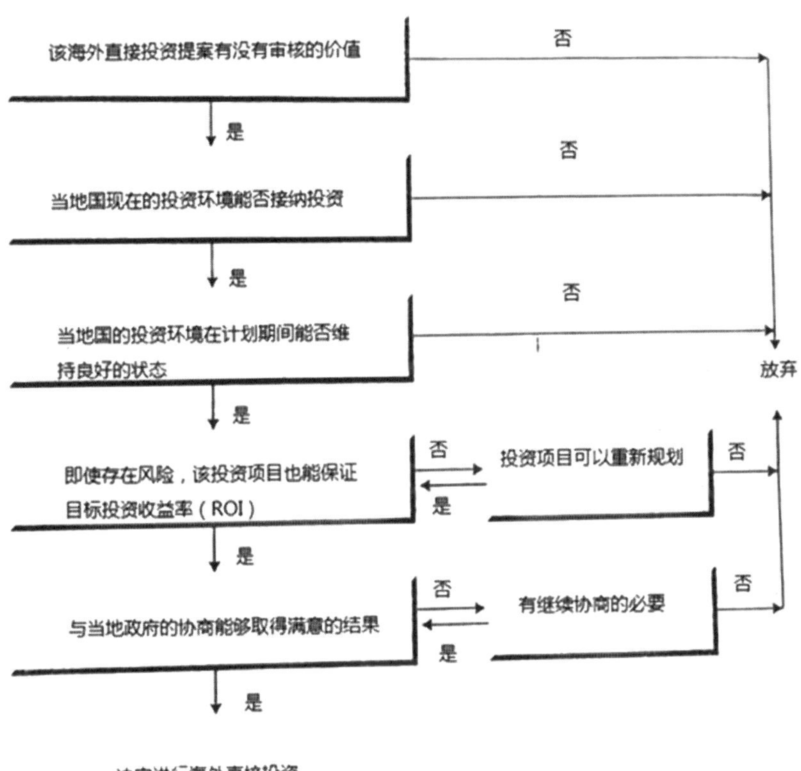

※ 出处：F. R. Root，Entry Strategies for International Markets，Lexington，1987.

跨国企业必须对众多的海外直接投资提案进行审查、评价。因此首先要看的是有没有对海外直接投资提案进行审查的必要。海外直接投资提案的审查要耗费很长的时间和很多经费。所以，最好是在了解了出口等其他可替代的进入海外市场的方式之后，再对是否需要审查海外投资提案做出判断。当审核团队一致认为海外直接投资是进入目标市场的恰当方式时，方可决定海外直接投资的类型，决定是收购当地企业，还是在当地建立子公司，或者是进行单独投资，或者是合作投资等。

(1) 认知阶段

在认知阶段(recognition stage)，海外投资项目提案的考察标准主要又以下几点。

① 与相关企业的国际经营战略及海外直接投资战略有没有相关性

② 技术性、经济性可行性的有无

③ 执行投资提案时需要投入的企业资源及其收益来源及现金流的状态

④ 对现金流及收益成果增长上的贡献有无

⑤ 在执行方面有没有可预见的问题

⑥ 投资对象国家的投资环境

⑦ 可能发生的投资风险

(2) 可行性调查阶段

在可行性调查阶段(viability or feasibility study stage)，海外投资项目提案的考察事项具体如下。

① 从相关企业制订的包括海外直接投资战略的国际经营战略的角度考察

② 从市场营销、生产、财务、人事、产品等各职能或部门的角度考察

③ 从提前调查的角度，考察投资费用、市场亖透、潜在销售额、现金流、生产费用、税费、收益性、投资回报率、销售额收益率角度考察

④ 为评价可能发生的风险，考察构成投资对象国家商业环境的政治、

经济、法律、社会、文化等要素。

(3) 综合调查阶段

在综合调查阶段(comprehensive study stage)对通过前两个阶段的投资项目提案按着以下标准进行综合细致的调查。

① 包括创业费、运营资金和能够预想到的交易费用在内的投资费用
② 市场需求，竞争状态，发展潜力
③ 原材料和劳动力的可用性和所需费用，包括物流费、税费在内的制造费用及流通费用
④ 预计现金流入及收益性，销售及资产利润率，投资回收率，一周利润增长率，投资的折现回收率及贴现值
⑤ 受政治、经济、政府、宗教、文化、社会等环境要素变化影响的投资环境
⑥ 投资风险评价
⑦ 融资的来源、形态及费用等

(4) 申请批准阶段

申请批准阶段(submission for approval stage)是把完成的报告书提交给首席执行官和董事会，以期获得海外投资项目的批准的阶段。接到报告书后首先执行官和董事会会考察申请批准的海外投资项目提案与企业的海外直接投资战略的相关性，然后在调查有没有更好的海外直接投资方案之后进行综合评价，最终决定批准与否。

3) 海外直接投资的投资环境分析

特定国家的投资环境包括政治、经济、法律、社会及文化环境。这些环境要素的重要性因投资项目的特性而异。图7.5显示了在海外直接之前需要对被投资国家投资环境进行评价的要素。

进行投资环境分析时，对众多环境要素进行分析固然重要，更重要的是对众多因素中能直接影响企业投资的因素及其今后的变化进行分析。因此对要素进行评价时，比起单纯的算术平均来，根据投资项目特性进行加权平均值算法更有效。

图9.5中列举的环境变量之间有着密切的联系。尤其政治变量对几步所以的变量都会产生影响。因此，评价投资环境的最基本方法是从当地政府政策和政治稳定性的变化角度着眼的方法。

对于以上这些投资环境要素，需要用客观的标准进行评价，但是很多情况下很难实现计量统计。因此会存在根据变量进行的专家咨询或评价者经验基础上的非计量性评价。这种情况下也需要注意保持客观性。

图 9-5. Root主张的投资环境评价因素

A.政治稳定性 • 过去的政治形态 • 在野党的政治理念、势力	• 政府形态 • 政治、社会、认证上的冲突	• 政府的政治理念及力量
B. 政府对外国人投资的政策 • 过去政策 • 股份限制 • 吸引投资制度	• 对外国人投资的态度 • 当地配件使用规定 • 对外资的规定	• 投资条约及协定 • 对外国人投资的其他规定
C. 其他政策和规定 • 契约文化 • 劳动法 • 知识产权	• 法院的中立性 • 租税制度 • 公平交易法	• 商法 • 进口关税及限制 • 政府组织的有效性
D. 宏观经济环境 • 政府的经济作用 • 人口规模和增长率 • 制造业发展程度 • 政府财政政策 • 是否加入关税同盟或自由贸易经济圈	• 政府开发政策 • 人均GDP增长率 • 交通，通讯 • 价格控制	• GDP规模及增长率 • 收入分配 • 物价上升率 • 现地金融可行性及费用 • 劳资关系
E. 国际收支环境 • 国际收支 • 汇率	• 外债及外汇储备量	• 利润汇回本国限制

※ 出处：F. R. Root，Ibid.

3. 海外直接投资的撤退

撤退是指企业断绝与某一事业的联系，一般通过把事业卖给其他企业或者清算的方式实现。这种撤退战略(foreign divestment strategy)可以看做尽可能减少企业损失的手段。

1) 海外投资撤退的原因

随着海外直接投资的增多，海外投资撤退的情况也在增加。理由如下：

第一，由于被投资国家强烈的经济名族主义或政治混乱等与当地投资企业经营业绩无关的纯粹政治原因导致的投资撤退。

第二，随着跨国企业间竞争的加剧，竞争激化导致经营业绩不振，收益低，出现赤字等情况下的海外投资撤退。

第三，由海外投资战略的部分修正或执行上的过失导致的不可避免的投资撤退。

第四，为把投资从利益或投资回收率低的特定国家转移到其他国家而进行的，具有长远眼光的合理正常的撤退。

2) 海外投资撤退的类型

海外投资撤退可以按撤退原因分为强制撤退，缩减撤退，合理化撤退和计划性撤退四种类型。

(1) 强制撤退

强制撤退(forced divestment)是指与外国企业意志无关的，被当地政府强制要求的撤退。强制撤退又可分为激进容纳引起的撤退和渐进容纳引起的撤退。

激进容纳引起的强制撤退是当地政府强行没收外国企业及其资产，或者为了有偿或强行转移所有权而对企业施加压力而导致的撤退。

渐进容纳引起的强制撤退是当地政府对外国企业施加的当地化压力与外国企业的内部战略或者本社的战略冲突的情况下产生的撤退。比如说，当地政府可能会要求外国企业减少外国人股份，扩大当地人对经营管理的参与，增大原材料当地化比重，强制要求增加出口，强制性技术转让等。这虽然不能直接让外国企业撤出，但当外国企业的经营战略没法实现的时候，只能在卖出或清算之后撤退了。

(2) 缩减撤退

缩减撤退(contraction divestment)是当地国家经济状况或者竞争条件恶化时，为了克服或回避这种情况而进行的一种战略手段。比如，出于对当地市场规模扩大的期待，建立大规模工厂设施，在当地国家进行直接投资，但是投资以后发现当地市场规模比期待的要小，所以就把当地工厂设施的一部分卖掉，或者转移到其他国家的情况。

这种缩减撤退是由企业自身决策决定的，跟由当地政府政策导致的强制撤退不同。

(3) 合理化撤退

合理化撤退(rationalization divestment)是指跨国企业为进行更好的海外投资而进行的合理化撤退。比如，为了提高外国人企业的经济效率而把投资设施从当地国家转移到其他国家。

合理化撤退是由企业的战略性决策决定的，它与由海外投资不振或失败导致的缩减撤退不同。但是两者都是由企业自身的决策导致的撤退，由于具有这一共同点，两者比较不容易区分。

(4) 计划性撤退

计划性撤退(planned divestment)是企业的海外投资战略中包含撤退

计划的撤退。现在的撤退是指计划性的撤退，越是强调海外直接投资的企业越会考虑战略性的计划撤退，并不把海外直接投资与海外投资撤退分开看待。即，同时考虑海外投资项目的开展和撤退，制订特定海外投资计划的时候也疾患它的撤退，计划撤退的时候也会计划相关的其他海外投资项目。

4. 海外直接投资对投资国和被投资国的影响

关于海外直接投资对投资国和被投资国的影响，存在相反的观点。从拥护直接投资的立场上来看，投资国通过直接投资可以确保国际市场和生产要素，提高国际竞争力，改善国际收支，同时被投资国通过引进海外投资企业，可以引进资本、技术和管理经验，可以实现累积资本，获得技术，增加就业和收入。与此相反，从对海外直接投资持怀疑态度的立场来看，投资国不仅可以通过直接投资对被投资国的当地市场进行支配，还会降低经济政策的效率。

1) 对投资国的影响

投资国通过海外直接投资可以获得利益包括，确保在被投资国家的原料、劳动力、技术等生产要素的供给，提高生产效率和国际竞争力，获得更大的投资收益，保证国际市场。通过海外直接投资，投资国获得的利润要比在本国进行投资获得的收益要多，这有助于改善国际收支。

但是，根据不能重复征税的法律规定，投资国的税收收入会受到影响。不能对同一征税对象进行双重征税，投资国需要减免掉企业在被投资国家已经缴纳的税费金额。海外直接投资对投资国的另外一个负面影响是技术流出会造成国际竞争力下降，国内产业结构失衡。生产技术传到被投资国家，促进当地类似企业的兴起，这样会使得本国国际竞争力下降，带来国内产业失衡甚至产业结构失调的后果。

表 9-5. 海外直接投资对投资国和被投资国家的影响

<table>
<tr><th colspan="2">对投资国的影响</th></tr>
<tr><td>积极影响
改善国际收支(长期)
增强国际竞争力
确保国际市场
增加雇用并改善质量
确保生产要素：原材料，劳动力，技术等
调整产业结构</td><td>消极影响
恶化国际收支(短期)
技术出口造成的国内雇佣恶化
操纵转让价形成非市场经济
享有对国内企业不公平的优惠
收入分配的不均衡
集中于产业的金融支配
回避征税
具有政府政策的影响力
反竞争效果</td></tr>
<tr><th colspan="2">对被投资国的影响</th></tr>
<tr><td>积极影响
① 经济效果
累计资本，增加就业，增加收入
使用新产品，降低价格，提高生产
增加税收，促进经济
开拓市场
给后进产业提供商机
提高技术能力
改善国际收支(短期)
② 社会效果
地区经济发展
社会动态转化
促进横向纵向变化
扩大中间收入阶层
积极的经济发展态势
③ 政治效果
提高本国健全投资条件的国际认知度
为保护投资企业，投资国的军事介入</td><td>消极影响
① 经济效果
阻碍国内企业的发展
经济发展不均衡
收入分配不均衡
外国资本的经济支配
国际收支恶化(长期)
② 社会效果
传统价值崩溃
造成污染问题
③ 政治效果
干涉内政
破坏主权
与民族主义的冲突</td></tr>
</table>

2) 对被投资国的影响

海外直接投资对给被投资国家带来的收益主要有，随着资本引进产生的生产和就业增加，收入增加，投资企业缴纳的税费收入等。在生产方面，管理经营技术，市场营销技术等的转让带来的生产率提高，消费增加，市场及生产结构的动态提升等。而且还能提高本国政治上对健全投资条件要求的国际认知度。

但是，海外直接投资会阻碍被投资国家的政治、经济独立发展。原因有，第一，投资企业在被投资国家选择没有竞争对手的薄弱产业进行投资，很容易形成垄断经营，支配被投资国家市场，从而获取高额利润。而且，投资企业并没有把高额利润在被投资国家进行再投资，而是储存在本国或者到其他地区投资，这样会减少被投资国家的投资。

第二，投资企业只是在投资国进行技术研发，在被投资国家进行研发的能力低下。研发主要在投资国内进行，在被投资国家进行的研究只是看在投资国研发好的技术是如何在被投资国家被有效利用的。投资企业不重视对被投资国家的研究，只是为满足本国高收入市场需求为目的进行研究，这样使得被投资国的研发能力低下，产业被投资企业支配。

第四节 主要国家的海外投资战略

1. 海外直接投资的战略对策

跨国企业进行海外直接投资的动机和目的因被投资国家的企业进出环境，投资国的企业环境和企业经营战略的不同而不同，这些动机和目的相互作用的产生了海外直接投资投资。企业为应该各种环境变化而进行国际化、多样化经营战略的过程中，必定要进行海外直接投资，树立海外直接投资的经营战略也是必不可少的。

企业成功树立国际经营战略的源泉是竞争优势(competitive advantage)。根据传统的比较优势，生产要素的费用和质量决定了生产场地，具有比较优势的国家对比较劣势的国家进行出口甚至直接投资。即，国际经营活动的展开是跟本国或他国无关的，哪里有比较优势就会在哪里建立生产场地，竞争优势可以从企业内部到国际分工和财政交易活动中获得。企业为创造价值对企业活动进行调整，进而获得竞争优势。

在全世界范围内开展竞争的海外直接投资企业，进行价值创造活动的调整战略主要有以下5个。①国际低成本战略(global cost leadership)②国际差别化战略(global differentiation)③国际市场细化战略(global focus)④追求被当地国家保护的市场战略(protected niche)⑤回应当地国家市场状况的战略(market responsiveness)。

第一，国际低成本战略是指不考虑产品差异和国籍差异等，向顾客销售产品系列，开展市场活动的战略。这种情况下企业的竞争优势是建立在低价格基础上的。这种低成本战略需要产品实现标准化，技术开发，购买和生产方面有实现规模经济。

第二，国际差别化战略是指通过对技术、品质等的差别化以获得溢差的战略。

第三，国际市场细化战略是指针对特定产业细分的市场进行生产销售活动的战略。

第四，追求被当地国家保护的市场战略是指为了保护特定产业，进入高关税和进口配额国家的情况，企业独特的市场地位在当地国家的保护政策下实行。

第五，回应当地国家市场状况的战略是指根据国家间差异引起的各种情况变化进行产业分工或专门化的战略。

2. 美国跨国企业的海外投资战略

1960年以后美国主要企业为了克服国内市场的局限，节省制造费用以维持生产优势，开始寻找海外市场和低费用的海外生产基地，资本和设施的海外转移也开始活跃起来。他们把海外直接投资作为主要手段，树立起用海外投资来扩大自身在国内和海外市场占有率。

美国跨国企业的战略主要是通过在众多市场的综合化和合理化展开的。这种现象在全球范围内展开。美国跨国企业的海外投资战略的特征主要如下。

第一，世界性的综合战略。通过扩大在许多国家内的制造和销售活动展开，在此基础上在各阶段确保原价和生产要素。例子有Texas Instrument， Ford， General Motors等企业的经营战略。该战略从经济性要素着眼，以提高企业的竞争力为目的。

第二，适应当地战略。这种战略通过本土化(localization)来对应政治性因素，是一种高水平的战略。通过当地子公司活用独立自主的战略来处理政治风险，通过分散地理性风险，子公司间技术的相互转移，来扩大当地市场。

第三，营性的协调战略。这种战略是通过结构上和管理上的协调来消除上述两种战略与当地发生的冲突的补充性战略。它不局限于一定的模式，而是根据情况的变化迅速认识战略性优势，协调环境和组织的能力，进行决策的情景适应性经营战略(contingency strategy)。如果说综合化战略的目的是实现经济成果的话，那么经营性协调战略的目的是维持国际战略的平衡。

3. 日本企业的海外投资战略

日本至今为止通过海外直接投资在进行国际经营方面取得了耀眼的成

就。这主要归功于日本企业独特的环境适应战略。日本企业的海外直接投资战略主要具有以下特征。

第一，投资战略和国际经营战略随着国内外经济形势的变化阶段性展开。1965年到20世纪70年代初期，国际贸易一直保持顺差，随着100%所有权战略和国际经营方面知识和经验储备的迅速增加，开始寻求积极地发展战略。20世纪70年代初期以后，追求确保原材料战略，这是主要企业结成联盟，开始积极进行资源开发和购入。20世纪70年代中期到80年代初期，对了对应美国的保护主义，作为维持既有市场战略的一部分，开始大规模投资。80年代初期到90年代中期，企业开始迅速国际化，主要表现为①同意企业集团在全球范围内进行企业内部分工，在世界各地设立发展基地，相互之间进行补充式生产销售活动②以技术为媒介的发达国家企业间的合作③世界范围内的多边化战略。

第二，日本企业的海外直接投资虽在数量上进入了大规模投资阶段，但是在质量上还没有赶上先进的跨国企业。日本企业至今没有独立的国际战略计划，只是作为企业或集团的年度或中间计划的一部分出现。日本企业的海外产业经营还没有实现全世界范围内的综合化，组织，计划和后勤等部门跟美国欧洲国家相比，现在还处于初级阶段。

第三，在经营结构，人事和组织战略上依然坚持本国中心思想，实行本民族中心的发展战略。当地人的参与度明显比西方国家的跨国企业要低得多。

亚洲金融危机过后日本海外直接投资的发展趋势主要有以下4个特征。

第一，日本的海外直接投资根据日本国内外条件的变化有着很大的变动。80年代后期随着日元升值，日本的海外投资呈上升态势，到90年代又下降了。亚洲金融危机之后1998年的投资额比1997年减少了四分之一，1999年又比1998年增长了1.5倍，2001年上半期又比2000年上半期减少了三分之一。这种起伏不止体验在投资额上，在海外投资制造业和非制造业的比重上也表现了出来。金融危机前5年，日本海外投资制造业的比重维持在30%~42%之间，基本没多大变化，但1999年制造业的比重高达63%，而2000年又降到了24%。设备投资的增长率从2003年第二季度开始从原来的减少趋势转为增长。

第二，日本在各经济区域海外直接所占的比重有所变化。尤其在亚洲进行的海外直接投资比重大幅减少，在欧洲的投资比重增大。欧盟实现货币统一后，日本丰田、本田、日产等汽车制造商纷纷在英国进行大规模投资，积极争取欧洲市场。

第三，日本在亚洲内的投资也比重不一。日本在亚洲进行分地区的投资，在ASEAN四国(印度尼西亚，马来西亚，泰国和菲律宾)的投资从1999年开始减少。对Asian NIEs(韩国，台湾，香港，新加坡)投资比重从1999年开始大幅增加。这种趋势一直持续到2000年上半期。

第四，通过M&A并购方式进军海外市场的现象增多。日本企业原来比较喜欢用新投资的方式来开拓海外市场，但最近通过M&A并购方式的例子逐渐增多。1998年国际并购件数175，到1999年达到238件，一年之间增长了1.3倍。而在亚洲的并购件数增长了2倍还多。国际并购增多是国际趋势。M&A通过对现有企业进行合并收购来打入海外市场，比新投资能更快的接近目标市场。通过跟能弥补自身劣势的企业合并，还能达到综合最佳效果。国家并购主要发生在大型跨国企业之间，这是由在激烈的国际竞争中，短时间内确保必要经营资源和市场的重要性决定的。日本企业主要在亚洲地区的并购增多是因为亚洲金融危机之后，亚洲地区的资产价格下降，各国政府为了引进投资也放宽了并购政策。

4. 韩国企业的海外直接投资战略

韩国企业最初进行的海外投资时1968年南疆开发公司在印度尼西亚进行的森林开发投资，之后一直到20世纪80年代没有多大发展。这期间韩国的国际贸易处于逆差状态，人力费低，还有政府的金融补助政策，所以企业几乎没有开拓海外市场的必要。但是为了确保稳定的资源供应，一直在发展中国家进行投资并有所增加，1985年时达到了4亿8千万美国。

1986年以后由于国内外的形势变化，海外直接投资开始急速增加。随着韩国与其他发达国家间贸易摩擦的出现，劳动力和地价的上升，韩元升值，韩国企业为了维持价格竞争力开始增加海外直接投资，在制度方面也开始向促进海外直接投资方向改善。

与此同时，随着WTO体制的出台，世界经济集团化、信息化的发展，企业的竞争范围扩大到全世界，国内企业为了从有限的竞争到无限竞争中生存下来，开始探索新的发展战略，主要有①发展成世界超一流企业的长期战略②具有本社职能的海外综合法人③大规模投资的海外综合园区④培养国际性人才和本社组织的国家化等。最近企业进军海外市场的特征主要有树立自身独特的事业目标和发展战略，以及国际经营不再是国内经营弱化的从属变量，而成为独立的变量。

韩国的海外直接投资在20世纪80年代后半期以50%的速度增长，1991到1993年增势显著减弱，年度投资额仅12亿美元，1994年开始急速扩大，比1993年增长35%，达到41亿美元。许可基准也从1993年开始飞速增长，比前一年增长24%，达到61亿美元。增势一直持续到1996年，1997年开始减少，1998年韩国经济进入IMF体制后急速减少，1998年之后又多少恢复了些上升趋势，2010年9月末的韩国企业海外直接投资纯投资额(累计额)为1，493.5亿美元。

韩国企业的海外投资战略一般情况下是从通过出口进行当地市场营销阶段到当地生产阶段逐步发展的。企业的直接投资国际经营战略也是企业整体战略部署的一部分。韩国企业的海外经营形态是在严格的中央集权统治系统下进行的，企业海外部门的管理从属于母公司的海外管理部树立的海外投资战略从国内经营战略中微分出来的部分。

韩国企业海外投资战略的特点如下。

第一，出口指向型的经济结构促进海外投资的发展，延长了出口战略。由于国内市场狭小，政府极力直接出口，主要以自然性的出口市场为主。但是在技术和经营方面的投资战略尚未成熟。

第一，国内产业结构在财团企业集团的寡头垄断式结构下，表现出追逐领先企业的特点。即，在不能确保明显的竞争优势，比起收益性更倾向于以增加销售额为主的经营战略下的海外直接投资战略。

第一，随着地区经济联合的扩散和国际市场的形成，以大企业有中心的长期发展计划在海外市场开发层面进行以当地生产(装配，生产)及销售为目的的投资。

第一，韩国海外直接投资的地区性特点是以亚洲为中心(截至2010年9月末，在申报的总金额1，493.5亿美元中，亚洲占686.8亿，北美349亿，欧洲261亿美元)，其中在中国的投资占了 半以上比重。另外，行业类别上，总投资额的一半以上都是制造业(截至2010年9月末的总投资额1，493.5亿中占607.6亿美元)，其次是批发零售业。

第十章

联合经营，并购与战略合作

第一节 跨国企业的联合经营战略

1. 联合经营的概念

(1) 联合经营的概念

近年来，为了在全球性的竞争市场中保持优势，联合经营作为战略性联合的方式，被广泛地采用。这种联合经营可以看作是战略性合作的特殊方式，其不仅有助于合资企业有效地应对其他竞争者，而且有利于其自身在竞争中处于优势地位。

不同于那些因为部分职能受到局限而采取划分职能进而合作的企业，联合经营是指依据法律由母企业发展成为独立企业的方式。相比于一部分职能或者某种业务受到局限的情况，企业在研发、生产、市场营销等诸多领域中，需要跨越彼此而建立综合的合作关系时，联合经营的方式被更多地采用。即，所谓的全球性联合经营，一般情况下是指两个或者两个以上的自然人、法人、国家等对资本、劳动、技术、资源和管理等方便进行动员，一起协商预期的工作，并共同实践的跨国公司活动。联合经营，本质上是两个以上的企业或者政府机关为了形成新的、切实的经济实体而进行的资产结合。他们正是通过这种方式，对经营管理进行分工，并分摊利益、分担损失。

在工作的落实、事业的运营上需要做出决定时，即使参与者不一定按照比例进行，联合经营也应该一定程度上发挥自身的影响力。所以，联合经营最初是两者以上的事业者共同分担损失、分配收益，可以看作是谋求共同投资事业的合作事业。

大部分联合经营的情况，参与企业都是按照50：50的比例进行投资，类51：49这种不均等的情况也有。这种投资股权比率依据合作伙伴的贡献度和谈判能力而定。

(2) 联合经营的形式

联合经营依据合作形式，可以分为私营企业和公司企业两种。这里所说的私营企业形式，并不一定意味着其规模小，全球性联合经营并不只包含大企业之间的联合。

另外，促使形成全球性经联合营的形式，可分为资本结合和非资本结合。所谓的资本结合指通过协商的联合经营，参与者以出资额度为基准分配利润、分担损失。而非资本性质的结合是通过对经营管理、技术和商业服务的使用而进行分配，并非只是依据合同或者协定以共同出资为原则而进行分配。因此全球性经营的形态大体上可以分为四种：

① 两公司分别出资而建立的第三个合作公司的形式：这种形式在韩国和日本被广泛使用。

② 跨国公司通过购入现有企业的一部分股份，设立合作法人：这种形式在贸易保护主义色彩强烈的国家被广泛使用

③ 少数的现有企的企业家和一个跨国公司的联合，设立合作法人：这种情况在当地人多数参与外国企业少数参与的情况下相对有利。

④ 当地股份被广泛地所有时，外国投资企业只有一个，而有许多当地股份的股票投资存在并分散在其之间而形成的形式：此时，对

企业的经营权的掌握变得容易，这种形式依据地域环境而时常存在。

图 10-1. 联合经营范例

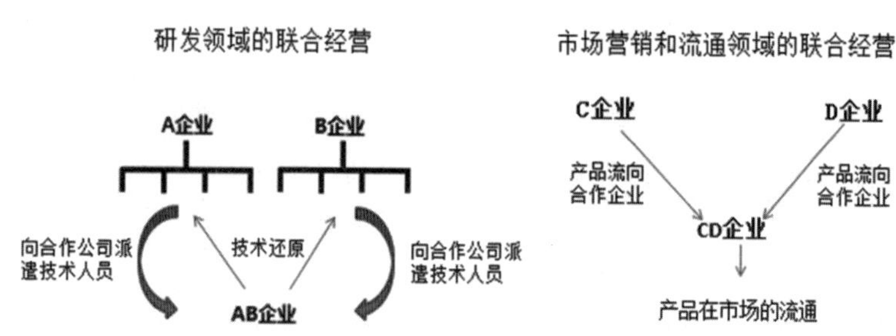

此外，外国企业共同对联合经营投资的情况，或者许多国家的许多企业通过对不同资源的投放而进行投资的情况，即所谓的多方投资企业的形式，或者是根据企业家的原创性以协议为依照，形成相对不同形态的国际合作的种类和范围。但是，任何情况下，合资是以对经营权的掌握为目的的投资，倘使有和投资方能力相当的合作伙伴存在时，能否实际掌握经营权成为值得关注的话题。而与经营权的归属问题，因为公司形态和非资本性质的结合形式的多样化，经营权并不一定和股份持有比例成正比。即使一方拥有少数股权(49%一下)，但是如果在技术、原材料，或者确保市场方面拥有优势，也有可能掌握经营权。此外，按照惯例，经营权的掌握方法如下：

① 依照合作法人制定的条款决定经营权的持有人

② 发行没有投票权的股票

③ 额外制定技术合同或环境合同，如有不同意见，调整对技术或者环境领域专有技术的提供

④ 为了使经营权掌握问题简单化，采取对当地人的股票进行广泛分

散的方式更为重要的是，对于投资协商时持有纠纷的问题，要通过双方充分的理解和协商来解决，如果事发前对于纠纷进行内容进行书面化，有利于解决纠纷。

1) 联合经营的动机

参与合作的个别企业有其单独的目标，联合经营的目的在于依据这种目标，在特定工作领域进行决策。因此，联合经营的目的是在多国企业的立场上充分发挥作为全球性经营方式之一的全球性经营的优势。其优势大致可分为以下三点：

① 经济利益：即通过联合经营，对比于单独地进行小规模的企业活动，合作方可以获得相对高额的利益。特别是在关税方面的优惠。

② 政治利益：可以降低被投资国关于外国企业活动的差别待遇。因为通过和所在国企业的联合经营，可以逃避外国人管理法的限制。

③ 社会利益：通过和所在国的企业联合经营，全球性联合经营可以提高其在社会中的形象，对于销售或者人际关系方面有积极作用。

参照图10-2，①强化现有事业，②把现有产品导入新的市场，③把新的产品导入现有的市场，④抱着新兴事业的多边化所包含的四种目的进行联合经营。

图 10-2. 全球性联合经营的动机

类别	现有产品	新产品
新市场	将现有产品导入新市场 ·开放市场 ·封闭市场	新事业的多边化 ·从合作企业开始学习 ·和合作企业的学习
现有市场	强化现有事业 ·达成规模经济 ·学得技术 ·减少财务风险	将新产品导入现有市场 ·市场营销和流通 ·单纯的组装工厂 ·现场技术开发 ·引入技术财团

据此，也有为了附带地学习国外企业在满足现有市场顾客需求方面的核心经营方法，而选择联合经营的情况。即，该问题涉及是否独自为本公司开发核心工作领域的技术，是否和拥有技术优势的企业依据特许合同进行合作。但是如若选择在本公司内开发，则需要投入大量的时间和费用，而专利合同在技术的活用方面又缺乏伸缩性。因此可以通过和拥有自身所希望的技术的公司进行合作，这样便可以直接学习到该技术。

此外，格兰德(S.Gollander)提出了联合经营的四种动机，其分别是：①为了满足国民需要，②规模经济，为了通过临界规模(critical mass)和经验曲线来获得利益，③为了减少对其他企业的依赖，④为了突破市场的不完整性。通过这些动机可以看出，作为跨国公司联合经营有其自身的优势。

2) 联合经营的优缺点

(1) 联合经营的优点

联合经营相比于单独投资，其具有以下优点：

① 实现规模经济：在海外市场，某种程度的投资虽然是必要的，但是就公司本身而言，通过把集中生产的产品大量地销往全世界，可以获得更多的收益，并对生产和市场营销活动行使更强力的统治。

② 和东道国的国家主义融合：涵盖官僚和企业家的投资对象国的政治，或者利害关系人的集团，一般而言具有国粹主义的倾向，联合经营某种程度上能缓和这种现象。因此有助于缓和对象国的国民感情。

③ 分散风险：联合经营可以分担相当一部分的由独自经营而可能遇到的风险。和东道主企业共同分担投资资金，在当地可以灵活地调拨资金。另外，不仅可以回避汇率风险，还可以和当地企业享有同一条件下的地方性优惠。

④ 资源的相互补充(基于合作综合效应)：通过对当地企业的经营能力和劳动力的灵活运动，可以轻易地适应当地的特殊市场情形。经营能

力弱于当地企业的情况下，通过联合经营可以引入先进的经营手段。通过利用当地的劳动力，可以减少相当一部分因国际间文化层面意识上的差异而产生的风险。

⑤ 开发新市场：当地的合作方保有对市场情况和消费者的理解和认识，通过灵活应用和当地流通业者，主要相关机构的现有的关系可以相对容易地打进当地市场。

(2) 联合经营的缺点

联合经营的缺点可以分为以下几点：

① 跨国公司通过联合经营，在海外开展企业活动的时候，从决策的层面而言，合作企业之间很容易产生对立现象。比如，有些跨国公司通过减税，把实际上计入子公司的利益转移到其他公司(因此，产生了转让定价的政策)。一部分当地企业相比于内部留成，更寄望能提高红利。跨国企业和当地企业之间的对立便油然而生。

② 另外，参与企业之间的交流也可能出现严重的问题。这种问题频发的原因在于国际间文化、政治、经济的差异。特别是发达国家的企业和发展中国家的企业之间的投资时，很容易感受到事业运营的方式和文化、价值观的差异。

③ 通过联合经营打开外国市场时，可能因为技术、特殊许可和经营机密的泄漏而使企业蒙受损失。

④ 所在国的国粹主义依然存在于联合经营之中，并成为重要的风险因素。由于所在国的国粹主义或强烈的名族主义，而导致其对国外企业缺乏信任感的情况甚多。

⑤ 联合经营运营上的问题，覆盖研发的范围和协作的范围。参与企业之间在国际性市场中也存在竞争现象。因此，其主要经管在竞争中没有直接联系的基础性研究领域。

2. 跨国公司的并购(兼并收购)战略

1) 跨国公司并购的概念

跨国公司的并购是指两个以上的企业超越国籍而进行的结合。一般而言，企业并购会导致支配权从被接管企业向接管企业的转移。

企业并购最典型地表现在股票市场方面。回顾历史，并购诞生于美国，19世纪90年代末至20世纪初期，是第一次并购的流行期。那时，企业追求大规模化效率性，横向的并购成为主流。

第二次并购的热潮中，并购的方式不是水平并购，而是在一贯地最求效率的情形下，从上游企业至下游企业的垂直并购。在此之中，值得注意的是并购和企业成长，与募集股票一道实现，即所谓所属和经营分离的成功之处。

第三次是以企业的庞大化为基础而获得能力，并以此为目标进行投资的时代。

第四次是最近的盛行特大型合并的时代。和过去不同之处在于，相比于在市场中存在竞争关系的企业之间的结合，依据与事业没有关系的企业或者自然人，进行活跃并购。即，是被美国金融中心华尔街的企业家和对并并购企业内部状况精通的经济专家所左右的时代。因此，并购与庞大的经融资本有密切关系。攻击性的或者敌对的并购在市场中愈发活跃。结果，并购使那些没法获取的经济资源变得可以轻易得到。

(1) 跨国企业收购的概念和类型

跨国企业的收购是指某一企业超越国界，通过协商或者强迫的手段，在对其他企业进行部分或整体的接管之后，使被接管企业继续存在的同时，行使股东权利或者直接参与对其影响的行为。即，是被收购企业照常存在的同时掌握、行使经营权。

买入收购大体上可以分为资产收购和股票收购两种形态。资产收购是收购企业依据合同对被收购企业的部分或全部资产进行收购；股票收购是指对被收购企业的股东已经发行的股票的部分或全部进行收购。

对于非协商性的，依据强迫手段的买入收购主要有两种方法。即，代理权之争和要约收购。代理权之争是指试图进行买入收购的一方保证目标企业的一部分股份后，被其他股东委以表决权，在股东大会上通过投票将收购方提名的人选委任为理事会的理事或者商定并通过与收购相关联的议案的方法。要约收购是通过以获得目标企业的控制权为目的的股份要约收购方法。此种方法以不特定的多数的股东为对象，把在证券市场之外收购特定公司的股票的意思通过报纸等媒介进行公布，从对所公布条件有所响应的股东开始股份分进行收购。

(2) 跨国企业合并的概念和类型

跨国企业的合并(merger)一般而言是指国籍不同的两个或两个以上的公司得到自己所在公司的理事会和股东大会的承认，收购公司对被收购公司的资产和负债进行收购和经营管理，并通过这样的收购和经营管理而成立单一的企业。跨国企业的类型分类如下:

第一，按照贸易形态的不同可以分为吸收合并(兼并)和新设合并。吸收合并是指被收购企业消没而只留存收购企业的形态，即指收购企业完全地吸收被收购企业。新设合并是指被收购企业和收购企业全部消没而设立新的公司的形态，即第三企业诞生的形态。

第二，按照对股份支付货款的方式，可以分为现金合并和股份合并。现金合并是指收购企业用现金收购被收购企业股份的方法。股份合并是指对于被收购企业的普通股按照一定比例兑换成收购企业的普通股的方法。

第三，按照收购企业和被收购企业之间的相互关系，可以分为水平合并、垂直合并和多样化合并。水平合并是指相同产业内对持有想通货物进行经营活动的企业之间的结合。这种水平的结合是以扩大市场占有率和增大销售量为目的而形成的方法。垂直合并是指相同产业内处于不同生产流程阶段的企业间进行的结合。多样化合并是指为了产业多样化而主导合并的企业，与自身当下从事的领域没有关系的新的领域的企业进行合并。

并购是指企业外部者通过贷款收购特定的企业之后，通过出售该企业的资产或者通过收购后增长的利益偿还贷款的方法。即，以收购对象的企业的资产为担保贷款收购资金、并买进该企业股份的LBO(leveraged buyout)方式。另一方面，企业内部人士为了防止外部人员的篡夺，可以采用直接收购自己股份的MBO(management buyout)方式。

2) 跨国企业的并购动机

对于跨国企业并购的目的或动机，一般而言可以从三个方面来看：

第一，企业在海外进行并购的目的是为了获取经营资源。收购企业的动机在于谋求扩大现有事业的规模或者是为了取得新技术或者新的工厂。通过资金交换，可以取得其他企业的经营资源(工厂、设备等有形资产和人才等无形资产)。

相反，被收购企业通过交换公司本身的经营资源来获取资金。把通过出售不必要的资产或是核算不准的事业得到的资金，投入到其他有希望的领域或者通过谋求现有事业的现代化而在竞争中占据优势地位。

第二，可以迅速地进入市场。跨国企业通过新设投资的方法进入目标市场，并在独自扩张事业的同时，确保工厂用地。和选拔员工等类似，一般需要投入大量的时间和努力。因此，企业的并购是对已经在对应的事业领域中处于活跃状态的企业进行收购，通过这样的方法可以一举习得被收购企业的经营资源，包括职员、房产、流通网、工厂设施等，可以减少进入市场需要的时间。

第三，进入成熟产业的市场。并购是在闲置设施众多的产业中，纵览产业全部，被广为接受的市场进入方式。特别是处在生产设备饱和状态的产业中，对于新加入者有许多的进入障碍。从通过收购现有的企业，防止生产设施过剩的角度来看，企业并购是更为有效的打开市场的方法。

此外，并购还可能具有以下目的：①基于规模经济和网络化的综合效应，②财务方面的综合效应，③分散投资，④提高经营效率，⑤易于销售组合的变更，⑥易于经营、技术的转移和新技术、经营的习得等。

3) 跨国企业并购的优缺点

并购的优缺点如表10-1所示，首先要确定通过并购的目的，之后才可以进行并购的程序。

表 10-1. 并购的优缺点

优 点	缺 点
• 快速进入市场 • 扩大新事业部或者追求事业多样化 • 取保方便稳定的流通渠道 • 获得被收购企业的事业经验 • 使用被收购企业的品牌价值 • 通过对同行的并购减少竞争 • 获得先进经营方式或者技术	• 需要调节收购企业与被收购企业之间的矛盾 • 与现有企业合适与否的问题 • 因经济力量的集中而产生的垄断 • 并购后，被收购企业达不到预期的效果或价值

4) 跨国企业并购的评价和成功条件

(1) 跨国企业并购的评价

跨国企业并购的成功与否取决于并购后的联合企业的预计现金流和对伴随企业结合产生的风险的预测。并购后的联合企业的价值如果超过并购前的价值，即算作是达成了并购的目的。在这样的企业价值评价中，需使用资本预算的概念。

例如，1997年5月27日，依照日本经济报，瑞士的大型医药品制造商罗氏(Roche)以总额一万两千七百亿日元收购了德国宝灵曼制药公司(Boehringer Manheim)和美国强生医疗器材制造公司(De Puy)。由此，罗氏公司从世界第十上升至第六位，同时在医用诊断药物领域跃居世界第一。这是为了加强诊断药物和医疗器械领域的发展而进行的并购，在扩大了规模的同时也提升了收益。

(2) 跨国企业并购的成功条件

跨国企业的并购是为了达成企业成长的方法，其本身并不是目的。而且其不过是众多方法之一。

在追求外部经营资源的国际化战略中，最重要的并非只是发现有吸引力的企业并和其交涉，通过并购与自身结合，而在于结合之后联盟企业如何达成当初设定的企业规划或是财务战略，并据此运营发展。在此过程中，必需努力使联盟企业发展为有收益性的企业。

有效地对从并购交涉到最终合意的过程进行管理很重要，但是相比与此，企业结合之后如何对联盟企业进行高效的管理显得更为重要。

5) 跨国公司的并购程序

(1) 跨国公司并购的决定

为了成功地进行并购，投资企业应着重注意以下方面：

① 选定地域

关于选定哪个地域的企业为并购对象，大体上需要考虑两点要素。第一点，了解对象国的事业和政治的风险水平。第二点是对象国的经济成长。一般而言，对象国的经济成长水平越高，则风险越低。依据该地域内的因素，可以判断事业的发展前景。

② 多样化程度

事业的多样化程度和因收购产生的风险之间存有众多关联。一般而言，如果被收购企业和收购企业经营同种系列的产品，通过收购事业的成功率最高。以向前或向后的垂直整合为目的进行的收购成功率居其次，以事业多样化为目的进行的收购成功率最低。

③ 市场占有规模

通过收购而成功开拓市场的概率和被收购企业的现有的市场占有率有直接关系。一般情况下，被收购企业的市场占有率越高，通过收购打开市场的可能性就越大。

④ 并购规模

并购的规模对进军市场的成功与否有重要的影响。一般而言，被收购企业的规模越大，收购企业的理事会将给予更多关注，通过收购而进军市场的可能性就越大。

⑤ 被收购企业的事业性

被收购企业的事业性是成功收购与否的决定性要因，收购现在和未来都有较高事业性期待的企业比任何事情都重要。

(2) 跨国企业的并购程序

关于对象企业的并购，为了达成最终决定，需要对图10-3中的内容进行审查。总而言之，并购战略的设计和审查阶段中，对收购的目的和目的的先后次序，收购对象企业的简介(规模，产品系列，销售，潜在利益性，经营管理水平，技术水平，生产设施，流通网络等)和收购资格的核计，关于收购的事前调查，收购方法的决定，收购合同的签订，资金筹措等方面要准备具体的方案。

关于收购对象企业的理想型简历的拟定，是在发掘有希望的对象企业的同时选定最适合的收购对象。这样，以拟定的理想型简历为根据，对有发展前途的企业进行发掘工作，通过众多的信息渠道，比如报纸、贸易杂志、事业客户、企业名录、产业调查报告书、银行、咨询中心、经纪人、分销处、流通业主等，以此获取收购对象企业的信息。

进而，以收集的信息为基础，有必要对收购对象企业的营业状态进行详细的分析，此时需要考虑以下几点：

① 收购对象企业能够在多少程度上满足自身对扩张市场的要求。

② 通过对产品系列、技术、市场营销和经营管理方式的了解，分析收购对象企业和自身的特点的一致与否。

③ 通过收购对象企业可以得到哪些优点，而这些优点是通过建立新的子公司而无法获得的。

④ 分析收购对象企业的现金价值。

图 10-3. 跨国公司的并购程序

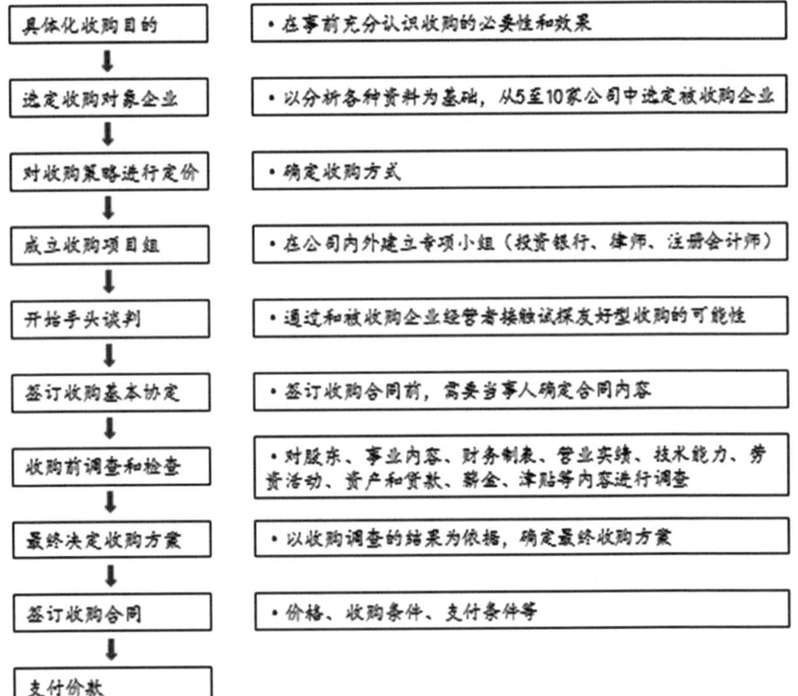

※ 资料出处：三星经济研究所,《关于全球化战略的并购活用方案》1988.12. p. 49.

探寻这些问题答案最好的方法在于直接对收购对象企业进行访问和面谈。在进行实质性的协商前，有必要对收购对象企业的本质进行了解。为此，需要和收购对象企业一方建立友好的纽带关系。

评估收购对象企业的价值时，常用到折现现金流量分析法。无论关于收购对象企业的账面价值、过去营业实绩等，使用折现现金流量分析法都能对其进行评估。相比依据收购对象企业的过去实绩(资产价值、利益等)，通过对收购所需要的总投资费用和投资时间进行评估，并以其在本公司经营管理下的预期总收益为基础用折现现金流量分析法进行分析。对并购而进行的协商，要准备充足的时间并站在战略的层面对其进行慎重的考虑。

6) 跨国企业并购的促进方法

哈斯帕拉夫(Haspeslagh)和贾米森(Jemison)通过对大量国际并购失败的案例分析，得出企业在并购过程中失败的主要原因。即，过多地集中在收购价格的商谈上，而忽略了是否有收购的必要性这一基本问题。因此，企业在达成并购的决议之前，对于为何收购企业要持有清晰的战略意图，并在此基础上进行协商。在协商过程中，倘若对方出价过高，那么有必要断然地予以拒绝或者终止协商。因为如果是为了并购而进行协商，那么随着协商的深入，越难以做出放弃的决断，并且由于沉没成本的存在，有大量的并购实际支付金额超过合理的预计。

一方面，跨国企业并购时，如果专门负责此事的团队对目标企业的情况或协商所用的战略没有相应的准备，那么在协商中就难以取得成功。哈斯帕拉夫和贾米森认为决定收购协商成功与否的要素在于对自身经营战略的了解以及为了这种战略而收购企业必要性的认识。假使并购有助于当前战略的履行，在收购目标企业时比起所支付的收购溢价，不能创造更多的价值的情况下，就没有必要推进并购的实施。因此，在并购之前有必要对自身战略进行研究。如上所述，如果收购溢价的支出比并购的综合效应所带来的价值更多，则该收购不予提倡。

另一方便，跨国企业并购时，关于收购对象企业如果没有进行周密的研究就进行收购，那么收购之后，收购对象企业的恶性财务关系亦或是不正行为等问题会给收购企业带来大量的追加费用。因此，跨国企业在并购时，对于并购要有清晰的战略性的研究，同时对并购方法进行缜密的分析。立足于这两点具有重要的意义。

跨国企业并购时，需要留意的事项整理如下：

① 为了理解并购对企业所施加的影响，需要有清晰的并购战略。

② 实施并购战略时，要对如下过程有充分了解。

- 所有的价值创出均发生于并购之后。因此，并购后的整合过程对最终效果影响重大。
- 对于从并购起价值创出潜力的把握和并购后的成功整合而言，决定并购策略的过程起着重要作用。

③ 并购如果可以增强当事双方战略的核心力量，其将创造出高昂的价值。最终，收购企业和被收购企业都在竞争中占据了优势地位，这恰好反映出他们财务经营的成果。

④ 谋求核心力量转移的企业双方之间，在战略性的相互依存和被收购企业的核心力量的维持方面，并购的成功与否在于经营者能否维持必要的自主权之间的均衡。

⑤ 通过两种要因之间的均衡调节，决定适当的整合方法。这种方法大体分为三种。即，两个企业结成一个企业的吸收合并，对被收购企业的资产进行保留的情况，以及需要双方的适应来进行融合的合作关系。

⑥ 实施这种整合方法的企业的能力大小取决于如何调整企业间的相互关联性。

⑦ 即使不同的整合方法之间存有差异，在调节这种相互关联性时，有两个步骤。第一，为了决定整合步骤，并发生核心力量的转移，需

要调整适当的气氛。第二，为了提高竞争地位和价值创出，需要把核心力量运用到日常的经营中。

⑧ 为了实现价值创出，需要洞察事态趋势，并对整合的进程和方法进行调整。

⑨ 并购不仅在企业追求新的战略时能够给予企业帮助，而且可以提供给企业以学习新核心力量的机会。

⑩ 整合之后，企业要从并购决策中脱离出来，转而投身于如何运营已经整合的经营活动网络之中。

7) 跨国企业并购之后的课题

为了促使并购的成功，顺利完成并购协商的能力和企业结合后使其能够健康发展的经营管理能力同样重要。

首先，在收购协商的初期，要对采取的假设、分析和评价等进行调查，检验其是否存有较大的错误。例如，在签订收购计划后，如果发现其有不良债权或者是重要的技术人员转投其他竞争对手，则协商初期所计算的被收购企业的价值将会产生变化。

并购时产生的新的价值的多少是由收购之后对企业进行整合运用而决定的。无论并购的两企业双方拥有多么合适的资源互补和并购对象，实际上收购以后，如果两企业的整合和运营失败的话，就无法创造出任何价值。特别是两企业在企业文化方面差异明显的情况下，彼此不同的文化会引发诸多矛盾。特别是对于海外企业的并购，并不仅仅是企业间文化差异的问题，还存在国家间文化的差异，因此其在企业的收购整合过程中会遇到更大的阻碍。所以，海外企业在并购时，有必要考量对收购对象企业的企业文化和收购企业的企业文化之间的冲突，探寻能将文化之间的矛盾最小化的方法。

哈斯帕拉夫和贾米森指出，为了获得更好的成果而进行的企业间的并购，在并购之后整合过程便显得尤为重要。并购过程要实现以下两方面的均衡。第一，两企业之间经营资源的共有和核心力量的灵活转移，通过并购这一方式，达到经济规模化、范围化的目的。如果想使这种规模化、范围化的经济发挥作用，必需快速地进行整合。第二，如果过分强调整合的迅速性，而妨碍到被并购企业自主权的情况下很可能诱发矛盾，所以要以被并购企业的自主权为基础尽可能自然地进行整合，在此前提下才能对整合速度进行调整。因此，在实际并购中有必要监控企业的并购过程，并调节整合的速度，完成进化论式的发展。

伴随企业的结合而产生的综合效应，需要数年的积淀才能显现。并且在跨国企业间的并购中，由于文化、语言、商业习惯、企业文化等方面存在差异，必需在克服这种差异的同时，试着融合并向前发展，这正是企业并购的核心课题。

第二节 全球性战略合作

1. 全球性战略合作的概念

(1) 战略合作的必要性

20世纪70年代中期到20世纪80年代，市场进入全球化时代，渐渐地由非价格竞争转向价格竞争，企业在全球化背景下发生蜕变。这种蜕变首先开始于企业内国际贸易的变化。即不仅是IBM，还包括GM、TI、Motorola等汽车、电子产业，并以这些产业为中心发展的美国跨国公司存在于经营和拥有层面。进入20世纪80年代后，纯血主义被摒弃，开发、调拨、生产、销售等活动中，跨国企业间形成了合作关系。例如，合作企业、合同合作等形态的交叉授权(cross licensing)，购置零件、共同生产、受托生产、共享流通渠道(cross distribution)等来代替公司单独的活动。

全球性战略合作(global strategic alliances)是可以遏制产品开发费用的上升，共享机能、一般技术和核心技术，分担投资额和风险的方法之一。前索尼公司董事盛田昭夫强调了战略性合作的重要性，他指出当今环境下，企业为了在全球性的市场中保持竞争力，需要和其他企业共同努力。这样一来，战略性合作可以被看做是跨国企业战略中重要的合作形态。

现今，为了强化企业竞争力，有必要和其他企业携手合作。作为强化竞争力的方案之一的企业合作被普遍地采纳，进而合作的必要性逐渐增加。企业通过合作的速度和灵活性在竞争中占据优势地位。由于在单一的企业体下谋求利益显得很困难，所以合作就显得愈加重要。在有限的资源下，在竞争日趋激烈的环境中，为了谋求生存，需要探索多种合作方式。

当前，战略性合作之所以备受瞩目，原因如下：

有助于提高竞争力，在尖端领域中确立早期的竞争优势、为生产和发展混合型产品或事业进行特殊要素的结合，新的组织资源的构建，分摊巨额的研发费用，分散风险，弥补组织缺点，生产具有竞争力的产品，规避和减少国际竞争中的冲突。

战略合作一方面包括为了应对未来而扩大事业范围、积累技术等长期的对备措施；另一方面，对于一向处在激烈的竞争关系中的企业，有利于通过建立合作关系等明确企业的竞争和协作。

为了有效应对全球化市场，仅仅依存于内部资源的方式有碍于企业的成长，从资源的开发和共享的层面来看，如何构建和外部组织的关系上升为管理的新课题。

(2) 战略性合作的定义

合作(alliance，partnership，collaboration，coalition)是指独立企业之间共同工作。公司联盟(corporate alliance)是指同一业种之

间、不同业种之间、大企业之间、大企业与小企业之间、同一国家的企业之间、不同国家的企业之间、单一事业和多个事业一起分担业务、或者企业间对业务进行互相弥补等形成贯穿企业整体的活动。这里仅涉及两国以上的企业之间的合作。

企业为了在竞争激烈的环境中生存，有必要通过战略合作的形式提高竞争力。全球性战略合作包括合作投资、经营合同、共享产权、国际财团、特殊许可、参与持股或者长期的合约协议和类似的范围内的多样的运用形态。

近年来，某一企业和国外的企业共同作业的国际战略合作在美国、欧盟和日本等发达国家的今生对手之间盛行开来。最近，国际性的合作与波特(Porter)所指的都与过去的合作性质不同。特指一边竞争，一边协作的竞争性的共存。

现今，所谓合作是指通过和外部组织的联系，独自地维持并提高竞争能力。被称作企业合伙制(Corporate Partnership)，企业财团(Corporate Consortium)等，这种作为在全球性的市场中能维持并发展企业、提高竞争能力的方式逐渐成为焦点。

所谓的合作，是为了在将来的环境条件下实现组织团体的存续和成长，企业之间同意提供各自拥有的资源，通过协作的方式达成既定目标。

现今，为了正确应对全球市场剧烈的变化，即使是规模再大的企业，倘若依靠其单独能力进行生存也存在一定难度。在同一业界中，即使是处于激烈竞争中的对手，在特定的领域如果能通过协作在竞争中取得优势，携手合作当然是不二选择。因此相比垂直型结合，战略合作作为水平合作的方式，因其具有双方平等的优势，逐渐被企业所采用。特别是近年来，在电子、汽车、航空器等领域强强联合的案例时有发生。为了适应生产和市场营销的全球化、安全的市场管理、快节奏的技术革新，竞争对手之间形成同盟乃至合作，并对生产企业的配置和国际市场进行全方位的管理。另外，随着不断发展，可以看到越来越多的企业通过合作分担在尖端技术方面的研发费用和风险。

在如今复杂的经济环境下，尖端技术的开发竞争和急剧的环境变化中，今天的强者在明天不一定还能保持强势。以自由竞争为基本准则的超大型跨国企业如今如果脱离相互协作，也难以维持发展。

因此国际市场中，在各国的超大型企业之间，通过合作进行分管的情况越来越多。同时这种超大型企业之间的合作关系比起企业的并购而言，虽然有着花费少、新产品新技术流向市场快速、节省时间的优点，但是在技术转让等领域也有利益流向竞争对手的风险。

表 10-2. 全球性战略合作的定义

类别		传统的企业合作	战略合作
战略意图	合作动机	局部市场、有限制	全球市场、全部
	合作者关系	南北关系、潜在领域	现有竞争、限制合作
	合作领域	技术转让、单一领域	技术开发、特殊领域
	参与者数量	少数(大概2家企业)	多数(3者以上)
战略形态	合作形态	定性的、合同单位	非定型的、夏合合同
	合作领域	事业单位、有限制	附属事业、有机的
	对象时间	短期、一次性	弹力适用、再协商
	代表形态	技术许可合作投资	交叉授权合同方式 JV国际财团

全球战略合作是指所属于不同国家的实际的、潜在的竞争企业之间通过对具体事物的协商，互相协作并随自己的意愿签订合作协议。因此，广义而言，全球性的战略合作包含除了单独在海外直接投资以外的所有使用进出海外市场的战略形态。

(3) 全球性合作的动机和形态

19世纪80年代末开始，特别是WTO出台之后，全球性战略合作迅速增加。WTO和以促进各国间经济和经营活动的自由化为目的的自由化政策一起大力促进市场开放政策这一必需前提，深化成员国在国内市场中没有国境的无限竞争，整合成员国的国内市场，使其成为国际市场的同时使国内企业进入国际市场，通过扩大渗透，促进全球性经营的发展。

在这种环境下，个别企业相比于提高效率，更多地将目的定位强化竞争力。个别企业主体想单纯依靠各自的相对优势来强化国际竞争力，并尽可能低维持生存和发展。不仅是在国内市场，在国际市场也很难确保竞争优势，这正是企业之间采取全球性战略合作的原因。

如表10-3所处，广义上来讲，全球性战略合作依据其动机的不同大体可以分为三种形态。

第一，是指不同国籍的两者或两者以上的企业作为投资伙伴，以共同持有资本股份并运营合资企业为目标，通过正式签订合同实现联合经营的方式。

第二，是指许可、特许经营、经营合同、技术合作、承包运营等相对中长期额合同制合作形态。

第三，是指在特定的产品研发或者特定的海外市场深入方面，进行合作的短期合同方式。

全球性战略合作的内容十分丰富。以内容对战略合作的类型进行的划分如下所示：

① 包括以相互技术交换为主的技术开发合作

② 全球性现代物流为主要合作环节的调配合作

③ 以本公司的品牌支配力为基础的生产合作

④ 包含所有市场营销活动的销售合作

表 10-3. 不同战略合作形态的合作动机

类别	合作形态	合作动机
依据企业规模进行的分类	大企业间合作	限制竞争
	小企业间合作	强化竞争力
	大企业和小企业合作	资源互补
依据技术进行的分类	技术开发合作、共同研发	分散风险、经验互补
	生产和供给行业的合作	规模经济、打开市场
	市场战略和销售服务的合作	防止潜在的竞争者进入市场

※ 资料来源：潘炳吉,《国际经营》，博英社，1999，p. 313.

2. 全球性战略合作的属性，以及全球战略合作和联合经营的差异

(1) 战略合作的属性

战略合作有如下属性：

第一，基于合作，多方共同分担风险、分享成果。一般而言，合作企业之间，按照参与决策和贡献的程度的基准，把风险和成果的分配承担作为基本原则。在合作中，重中之重是共同承担对企业的管理责任，只有这样合作才有可能取得成功。

第二，保持个别成员的特性。合作的其他属性在于和消灭合并的企业各自原先特性的并购不同，合作企业之间只共享一部分的业务领域。即合作企业在保留原先特性的同时参与合作。但是实际情况中，很难区分与合作相关联的业务领域和非关联的业务领域。

第三，可以持续地转移资源。合作企业之间对合作项目持续地对资金、技术、人力等资源进行投入，此为合作的又一属性。在持续发展合作项目中，对于需要追加哪些资源、如何使用资源、如何决定并分担资源转移的费用等问题，合作企业之间需要达成一致。

第四，可以实现综合效应。所谓合作，并不是为了利益的短期的方式，而是合作企业之间通过共享资源，以创造出更多价值为目标的方法。合作的目标在于实现规模经济、范围经济，并借机通过学习提高经济产出。

第五，发扬合作企业的个性。合作的特性在于其确定好的可实现的目标。即对于部分单一的合作项目和其他的下属项目不能进行分离。同一合作企业之间，在产品和地域方面有着众多的关联性。这种情况下，合作项目之间的紧密的沟通对于整体合作效果有重要影响。

第六，强调联系的职能。在战略合作当中，最为重要的是，防止股票份额的共有化和决议过程中产生的合作企业之间的冲突，并对此进行圆满的沟通和调整。

表 10-4. 企业间不同目的的战略合作和其所对应的优点

战略合作的目的	战略合作的优点
分散风险	• 通过多样化的产品组合，确保稳定的收益 • 精简和分散工程费用 • 快速地进入市场和回收投资资金
精简规模经济的费用	• 通过增加产量减少单位生产成本 • 通过合作企业在费用方面的优势减少支出
技术保障	• 通过对设计、新产品、新工程等的共同研发，确保技术的高效性 • 增强技术层面的整合效果 • 交换特殊许可和管辖区域
强化市场竞争中的地位	• 通过合作减少市场竞争 • 提高市场占有率
克服政府限制和贸易壁垒	• 通过和相关国家企业的合作，落实该企业的营业活动 • 完成对当地原材、配件和产品的调配任务

战略合作的目的	战略合作的优点
通过准垂直型的整合，综合利用合作企业的竞争优势	• 有利于利用原材料 • 有利于习得技术 • 获得劳动力 • 获得资本 • 回避政府限制 • 容易获取流通渠道 • 提高商品认知度 • 构建和买方的关系

※ 出处：潘炳吉,《国际经营学》，博英社，1999, p. 312.

(2) 全球性战略合作和联合经营的差异

全球联合经营是实现进入特定市场或者解决特定问题的方式。但是，战略合作的目标与此有明显不同之处。

第一，合作参与企业以追求费用优势和差别化为方式，开展实现全球领导力的中长期战略。

第二，合作企业的各方之间进行优势互补、互取长处。

第三，合作企业的各方制定共同的超越本国市场走向国际市场并成功开展业务的目标。

第四，合作参与企业之间在合同中未涉及的领域中，存在独立的竞争关系。

例如，德国奔驰于1997年9月在竞争最为激烈的美国市场开始多功能车(SUV)和M级奔驰的生产与市场营销战略。该公司在开始此项计划的当初，和美国国内65个系统供应商进行了战略合作。供应商不仅供应M级奔驰各个部分的模块，而且还供应完整的模块和系统。只是为了使用德国技术和保持精密性，从本国进口发动机和传动装置。

图 10-4. 战略合作项目方式的地位

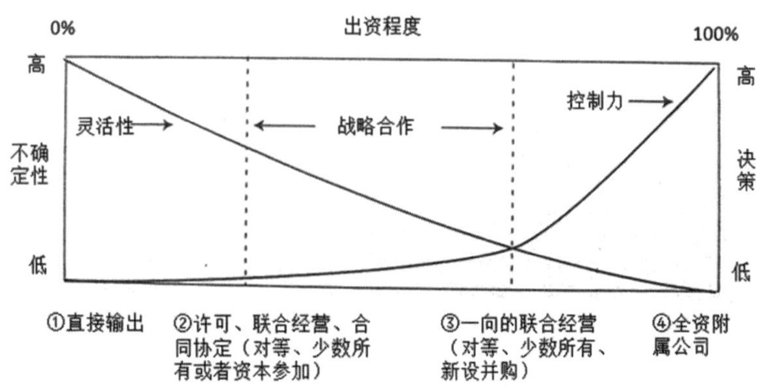

※ 出处：以F. SimYar & K. Argheyed模型为基础，竹田志郎教授所制。

这样的战略合作，目标是以国际市场为对象，通过供应多功能车(SUV)追求全球领导力，将所生产的6万5千辆SUV多功能车的一半输入美国市场，剩下的输入欧盟和其他市场。全球战略合作的有点在于可以分散风险，参与合作之后可以继续从事一贯的项目或运筹一贯的关系。其降低当初投资额以及发扬企业长处所产生的积极效果值得期待。

全球性项目方式中，战略合作的地位如图10-4所示。

3. 全球性战略合作额优缺点

全球性战略合作具有以下优点：

第一，战略合作可以快速地进入并且烹透特定的海外市场

第二，战略合作可以分担开发新产品或者新的生产流程过程中的风险和固定成本。

第三，战略合作可以对当事企业之间自己本身所不擅长的技术进行互

补，而提高综合效应。同时，也有助于产品、服务、资产的互补和结合。

表 10-5. 全球性战略合作的优缺点

优 点	缺 点
易于进入新的市场	合作伙伴之间的分歧
高速性和费用节俭	难以获取准确信息
分散风险	利益分配
共享知识和专家	自主权丧失
综合效应和竞争优势	环境变化

另一方面，全球性战略合作的缺点在于虽然短期内可以带给提供技术等资源的公司以一定的利益，但长久而言，却相当于将新技术和新市场以低廉的价格拱手让给了其他竞争公司。结果可能导致提供技术等资源的企业在国际市场中丧失竞争力，易于在合作伙伴间产生分歧。同时，在获取信息和分配利益、丧失自主权等方面也存在着诸多缺点和难点。

4. 全球性战略合作的成功要素

1) 全球性战略合作的成功条件

某一企业寄望通过全球性战略合作成为成功的跨国企业，需要实现以下几点要素：

第一，充分理解合作企业之间的优缺点，进而达成目标(mission)

第二，把避免利益纠纷上升到战略高度(strategy)

第三，达成共同的价值观(culture)

第四，形成可以抵御国际间经营管理复杂性的创新型组织(organization)

此外，德·拉 谢拉(De la Sierra)强调，在选定合适的合作伙伴时，需要以3C为基准，即不相容性(Incompatibility)、合办伙伴的能力(Capability)和合作的献身性(Commitment)。

(1) 不相容性

凡是亲身经历过跨国的合资或合作的担任重要职务的人，大多都认为消除企业间的不相容性是成功的要素之一。即使参与国际合资或跨国合作的企业能力再初中，如果互相无法协力而行，这样的战略合作就没有失去了意义。需要在企业间的战略、企业文化、经营管理系统的层面考虑这种不相容性。

① 战略：合作企业之间要拥有相同和相近的战略

② 企业文化:必需尽可能地克服企业间文化的差异

③ 经营管理系统：需要有相似的组织、人事和决议等经营管理系统。

(2) 合作伙伴的能力

在考虑跨国经营和国际战略合作的时候，需要正确掌握对方拥有的经营资源和核心力量。为此，要首先分析该企业的长处和短处。即对于该企业拥有的核心力量是什么，在哪些层面拥有优势，该企业是否在市场中占据先驱地位或是在竞争中有被挤压的趋势等问题，要慎重考虑。

国际合资或合作中，之所以要对合作对象的能力和核心力量进行评价，是因为合作企业有必要通过合作弥补自身弱点并强化优势。站在核心力量的角度来看，联合经营(合作投资)或者是合作都是两公司借用合作伙伴的优势弥补自己有所欠缺的领域，这样的完善值得考虑。从技术层面来看，倘若双方拥有相似的市场营销战略亦或是相似的流通渠道，那么就无法弥补各自的短板，这种情况下，联合经营(合作投资)或者是合作就变得毫无意义。

(3)合作的献身性(commitment)

无论联合经营(合作投资)的对象或合作伙伴拥有丰富的经营资源和强大的核心力量，亦或是双方在经营管理系统和企业文化方面有着高度的一致性，如果合作当事方为了成功地完成合作投资或者战略合作，而不对经营资源经营多样的投入，那么合作投资或者合作的成功概率就会降到非常低的水平。因此，为了使自身的合作伙伴顺利地履行合作投资或战略合作，有必要认真把握将要面临的事态。

为此，对于有关联合经营或战略合作的对象，需要考虑究竟是与之在其核心项目领域中合作还是在其他项目部合作。如果战略合作发生在对于对方并不重要的其他项目领域，那么对方为了使战略合作成功地进行，就不需要也不会再实践和经营资源方面做大量的投入，并且在这种过程中，即使是小的矛盾，也很可能导致合作投资或战略合作的计划流产。因此，在合作企业一方大举投资而另一方却袖手旁观、采取机会主义的方式的情况下，这种合作投资或战略合作就很有可能会以失败告终。这样，比起以对方非主要项目领域中进行跨国的合作投资或战略合作的情况，选择要进行合作的领域是对方主要项目的企业显得尤为重要，因为只有这样，对方才能在合作中行使自己最大能力。

2) 涉及跨国企业战略合作的中长期课题

各合作企业依据合同，在履行义务时，会遇到必须牺牲自我的情况。不是在已经建立合作关系的竞争企业之间强化竞争力，就是把本公司在特定领域的技术转移给对方的同时也给其他竞争企业提供了学习技术的机会。这种情况下，如何调整合作企业之间的利害关系对于合作的成功与否有着举足轻重的意义。

第六部分

全球化企业的运营

第十一章

国际营销

第一节 国际市场营销管理概述

国际市场营销简称国际营销，是指企业向一个以上的市场提供产品或劳务，在满足市场需求的基础上实现更大经济利益的跨越国界的经济活动。国际营销是在市场营销的基础上发展起来的，也是一国国内市场营销在空间上的扩展，是企业进行的跨国界的市场营销活动。因此，国际市场营销学与市场营销学存在着必然的联系和区别。

1. 国际市场营销的发展过程

国际市场营销起源于跨国公司在国际市场开展的市场营销。第二次世界大战后，科学技术蓬勃发展，生产水平迅速提高，世界范围的生产社会化进程加快，工业化国家之间的国际分工与国际合作进一步加强，国际经济关系更为密切，相互依赖的程度加深，世界经济一体化已成为必然。企业为追求高额的利润，积极在国外投资、兴建工厂、成立子公司。美国学者基根指出，世界贸易体系的改善，国际货币体系的创立，世界局势的主流转向和平、通信和交通等技术的发展，各国国内经济的增长和跨国公司的发展等，使各国走向国际市场，其中跨国公司的兴起和发展是最直接、最主要的原因。

跨国公司不仅最深入、最广泛地进入了国际市场，而且把本来是外部的国际市场转变为公司的内部市场，因为跨国公司是一个国际化的生产体系，它与外界的交换、内部子公司与子公司、子公司与母公司的交换都具有跨国界的性质。由此可见，跨国公司内外一切产销活动都完全同国际市场紧密联系在一起。跨国营销的发展经历了国内营销—出口营销—国际营销—多国营销—全球营销的过程。从目前现实看，众多国家仍处于国际营销阶段，少数经济发达国家的跨国公司已进入全球营销阶段。

2. 国际市场营销的基本步骤

营销大师菲利普 · 科特勒将市场营销管理的基本步骤分为四个阶段：分析、计划、执行和控制。在国际营销中，其营销过程同样也遵循这四大步骤。

1）分析阶段

分析阶段的工作是收集有关市场的资料，并使用定量和定性方法进行市场研。资料来源有一手和二手资料、内部和外部资料以及正式和非正式资料。资料用于扫描环境中的机会，以便从中确定公司的市场营销机会。要根据公司的资料来检查和判断公司的机会是否可以利用，关键是看公司的竞争优势。市场分析是一项有计划、有组织的活动，商业目标明确，还要具有很强的客观性，减少偏见、感情和主观判断的影响。在分析阶段应该反复思考企业进入当地市场所需要解决的问题，如东道国政局交替是否频繁，该国对企业所从事的行业是否实行保护政策，消费者购买什么、为何购买、谁决定买、如何买、什么时候买、在哪买，市场上的竞争者如何以及如何同竞争者打交道等。例如，宝洁公司在全球市场上的任何一个国家推出一款新产品时，都会进行周密的市场分析工作，通过详细的市场调研与分析，深入了解消费者的需要和购买行为的特点，并不断对新产品进行测试和试销，以确保新产品适销对路。

2) 计划阶段

计划阶段的工作是为应对和利用机会而制定计划。计划包括长期战略和短期战术。针对特定市场制定的营销计划，包括形势分析、目的和目标、战略和战术、成本和利润估计、为执行计划而进行的活动、构建新的或调整原有的组织结构。企业要根据掌握的资料，寻找合理的市场区域并对其进行细分，然后对细分的若干子市场进行描述，评估每个子市场的吸引力，如市场规模、成长性、盈利性、规模经济性及风险程度等，通过比较，选择合适的目标细分市场，并针对每个选定的目标细分市场选择最合理、最合适的定位。接下来企业应制定一个全局的营销计划，考虑企业应选择以何种模式进入目标市场：产品出口模式、契约模式还是直接投资模式，进入目标市场后应该如何应对同行之间的竞争，如何制定产品策略，应该以何种价位进行销售、分销和促销等活动。

3) 执行阶段

执行阶段是指进行计划中的活动。如果计划能反映市场情况并能对公司适应市场的能力进行客观评估，那么计划执行就会成功。计划必须考虑公司内外存在的难以预料的变化因素，并在执行过程中作相应的调整。一旦营销计划确定，企业就应严格按时、按质、按量完成计划中的活动，迅速抢占目标市场。同时促销策略要及时，广告宣传要与产品销售同步。如果在预期的时间里没有达到计划的效果或中途遇到临时问题，企业要有敏锐的洞察力找到问题所在，并能及时做出响应，解决问题。执行阶段是企业具体操作阶段，是企业计划从理论走向实践的阶段，企业的营销计划能否达到预期效果，关键在于企业的实际操作过程是否严格，是否具有应对意外情况的能力。之前的分析是否正确，计划是否成功，全都取决于执行阶段能否使产品在目标市场上完成既定的任务。

4) 控制阶段

执行的同时还必须进行控制。市场是动态的，要求对环境因素、竞争者、渠道参与者及最终顾客进行监控。控制分为短期控制和长期控制。短期控制包括年度计划控制、盈利性控制和效率控制。长期控制是全面的或智能型的审计，它保证营销部门不仅正确地做事且只做正确的事。控制的结果为下一轮计划的制定提供有价值的信息。国际市场营销是一个严密的整体，无论哪一个环节出现失误都会导致整个营销计划的失败。因此，企业在开拓国际市场时，对每一个步骤都要有全面的考虑。

3. 国际市场营销的主要任务

在国际市场营销中，企业行为不仅要受到国内环境因素的制约，而且要受到国际环境因素的影响。由于每一个国家或地区都有不同于其他国家或地区的特定环境，因此企业所涉及的外国市场越多，所面临的不可控因素也就越多。企业从事国际市场营销的基本任务，就是在全面考虑营销环境不可控因素的基础上，确定营销目标，制定营销战略和策略，并有效地组织实现和检查控制。这里，企业的可控制因素通常包括产品、价格、促销和渠道的营销战略，而不可控制因素包括政治、经济、竞争等环境变量。

不可控制因素既有来自母国的，也有来自东道国和国际市场的。母国不可控制因素指企业不可控制的外部环境因素，包括国内政治力量、法律结构、竞争力量和经济景气等。这些因素对于企业在国际市场上的经营活动会产生各种直接或间接影响。例如，本国的对外政策就对企业的国际市场营销活动具有很大影响。在影响企业国际市场营销活动的诸环境因素中，除了国内不可控制因素，还有更为复杂的国际市场的不可控制因素。这些因素包括：东道国的政治因素、经济形势、竞争形势、技术水平、分销渠道结构、地理和基础设施、文化因素等。在国际市场营销中，公司所面临的这些不可控制因素中，以国外文化环境因素的影响最为广泛和深刻。要在国际市场上获得成功，企业必须以目标市场的需求为核心，设计一个适合企业外部环境的营销方案。营销方案的可控制因素，即产品、价格、渠道和促销四个能够被公司控制的因素，在企业拥有必要资源的情况下，为了适应不断变化的市场条件和公司目标，营销人员可以综合运用。

营销策略是有关国际市场营销的战术问题，是国际市场营销战略目标得以实现的基础。企业除了为国际市场提供适销对路的产品，还必须为产品制定合理的价格，选择适当的分销渠道，并配以必要的广告宣传，才能使产品顺利地到达国外最终消费者手中。这些策略不是一成不变的，企业应根据市场条件和企业目标的变化，及时进行调整。通过市场细分寻找最佳的市场机会，是国内营销中的重要策略。国际市场营销同样十分重视市场细分。许多企业把在文化、宗教、政治等方面具有某些相似性的地理上的邻近的有关国家，看作一个市场群体。在经济发展阶段、市场规模、国民收入、流通结构及消费者行为等特征方面具有相似或一致性的市场，也可以看作一个目标市场群体。

第二节 国际市场营销战略

基于市场细分的STP(segmenting，targeting，positing)市场营销战略是现代战略营销的核心，包括市场细分、目标市场选择和市场定位。市场细分是战略营销的基础，也是营销战略成败的关键。在对市场进行细分后，要对所有细分市场进行有效的评价，并选择目标市场。在完成这两项基础性的步骤之后，更为重要的一个环节更是市场定位。

1. 国际市场细分

企业要想成功地进入国际市场，就必需认真地进行市场调研，并在此基础上制定恰当的国际市场营销战略，对众多国家进行分类和筛选，从中发现需求量大、竞争者未入、企业又能力满足其需求的国家作为营销的目标市场国。然后还应对这些国家中的顾客进一步分类，选出某些顾客群作为目标市场，提供适销对路的产品满足其需求。这就是市场细分过程。市场细分是指企业按照某种标准将市场上的顾客划分成若干顾客群，每一个顾客群构成一个细分市场，不同的细分市场的需求存在着明显的差异。市场细分是目标营销的基础。

(1) 国际市场细分是市场细分概念在国际市场营销中的应用，最早是由美国市场学家温德尔·史密斯(Wendell R. Smith)于20世纪50年代中期提出来的。国际市场细分是指按照消费者的需求与欲望吧一个国际市场划分成若干具有共同特征的子市场的过程。分属于同一细分市场的消费者的需求和欲望极为相似，分属于不同细分市场的消费者对同一产品的需要和欲望存在着明显的差别。企业可以在这些子市场中选择一个或者多个作为其国际目标市场。这一过程在国际市场营销学中称为国际市场细分，它是企业确定国际目标市场和制定国际市场营销策略的前提。

(2) 国际市场细分的依据。任何产品都表现为一组属性的集合，不同的消费者对同类产品的不同属性赋予不同的重视程度。根据对同类产品不同属性的重视程度及需求偏好的差异性，可以把消费者的需求偏好分成三种类型：1)同质型偏好。只是指市场上所有购买者的偏好大致相同。因此可以预见，存在的品牌具有相近的属性，产品定位一般都在偏好的中心，在这种情况下，销售者必须同时重视样式和质量两种属性。2)分散型偏好。这是另一极端，购买者的偏好可能平均分散，无任何集中现象，这表示购买者对产品的偏好有所不同。3)集群型偏好。市场上不同偏好的购买者会形成一些集群。譬如，有的购买者偏重于式样，有的购买者偏重于质量，各自形成几个集群，称为“自然分市场”。

(3) 国际市场细分过程。国际市场细分具体有两个层次的含义。第一，世界上有众多的国家，企业究竟进入哪个国家或哪些市场最有利？这个含义的国际市场细分称为宏观细分。第二，企业进入某一国外市场后，发现该国的顾客需求千差万别，企业不可能满足该国所有顾客的需求，而只能将其分为若干细分市场，满足一个或几个市场的需求，这个含义的国际市场细分称为微观细分或一国之内的细分。目标市场是企业所选定作为营销对象的某些具有特定需要的消费群体，一般来说，企业营销的目标市场是整体大市场中的一个细分市场。

2. 国际目标市场的选择

企业在对整体市场进行细分之后，要对各细分市场进行评估，然后根据细分市场的市场潜力、竞争状况、本企业资源条件等多种因素决定将哪一个或几个细分市场作为目标市场。企业服务于目标市场营销活动的结果是应当更有效地满足改目标市场的需要，更充分地利用企业的资源。因此，企业选择国际目标市场是十分重要的。

1) 目标市场的选择标准

选择国际目标市场的总体标准是要能充分利用企业的资源，以满足该市场上消费者的需求。在国际营销中要选择适宜的目标市场，否则难以取得营销的成功。具体有以下标准：

① 市场规模

企业进入某一市场是期望能够有利可图。考察市场规模，一要看人口，二要看收入水平。如果市场规模狭小或者趋于萎缩，企业进入后就难以获得发展。此时，应谨慎考虑，不宜轻易进入。当然，企业也不应以市场吸引力作为唯一的标准，特别是应力求避免“多数吴缪”，即与竞争企业遵循同一思维逻辑，将规模最大、吸引力最大的市场作为目标市场。

② 市场增大速度

人口规模的经济规模是动态变化的，因此，企业应根据在若干时点上收集到的静态资料，估计一个国家近年来市场增长的速度的趋势。如果市场增长速度快，就可以认为这是一个较好的潜在市场。一般来说，一个国家经济发展比较快，其政治稳定，应该是一个较好的潜在市场。以中国为例，近30年来国民经济平均增长速度非常快，21世纪的前10年里，中国经济增长率仍保持在7%以上，是一个潜力巨大的市场。正因为如此，国外企业看好中国，世界500强中的许多跨国公司在中国市场都开展了业务。

③ 符合企业目标和能力

某些细分市场虽然有较大的吸引力，但是不能推动企业实现发展的目标，甚至分散企业的精力，使之无法完成其主要目标，这样的市场应该考虑放弃。此外，还应考虑企业的资源条件是否适合在某一细分市场经营。企业只有选择那些有条件的人、能充分发挥其资源优势的市场作为目标市场，企业才会立足于不败之地。

④ 细分市场结构的吸引力

细分市场可能具备理想的规模和发展特征，然而从盈利的观点来看，这个市场不一定适合企业进入，它未必有吸引力，波特认为，有五种力量决定着整个市场或其中任何一个细分市场长期的内在吸引力。这五种力量是：同行业竞争者、潜在的新参加竞争者、替代产品、购买者和供应商。

2) 目标市场营销策略

目标市场营销是指企业在市场细分的基础上，选择一个或若干子市场作为目标市场，并相应地制定营销策略的过程。企业在进行市场细分之后，究竟选择哪些国家作为目标市场，企业可以在下述三种策略中进行选择，既无差异市场营销策略、差异性市场营销策略和集中性市场营销策略。

(1) 无差异市场营销策略

无差异市场营销策略是指企业将产品额整个市场视为一个目标市场，用单一的营销策略开拓市场，即用一种产品和一套营销方案吸引尽可能多的购买者。无差异市场营销策略只考虑消费者或用户在需求上的共同点，而不关心他们在需求上的差异性，无差异市场营销的理论基础是成本的经济性。生产单一产品，可以减少生产与储运成本；无差异的广告宣传和其他促销活动可以节省促销费用；不搞市场细分，可以减少企业在市场调研、产品开发、制定各种营销组合方案等方面的营销投入。这种策略对于需求广泛、市场同质性高，能大量生产、大量销售的产品比较合适。

⑵ 差异性市场营销策略

差异性市场营销策略是将整体市场划分为若干细分市场，针对每一细分市场制定一套独立的营销方案。差异性市场营销策略的优点是：小批量、多品种使消费者需求更好地得到满足，以此促进产品销售。另外，由于其也是在多个细分市场上经营，在一定程度上可以减少经营风险，一旦企业在几个细分市场上获得成功，有助于提高企业的形象及市场占有率。差异性市场营销策略的不足之处主要体现在两个方面：一是增加营销成本。由于产品品种多，管理和存货成本将增加；由于公司必须针对不同的细分市场制定独立的营销计划，会增加企业在市场调研、促销和渠道管理等方面的营销陈本。而是可能是企业的资源配置不能有效集中，顾此失彼，甚至在企业内部出现彼此争夺资源的现象，难以幸好曾拳头产品优势。

⑶ 集中性市场营销策略

企业实行差异性市场营销策略和无差异市场营销策略，均是以整体市场作为营销目标，试图满足所有消费者在某一方面的需要。集中性市场营销策略则是集中力量进入一个或少数几个细分市场，实行专业化生产和销售。企业实行这一策略，力求在一个或几个子市场占有较大份额。集中性市场营销策略的指导思想是：与其四处出击收效甚微，不如突破一点取得成功。这一策略特别适合资源有限的中小企业。中小企业由于受财力、技术等因素制约，在整体市场上可能无力与大企业抗衡，但是如果集中资源优势在大企业尚未顾及或尚未建立绝对优势的某个或某几个细分市场进行竞争，成功的可能性更大。集中性市场营销策略的局限性体现在两个方面：一是市场区域相对较小，企业发展受到限制；二是潜伏着较大的经营风险，一旦目标市场突然发生变化，如消费者兴趣发生转移，或强大的竞争对手进入；或新的更有吸引力的替代品出现，这些都有可能使企业因没有回旋余地而陷入困境。

3. 目标市场定位

市场定位是20世纪70年代由美国学者阿尔.里斯提出的一个重要的经营学概念。市场定位通常也成为产品定位或竞争性定位，是指企业对其产品或服务以及企业形象进行设计，以在目标顾客心目中占有读特的地位。市场定位的目的是为本企业产品创造独特卖点，或为企业塑造一种独特的形象，从而在目标市场建立竞争优势。市场定位的手段是差异化，其实质是使本企业与其他企业严格区分开来，使顾客明显感觉和认识到这种差别，从而在顾客心中占有特殊的位置:

1) 市场定位的影响因素

市场定位的目的是为企业及其产品创造并维持一个独特的市场位置，为顾客提供差异化的产品或服务。这一差异化优势是通过市场营销组合(4P)的运用实现的，包括产品的差异性设计，广告促销传达的独特的产品印象，有别于竞争对手的更方便的渠道。一个成功的市场定位战略，必须确保四个关键因素：竞争性、可信性、简明性、一致性，即市场定位的四个关键因子。

① 竞争性

市场定位的差异化优势对顾客有足够的吸引力，企业提供的产品或服务是基于自身强势资源的的最优化使用，顾客高度认可此产品或服务的价值，而竞争对手由于资源稀缺，难以对这种差异化优势进行复制或模仿。

② 可信性

市场定位必须是令顾客信服的，所营造的产品印象不能与顾客长期以来的近本人是相悖。产品定位是可以创造和艺术化的，但绝不能与现实脱离得太远。

③ 简明性

市场定位传达的印象和信息都应该简单明了，复杂或晦涩的定位容易产生歧义，也不易被顾客记住，任何时候，简单清晰的市场定位都是最佳的选择。

④ 一致性

顾客每天会面对大量的产品信息，成功的市场定位战略必须在时间上保持长期的一致性。今年宣传产品的高科技特性，下一年却转而强调服务出色，这只会增加顾客的困惑，并直接导致对产品的不信任。

2) 市场定位方式

市场定位作为一种竞争战略，显示了一种产品或一家企业同类似的产品或企业之间的竞争关系。定位方式不同，竞争态势也不同。下面分析三种主要的定位方式。

① 避强定位

这是一种避开强有力的竞争对手的市场定位。其优点是能够迅速在市场上站稳脚跟，并能在消费者或用户心目中迅速树立起一种形象。这种定位方式的市场风险较小，成功率较高，为多数企业所采用。

② 迎头定位

这是一种与市场上占据支配地位的，即最强的竞争对手"对着干"的定位方式。显然，迎头定位有时是一种危险的战术，但不少企业认为，这是一种更能激励自己奋发向上的可行的定位尝试，一旦成功就会取得巨大的市场优势。在国际市场上，这类事例屡见不鲜，如可口可乐和百事可乐之间、肯德基与麦当劳之间持续不断的竞争等。实行迎头定位，必须知己知彼，尤其应清醒估计自己的实力，不一定试图压迫对方，只要能够平分秋色就已是巨大的成功。

③ 重新定位

通常是指对那些销路少、市场反应差的产品进行二次定位。很明显，这种重新定位旨在摆脱困境、重新获得增长与活力。这种困境可能是企业决策失误引起的，也可能是对手的有力反击或出现新的强有力的竞争对手造成的。不过，也有的重新定位并非因为企业已经陷入困境，相反，是因为产品意外地扩大了销售范围引起的。

企业在进入国际市场时，通常可能需要对产品或品牌进行再定位。再定位就是根据产品自身特点和当地市场的竞争状况，重新调整在市场中的预期。例如，海尔电器在中国本土市场享有非常高的声誉，因此，其价格往往高于其他很多本土品牌，但在美国市场，海尔电器就不得不重新调整自己的市场定位，调整为物美价廉，性价比很高且质量过硬的家电产品，因为在美国市场，其本土品牌和日本品牌多年来已经形成了比较牢固的市场优势地位。

当在细分市场上进行市场定位时，要求同时运用市场细分化和产品差异化两种策略。市场细分化与产品差异化的不同点在于：前者的着眼点是市场需求，是要针对不同顾客群的需求特点开发出不同的产品，是一种市场导向型的战略；后者的着眼点是已经存在的产品，使产品具有某种特性与竞争者的同类产品相区别，是一种产品导向型的战略。企业以市场细分为基础选择目标市场，即运用细分化战略，而在作为目标市场的细分市场上实行市场定位，则需要运用产品差异化战略。可见，细分化、市场定位和差异化都是市场营销战略的组成部分。

3) 市场定位的步骤

实现产品市场定位，需要通过识别潜在竞争优势、企业核心优势定位和制定发挥核心优势的战略三个步骤实现。

① 识别潜在竞争优势

这是市场定位的基础。通常企业的竞争优势表现在以下两个方面：成本优势和产品差异化优势。成本优势使企业能够以比竞争者低廉的价格销售相同质量的产品，或以相同的价格销售更高质量的产品。产品差异化优势是指产品独具特色的功能和利益与顾客需求想适应的优势，即企业向市场提供的在质量、功能、品种、规格、外观等方面比竞争者能够更好地满足顾客需求的能力。为实现此目标，企业必须首先进行规范的市场研究，切实了解目标市场需求特点以及这些需求被满足的程度。一个企业能否比竞争者更深入、更全面地了解顾客，是能否取得竞争优势、实现产品差异化的关键。

② 企业核心优势定位

核心优势是与主要竞争对手相比，在市场上可获取明显的差别利益优势。显然，这些优势的获取与企业营销管理过程密切相关。识别企业核心优势时，应把企业的全部营销活动加以分类，并对各主要环节在成本和经营方面与竞争者进行比较分析，最终定位和形成企业的核心优势。

③ 制定发挥核心优势的战略

企业在市场营销方面的核心优势不会自动地在市场上得到充分表现，对此，企业必须制定明确的市场战略来充分表现其优势和竞争力。例如，通过广告传导核心优势战略定位，使企业核心优势逐渐形成一种鲜明的市场概念，并使这种概念与顾客的需求和追求的利益相吻合。

第三节 国际市场营销策略

在分析环境和市场信息，选择目标市场之后，就要着手制定营销组合策略。营销组合策略通常包括四个基本变量，即产品(product)、价格(price)、渠道(place)和促销(promotion)，即4P组合策略。国际市场营销组合是一个复合结构，企业不仅要达到四个P之间的最佳搭配，而且要安排好其内部的搭配。国际市场营销组合又是一个动态组合，每一个因素都在不断变化之中，因此企业要不断强化营销组合策略。

1. 国际市场营销的产品策略

国际市场营销的产品策略主要包括两种，即标准化策略与差异化策略。国际市场营销面临的首要问题是以标准化产品向外国消费者推销，还是针对当地特点推出修改后的产品。

1) 标准化策略

国际产品的标准化策略是指企业向全世界不同国家或地区的所有市场提供相同的产品。执行产品标准化策略的前提是市场全球化。随着时代的发展，社会、经济和技术的发展使得世界各个国家和地区之间的交往日益频繁，相互之间的依赖性日益增强，消费者需求也具有越来越多的共性，相似的需求已构成一个统一的世界市场，因此，企业可以生产全球标准化产品以获取规模经济效益。

产品标准化策略可使企业实行规模经济，大幅度降低产品研发、生产和销售等各个环节的成本而提高利润。在全球范围内销售标准化产品，有利于树立产品在世界上的统一形象、强化企业的声誉，有助于消费者识别企业产品，从而使企业产品在全球享有较高的知名度。产品标准化还可使企业对全球营销进行有效的控制。国际市场营销的地理范围较国内营销扩大，如果产品种类较多，则每个产品所能获得的营销资源相对较少，难以进行有效控制。产品标准化一方面降低了营销管理的难度；另一方面集中了营销资源，企业可以在种类较少的产品上投入相对充裕的资源，对营销活动的控制力更强。可口可乐是公认的采取产品标准化策略的典范。多年以来，可口可乐公司在国际市场推出同样的产品，甚至采用同样的包装，推行同样的广告诉求，这使得可口可乐公司无须频繁更换产品配方和包装，减少了大量成本。

2) 差异化策略

国际产品差异化策略是指企业向世界范围内不同国家和地区的市场提供不同的产品，以适应不同国家或地区市场的特殊需求。如果说产品标准化策略是为了满足国际消费者存在的某些共同消费需求，那么产品差异化策略则是为了满足不同国家或地区的消费者由于所处不同的地理、经济、政治、文化及法律等环境，尤其是文化环境的差异而形成的对产品的个性化需求。尽管人类存在着某些基本需求共性，但是在国际市场上不同国家或地区消费者的需求差异仍很明显。在某些产品领域特别是与社会文化关联性强的产品领域，国际消费者对产品的需求差异更加突出。企业必须根据国际市场消费者的具体情况改变原有产品的某些方面，以适应不同的消费需求。为了适应中国市场的需求，快餐业巨头肯德基推出了油条等独具中国特色的早餐产品，以吸引更多本土消费者惠顾，这正是肯德基推行产品差异化策略的一个重要体现。

企业执行产品差异化策略，即根据不同目标市场营销环境的特殊性和需求特点，生产和销售满足当地消费者需求特点的产品。这种产品策略更多的是从国际消费者需求个性角度来生产和销售产品，以更好地满足消费者的个性需求，有利于开拓国际市场，也有利于树立企业良好的国际形象，是企业开展国际市场营销的主流产品策略。然而，产品差异化策略也对企业提出了更高要求。首先要鉴别各个目标市场国家消费者的需求特征，这对企业的市场调研能力提出了更高要求；其次要针对不同的国际市场开发设计不同的产品，要求企业的研发能力跟上市场特征；最后是企业生产和销售的产品种类增加，其生产成本及营销费用高于标准化产品，企业的管理难度加大。因此，企业在选择产品差异化策略时，要分析企业自身的实力以及投入产出比，综合各方面的情况再做出判断。

2. 国际市场营销的价格策略

定价策略是国际营销组合策略中唯一能够为企业带来收益的策略，因此具有特别重要的意义。一个面向国际市场的出口商在制定营销策略时，必然要在其产品的定价方面作出决策。出口产品的价格直接关系到产品的需求量和厂商的利润，关系到该厂商的市场份额，同时也将影响到其他营销因素。因此，企业在制定国际营销策略、开拓和巩固国际市场时，必须审慎地制定定价策略。近年来，我国企业在海外市场频频遭遇反倾销，导致不少企业和产品出口受阻。实际上，所谓倾销的一个重要特点就体现在价格方面：在当地市场的销售价格低于成本价格。因此，如何制定价格，成为许多企业开展国际营销时需要考虑的一个重要内容。

1) 定价策略

产品定价策略是企业营销组合战略的重要组成部分。在错综复杂的国际市场条件下，国际企业必须根据其内部与外部环境，适时地调整其产品定价策略。对于产品生命周期的不同阶段和不同类型的产品，企业的定价策略是有区别的，以下将分别论述。

(1) 现有产品定价策略

当从事国际营销的企业成功地进入了某国的市场，并且占有一定的市场份额后，企业仍需密切关注该产品的定价策略，其原因有以下几方面：(1)竞争对手随时有可能改变其价格策略，冲击现有的市场格局；(2)市场需求随时可能发生变化，尤其是时尚产品，如服饰、化妆品等；(3)企业自身营销策略的变化。企业现有产品的定价策略主要有三种：一是保持价格不变策略；二是降价策略；三是涨价策略。

(2) 新产品定价策略

对于国际市场营销，新产品是指企业在国外目标市场首次推出的产品，它既可以是企业新开发的产品，也可以是改进型产品，或者是已经在国内畅销的产品。为新产品定价具有一定的挑战性，如果仅按成本导向定价方法定价，产品售价可能会比顾客愿意支付的价格低得多，影响企业效益；如果新产品定价过高，则可能阻碍新产品的长期市场发展。因此，研究新产品的定价策略，就是要减少这类不确定性，使新产品的价格水平，既有利于扩大市场占有率，又能阻止竞争的出现。新产品定价策略主要有两种：撇脂定价策略和渗透定价策略。

一，撇脂定价策略。撇脂定价策略指在将产品投放市场时，制定较高的价格，以期在竞争对手以低价进入市场之前，尽可能获取市场利润，收回产品开发的成本和投资，就好像从牛奶中撇取奶油一样。

二，渗透定价策略。渗透定价策略与撇脂定价策略相反，即在新产品投入市场之初，就制定一个较低的价格，以便迅速占领市场，排斥竞争对手，取得领先地位。

(3) 折扣定价策略

折扣定价策略是指根据国际市场上的需求和长效的具体情况，对基本价格进行调整，主要是适当降低价格以促进销售。由于在国际营销活动中，相当多的企业都要借助于各种类型的中间商才能将产品销售出去，因此，企业为了实现其整体营销目标，就必须在定价时考虑所有中间商的利益及最终用户的价格水平，以刺激他们的购买热情。

(4) 心理定价策略

心理定价策略指运用心理学原理，根据不同顾客购买产品时的动机和情感反应来制定价格，以增加销售的定价策略。该策略多是在零售领域针对消费者使用，常见的有以下几种具体形式：

(1) 奇数定价。奇数定价也称尾数定价，是指给产品定一个以零头数结尾的价格，如9元、99元，或199元等。本应定价200元的产品，现定价为199元，虽然只降了1元(不足1%)，却可以给顾客一种廉价和定价精确的感受。

(2) 声望定价。利用顾客崇尚名牌和以价论质的心理，故意把价格定为整数或定高价，反而有利于增加销售。这种方法的前提是，一般的顾客不易了解和鉴别产品的质量和性能，常用于品牌化妆品、服饰等定价。

(3) 参照定价。当顾客选购产品时，头脑中常有一个参照价格，这个参照价格可能是顾客已了解到的目前市场上这种产品的一般价格，也可能是参照以前的价格。因此，企业在定价时，就可以利用和影响顾客心目中的参照价格。

(4) 促销定价。促销定价是利用有些顾客贪便宜的心理，有意降低几种商品的价格，或者利用节假日、周年庆祝日及换季时机，对部分产品降价打折，以吸引顾客购买，同时选购其他正常价格的产品。

2) 定价方法

影响国际营销定价的诸因素中，产本成本、需求状况及市场竞争是最重要的。因此，在定价方法不断多样化的低昂金国际市场上，企业常用的定价方法有以下三种。

① 成本导向定价法

成本导向定价法是在成本的基础上，加计一定比例的利润，从而构成产品的基本价格的定价方法。根据定价时的分析角度不同，这种方法可以分为两种：(1)成本加成定价法。成本加成定价是在产品单位成本的基础上加上一定比例的毛利，定出价格。由于对作为定价基础的成本形式有不同选择，成本加成定价法还可以进一步分为总成本加成和边际成本加成两种方法。(2)目标利润定价法。这是一种考虑实现一定目标利润的定价方法。它要求企业销售产品的收益，不仅要补偿产品的总成本，而且要实现既定的目标利润。

② 需求导向定价法

与成本导向定价法不同，需求导向定价法的依据是买方对产品价值的理解和认知，而不是产品的成本，它是营销思想中市场导向观念的产物，因此也称作市场导向定价法。需求导向定价法是以最终消费者或最终用户所面对的国际市场零售价格为记住，扣除各类中间商利润以及运保、关税等费用，推倒出产品的出厂价格。

③ 竞争导向定价法

竞争导向定价法是企业考虑竞争对手的价格，来制定自己产品价格的定价方法。根据考虑的角度不同，可以有许多具体方法，常见的有以下两种：(1)随行就市定价法。是按照国际市场上产品的现行价格。(2)投标递价法。这种定价法常用于建筑承包、大型设备制造、政府大宗采购等项目中。一般是由买方公开招标，卖方竞争投标，密封递价，买方按照一定的原则，如物美价廉或质量达到某一具体要求等，择优选取，到期公布中标者名单，中标的企业与买方签约成交。

3) 定价程序

与国内营销相比，影响国际营销定价的因素更多，在国际市场上的定价过程也更复杂，因此需要遵循一系列系统，科学的步骤。

(1) 确立企业的定价目标

不同行业、不同地区、在不同营销环境下的国际营销企业，可能有着不同的定价目标，有的追求利润最大化，有的欲现实预期的投资回报率，有的企图扩大国际市场占有率，有的是为避免激烈的价格竞争。目标一旦确定下来，就会直接影响具体定价方法和策略的选择。

(2) 收集与定价有关的信息

在国际市场上指定产品的价格，要受许多因素的影响，因此在具体价格设定工作开始之前，必须充分了解这些制约因素和

(3) 分析影响定价的信息

收集与定价有关的信息之后，就要进行分析，尤其是对定价过程有重大影响的国际市场需求状况和竞争形势。深入分析目标市场的需求特点，特别是需求量与定价之间的关系，以及竞争的具体形式、主要竞争对手的营销策略，如它们的市场定位、产品特点、价格水平、分销方式和促销手段等。都是指定合理价格的重要前提。

(4) 选择定价策略和定价方法

企业想要将产品销往国外市场，一个首要的定价决策就是同意定价还是差别定价。统一定价就是对所有顾客一视同仁，使产品的价格在世界各国市场上保持一致，这是标准化国际营销策略在定价中的具体体现。这样做有利于在所有市场上树立公司和产品的统一形象，有利于总公司对营销过程的控制，而且定价成本较低。差别定价就是针对各国市场的

不同情况制定不同的价格，这是差异化国际营销策略的体现。

定价过程完成之后，定价人员还要向企业高层决策者提供信息反馈，作为价格调整的依据，从而使企业的的定价活动始终处于一个连续不断、周而复始的动态过程，以适应企业内外环境变化的要求。

3. 国际市场营销的渠道策略

在国际市场营销中，企业首先要选定目标市场，下一步要解决的是使用何种方式进入目标市场。一般而言，商品进入国际市场要经过一系列销售环节，包括企业自身的销售机构、代理人和中间商(又分为批发商和零售商)，尤其是中间商，对于企业将产品输送到消费者手中起重要作用。根据国际营销的不同阶段国际分销渠道可分为国际渠道和国内渠道，前者是指企业进入国际市场的渠道，后者是指企业在各国国内的分销渠道。企业经过一定的国际渠道将产品输入到某个国家后，再依据该国市场特点、销售渠道结构、竞争状况以及法律规定等因素选择合适的国内分销渠道，以最低的销售成本进行销售。

1) 国际分销渠道的分类与功能

从事国际分销活动的中间商种类很多，其组织形式和名称在各个国家不尽相同，但是总的来说，从经营进出口业务的角度来分类，可分为进口组织和出口组织两大类。其中，进口组织主要包括进口商、国外代理商、批发商和零售商；出口组织主要暴扣厂家自设的出口机构、出口商、出口代理商以及出口经纪人’0。国内生产者可以通过位于国内和国外的各种中介机构，将产品间接销售到国外，也可以直接销售给国外的最终消费者。国际营销渠道的分类可参见图11-1。

图 11-1. 国际营销渠道

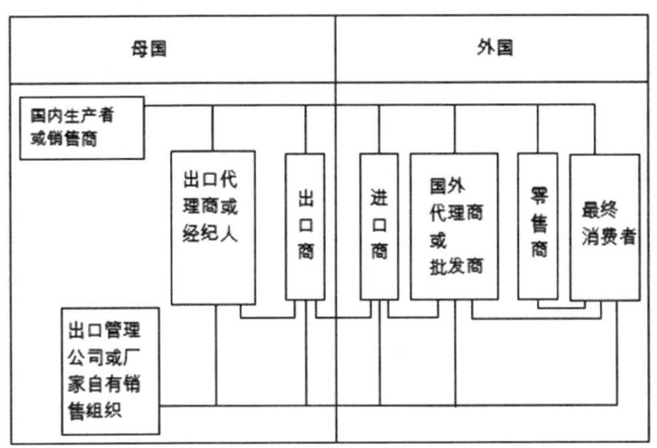

※ 资料来源：徐子健，朱明侠主编:《国际营销学》，2版，北京，对外经济贸易大学出版社，2007。

国际分销渠道是把产品从国内生产企业输送到其他国家并进行销售，直至送到最终消费者手中的一系列环节和过程。在这一过程中，每个渠道成员都要执行许多重要的功能，以使产品顺利地通过各个环节，及时地到达消费者，将消费者与生产者的产品和服务连接在一起。分销渠道成员所要执行的功能包括以下几个。

(1) 信息。分销渠道的每个环节都处于市场、顾客和竞争者等因素的包围中。搜集有关这些因素的信息，并经过整理和分析研究，才能使渠道成员高效、顺利地传输产品。

(2) 促销。促销过程是将生产者和产品的信息通过各种方式传递给消费者，促进其了解、信赖并购买产品，以达到扩大销售目的的过程。

(3) 接触。寻找客户和潜在的购买者，并与他们沟通，这是分销渠道成员输送产品的首要步骤，也是分销渠道顺畅进行的关键。

(4) 订货。对于有购买意向的客户，分销渠道成员按照客户的意愿和要求，向生产商进行反向沟通，解决生产、装配和包装等方面的问题，以满足客户的要求。

(5) 协商。分销渠道成员与客户协商，就产品的价格和其他条件达成协议，以最终实现产品所有权的转移。

(6) 实物占有。分销渠道成员通过将产品传输到最终消费者的一系列储存、运输过程才能使得消费者最终占有该物质产品。

(7) 融资。企业在选择了分销渠道之后，为使产品通过渠道顺利地销售出去，就必须承担保持各个渠道成员正常运行所需的资金，并为获得这些资金提供保障。

(8) 风险承担。从事任何活动都具有一定的风险。分销渠道成员在其活动中要承担各种各样的风险。

2) 国际分销渠道策略

国际分销渠道具有一定的长度和宽度。一个企业出口产品，不仅要考虑使用多少层次的中间商，即渠道有多长最为合适，而且要考虑在每一层次上使用多少渠道成员，即渠道宽度是多少最为有效，而国际分销渠道策略就是研究分销渠道各层次中需要多少渠道成员。国际分销渠道策略主要有以下三种：

① 密集性分销

密集性分销又称广泛性分销，是指在离用户最近的零售一级使用尽量多的零售商，使产品随处可见，到处都有销售，便利顾客购买。这是一种最宽的渠道。使用这种渠道策略的产品通常是人们日常生活中经常需要使用的，价格不高，经常需要购买而每次购买数量有限的商品。其优点是市场覆盖面广，潜在的买主有较多的机会接触到产品；缺点是中间商积极性不高，责任心差。

② 选择性分销

选择性分销是在一定区域或市场上，选择数量有限的中间商，包括进口商、批发商和零售商，进行某种产品的分销。出口企业之所以选择有限数量的中间商，是因为对于有些商品，消费者不是经常购买，使用频率较低，或者价格较高，购买时需精心挑选。这类商品如果采用密集性分销，成本过高，使用选择性分销则比较适宜。采用这种方法的优点是中间商有一定的积极性，有利于生产企业与中间商的协调配合，有利于树立产品形象。

③ 独家分销

独家分销是指出口企业给予一家经销商或代理商在一定区域内、一定期限内对某个系列或某个品种的产品以独家销售的权利，而进行独家分销的一方，一般不再经营相同系列或品种的其他品牌的产品。独家分销策略是一种最窄的渠道，通常适合重要工业品或高档品牌消费品，或者某经销商或代理商具有独特优势的产品。采用这样的策略的优点是中间商的积极性高，责任心强；缺点是市场覆盖面窄，风险较大。

3) 国际分销渠道的管理与控制

① 国外中间商的选择与管理

企业在进行国际分销时，首先要经过各种途径与国外中间商建立初步联系，然后在众多的国外中间商中选择最适合在一定区域分销本企业产品的中间商。在选择国外中间商时，不仅要了解其经营范围、财务状况、信用状况，而且要考察其经营历史、市场覆盖率、声誉以及未来销售增长潜力等情况。制定了分销渠道策略、选定了国外中间商之后，开始进行产品的国际分销活动。在这个过程中，企业要不断地对渠道成员的工作、渠道的结构系统进行监督管理激励中间商更出色地完成任务，定期修改渠道结构使之适应市场新需求。

② 国际分销渠道的控制

将产品委托给中间商后，出口企业应当进行适当的控制。中间商作为独立的商业机构，往往同时销售多家企业的商品，它们关心的是高利润、周转快。它们可能完全不重视某个企业产品的销售，造成该企业丧失市场机会，因此加强对中间商的控制，对企业来说是很重要的。另外，企业还应从渠道成本、覆盖率以及持续性三个方面对国际分销渠道进行控制。

4. 国际市场营销的促销策略

促销时企业与消费者进行的沟通，是企业在现存消费者和潜在消费者中进行的旨在影响消费者购买行为的所有活动。企业将产品或服务的有关信息进行转播，帮助消费者认识产品或服务所能带来的利益，诱发消费者的需求，激发他们的欲望，促进他们采取购买行动，最终实现销售的目的。

1) 国际广告策略

广告是由提供者支付代价，以非人员的方式表达及推广各种观念、产品或服务的促销方式。在现代经济生活中，广告已成为企业在国际市场进行销售活动必不可少的促销手段。有时候，能否成功地在国际市场上做好广告已成为企业扩过经营成功与否的关键。

2) 国际市场人员推销

人员推销又称直接推销，是一种传统的促销方式。在现代企业市场营销和社会经济中，推销人员占有相当重要的地位和作用，被人们视为开拓市场的先锋。在国际市场营销中，人员推销也是一种行之有效的促销方式，其作用比在国内市场营销中还要大。

3) 国际公共关系

公共关系是指一个企业或组织运用各种传播手段，通过双向信息交流，在组织与公众之间建立相互了解和信赖的关系，树立起良好的信誉和形象，从而促进组织本身目标的实现。随着跨国经营活动的发展，国际公共关系也迅速发展起来。

4) 国际营业推广策略

在国际促销活动中，除广告、人员推销、公共关系以外，所有鼓励最终消费者购买产品、提高零售商和中间商推销能力并改进其合作态度的市场营销活动，都属于营业推广。广告对消费者购买行为的影响往往是间接的，营业推广则刺激消费者立即做出购买决策。

在国际营销中，促销可说是与文化联系最为紧密的一环。很难制定出一种真正国际化的促销方案，因为各个国家的市场环境存在着很大的差异，特别是文化背景、价值观念差异很大。因此，在国际市场开展促销活动，需要充分考察当地市场的文化特点和风俗习惯。

第十二章

全球化企业的生产

第一节 生产费用的全球化

比起以限定的国内市场为对象，以国际市场为对象的需求更大。因此以全球市场为对象制造的产品费用比以国内市场为对象的产品费用更低。这个叫依靠全球的“规模经济性”的追求。

在全世界，采购原材料和零部件的跨国合作工程的进展，在国家低费用投入的制造，开发费用的节减压力，运送费用的降低趋势等使得企业全球化。

1. 全球化规模的经济性

依靠全球的规模经济(economics of scale：因为通过生产量的增加每个单位费用的节减效果)如果比只以单一市场为对象的竞争企业更高的话，这个就和本公司的竞争优势连接起来了。

在特定据点上，事业的根本是产品标准化的进展和费用竞争力的追求。所以在规模经济效果很高的产业里，如果把企业向世界规模展开的话，就可以追求竞争优势了。

如果用全球化来追求规模经济的话，对于以国家为单位活动的竞争企业都可以成为有效的进口壁垒。因为能找到在单一国家市场里面不能达成的规模经济费用方面的优势。

2. 全球资源利用的有效性

在世界上采购物美价廉的材料或者零部件等的'全球资源利用(global sourcing)'是提高费用竞争力的有效手段。

所以采购战略是企业以全世界市场为对象，通过资源最恰当分配系统的确立，从事追求经营的合理化并确保独资竞争优势的活动的概念。全球资源利用的优点有：第一，可以增加在企业里面能够使用的潜在的供给者的数量。第二，在潜在的供给者之间提供很高的竞争状态。第三，对于实际上使用的零部件和产品，为了保有更好的技术能牵引各个国家的供给者。

例如，日本的世界制造者在不论国籍的情况下把机芯(手表的驱动部分)供给给全世界的手表企业。随着把机芯面向全球制造、供给，日本制造者正在追求规模的经济性。同时买入机芯的世界制造企业可以用比本公司制造更便宜的费用来采购。尤其是在劳动力丰富的中国制造的话，可以更进一层降低费用。

3. 按照不同国家费用的差异

根据国家的不同，费用的差异也能作为推进全球化的力量来起作用。费用因为国家的不同而不同，产业也因为所在国家的不同而不同。所以在低费用的国家，通过集中产业活动可以节俭费用。而且在低费用的国家制造的海外产品进入国内市场的可能性也高。大部分消费品都是从中国开始在东亚生产然后进口到韩国市场销售，这些消费品也是依据了这样的费用构造的差异。当然活动的变动也是因为国别产生费用差异的一个重要原因。

4. 产品开发费用的节减

限定在一个国家的产品开发的费用，因为比以国际市场为对象而开发的产品费用高，所以作为全球化的推进动力在起作用。比起以国家为单位开发很多产品，以多数国家为对象开发的产品的每单位的产品开发费用可以被降低。本公司产品的开发费用比起竞争企业更低，这个是和采取在全球的规模经济性追求下获得的效果是一样的。

5. 物流费用的降低

在全体销售额中，物流费用占据的比重每年都在减少。这个趋势是因为生产集中的促进而产生的。虽然低物流费用随着运输而使其他国家的进口变得容易，但是在其他企业当然也有一样的优惠，从而使全球化市场里的企业间的竞争变得更加激烈。如果使从一个国家到另外一个国家的移动变得容易，那么企业间的竞争就会很容易左右全球生产能力的差异。

第二节 全球化生产管理

1. 意义

生产管理是指计划，组织和调控生产活动。即，生产管理是投合一定的价格，品质，数量，日期，为了能完成特定的商品，合理计划、组织、调控的经营活动的一环。但是企业的经营活动是通过分化成人事，生产，销售，财务，采购活动来形成的，这些活动构成了企业全体的经营活动。

所以生产管理是和其他经营活动，即人事，销售，财务，采购管理等维持着不可分割的关系并且需要有机计划、组织和调控。全球化企业的生产管理确实需要和这些部分，即全球营销，全球财务，全球采购，全球物流等维持有机的关系来实现。

但是从管理的角度看，海外的生产管理比国内的要更加复杂和困难。这个是因为政治，经济，社会，文化环境和制度等海外环境和国内环境很不一样。所以海外生产时，为了生产地点的选定，生产规模和技术，分工生产的工厂的配置和网络，采购(sourcing)，物流(logistics)等复杂的课题一定会兴起。所以想要进行海外生产的全球化企业需要树立反映当地环境的生产战略和开发具体的工程。

2. 海外工厂的地点选定

1) 海外工厂地点选择的意义

生产系统的效率性很大程度上受工厂地点的影响。工厂地点的重要性是因为选址本身对产品的生产成本有很大的影响。构成产品成本的运输费，劳务费，动力费用和用水费用等根据工厂选址的地区会产生很大差异。特别是寻找生产费用低廉的地区的生产效率追求型投资的情况下，选址对制造成本的影响更大了。

工厂的选址一旦定下来的话，自然性、地理性、经济性、社会性条件的变更几乎不可能了，所以地址选定的适当与否成了左右工厂成败的重要问题。特别是全球化分工生产，即全球化管理在条件最适合的地区内给生产系统选址后，把这些统一起来进行经营。还有这些生产系统的配置不是以特定市场网为对象，而是以全世界为对象，所以生产选址的选定也需要在这些视角上推进。

在海外工厂的地址选定上，最简单的方法是考虑各国的竞争优势。即，在廉价的劳动力，原材料等蕴藏资源很丰富，政治性危险低的地方为生产工厂选址。所以企业们正主要选址在要素成本低廉的国家，濒临主要市场的国家，原产地效果很好的国家，已经具备竞争者生产设施的国家等海外生产地点。还有选定投资效果长期持续的并且能安定地运营工厂的地区也重要。工厂的选址条件虽然根据行业，规模，作业性质等不同，但是一般情况下考虑下面的因素来选定。

第一，气候条件(降水·降雪量，温湿度的变化，风等)，用地的状态(地形，地质，面积等)，用水(工业用水，饮用水等)等的自然性因素

第二，低价，原材料，运输设施，产品的销售市场，劳动力，外包工厂，竞争公司，电力、原料等的动力源，副产品的处理，固定资产税，火灾保险费等的经济性因素

第三，包含公害原因(噪音，震动，油烟，废弃物，恶臭，有毒气体等)，可以利用的公共设施，国土计划·都市计划等的地区开发计划，风俗、习惯等的社会性因素

2) 海外工厂地址的选定过程

海外工厂的选址的决定通常分三个阶段。先检查对象地区后，选定特定的地区，然后评价选定地区的用地并最终决定选址。

(1) 对象地区的检查

这个阶段考虑企业要生产的产品的特性和投入要素等，调查准备设立工厂的地区和国家。特别是在生产工厂的角度观察什么要素重要然后摸索对象地区。

(2) 最适选址的决定

如果选址对象地区的评价和检讨结束的话，轮到决定特定地区的最适选址了。这样的决定是①选定为了评价成为备选方案地区的评价基准，②确定关联的主要选址因素，③第一次选定满足出示的选址因素和制约条件的地区后，④集中评价第一次选定的备选方案后决定选址。在最适选址的评价里面主要利用计量性的选址决定模型。

(3) 用地的选定

地区选定好了的话，下面工厂具体建立的场所，即，需要决定用地了。在选定用地的地方，作为检查的因素，有土地价格，地形或者宽度等的用地的特性，设施的可用性，像排气和排水等废弃物处理的容易性，道路建设费用，关系法规的抵触与否等。

3. 全球化企业的分工生产

1) 全球化分工生产的意义

全球化企业可以的话最好采用全球化分工生产系统。即，理想情况是把优质的原材料调达到低廉的地区，在生产费用很低的地区生产，销售价格高的市场里面销售。全球化分工生产是指相互连接多数的海外工厂来展开互补的生产活动，可以分为分担一个展品工程的工程间分工和根据产品的种类分工的产品间分工。

工程间分工是通过劳动集约性工程和资本集约性工程各自在不同地区的子公司完成，有个很好的例子，欧美的半导体制造者的组装工程在马来西亚，泰国等劳动费用低廉的地方完成，半导体的设计和饼形管座加工工程在本国进行。

一方面产品间分工的方式是高级技术要求的高价品在发达国家，另外用标准技术可以生产的低价品在发展中国家的分公司生产。同样企业内的分工，不光是总公司和分公司间，连子公司相互间也发生，他们相互间发生大量的零部件，材料等的交易。

和这个一起为了提高各种工厂的效率，企业尽量使原材料，零部件，成品等标准化并增大零部件的兼容性。特别是生产和销售资本货物或者耐久性消费品的企业，通过使零部件和成品标准化，依靠规模的经济能实现成本节减，同时能供给均一品质的产品。同时全球化分工生产也应该一起促进合适的物流系统。

通过全球化分工生产，企业能获得的利益：①能避开费用的增幅并且通过规模的经济能节减成本。②比起按市场别给生产工厂选址，通过减少和特化产品和生产程序的数量可以提高品质。③在顾客管理层面，通过提高服务可以间接提高消费者的偏好度，通过活用网络能更加有效率地活用资源。

但是因为当地政府，市场需要和供给条件，社会文化的要素，技术水准等的差异，全球化企业在运营最佳系统这个方面制约因素不少。全球化企业在相对自由的经济集团中可以进行还算合理的分工生产。但是全球化企业运营最佳全球化分工生产系统只是停滞在一个理想状态，现实上困难很多。理由是多样无法控制的当地环境要素对全球化分工生产系统产生了影响。

2) 全球化分工生产的方法和效果

全球化企业的分工生产系统是①本国市场是由总公司工厂供给，而市场规模很大的主要海外市场由当地生产供给，对于其余的市场从本公司工厂或者海外工厂供给的方案，②设立多数的当地工厂来供给的方案，③通过位于本国、当地国家或者第三国其他企业的转包生产供给作为备选方案活用。

企业在这些应对方案中①原材料的调达费用，②产品生产费用，③国际间物流费用，④根据调达－生产－流通(出口和跨国营销)规模的利益，⑤考察进入复数市场需要的费用并选择和活用最合理的方案。全球化企业在做这样的决定时，不光是决定连接采购全球化分工生产战略和物流战略，也要决定相互联系财务战略等其他的领域。

海外生产时，如果分散配置工厂，可以得到下面的效果。

(1) 长期性企业活动的维持

这是通过海外生产，在那个国家可以展开长期性的企业活动，通过把握当地消费者的需求可以更加近距离地接近。

(2) 当地的生产要素活用

为了有效活用蕴藏的丰富的资源而进出的情况。韩国的劳动集约产业向劳动力丰富的东南亚地区进出的情况就与此相关。

(3) 运输费的减少

因为原材料和成品的体积或重量大，所以运输上的困难多并且物流费过高的情况。水泥和胶合板工厂就是具有代表性的例子。

(4) 当地国政府的诱饵

为了引进外国企业，租税减免，低廉的工厂用地，工会活动的遏制等，被当地国家政府提供的各种诱引政策吸引在当地建设工厂。

(5) 风险分散

为了分散汇率变动或者政治性不安定等的风险，把工厂分散在各地区的情况。但是为了提高国际上的分工效果，最重要的是通过效率性生产的配合和调整，需要获得工厂间的协同(synergy)效果。持有被分散的生产设施的企业，比起独立运营各自的工厂，通过相互联系来运营·调整来提高协同效果。所以把现今全球化企业的竞争力说成在于海外市场网的联合和调整力也不为过。在相互弥补的关系里面，运营多数的当地工厂后能不能有机调节这个关系还得看企业是否成功。如果海外工厂间的统一的网络形成的话，企业就能比竞争企业以更便宜的价格让这个商品上市。例如，在甲国制造的叫A的零部件和在乙国制造的叫B的零部件在丙国进行组装最后生产出叫C的成品，这样统一的网络就能成为同一个形态。另外为了工厂间效率性的配合和调整，全体性综合生产计划的树立是最重要的。

第十三章

全球化企业的财务管理

第一节 全球化财务的重要性和特征

1. 全球化财务的重要性

韩国企业的业务活动中，除了进出口交易之外，海外资本交易在“质”和“量”上都有着急速的增长。所以，全球性财务的重要性日益增加。首先，我们需要了解企业财务活动全球化的背景。

(1) 金融全球化

企业财务活动国际化的背景之一，即为韩国金融的全球化。1998年，韩国经济在IMF的管理体制下，根据外汇和外国贸易管理法(外汇法)的改定，金融交易，尤其是资本交易的自由化得以确立。企业实现了外汇期货交易的自由化的同时，有关外汇银行的限制也急速废止，资金移动的国界限制也几乎消失，韩国逐渐具备了金融体制的国际化。

(2) 金融新技法的普及

企业财务活动的高度化、全球化的促进过程，主要通过金融新技法，即衍生金融产品交易的普及来达成的。70年代末，欧美首先出现了衍生金融商品的交易。80年代，货币套期、利率掉期交易、货币期权等金融期货交易的手段依次导入韩国，使当时的韩国具备了最先进的金融工具。1997年末，韩国经济在IMF管理体制下逐渐发展，衍生金融商品交易为财务活动提供了新的机会，也给企业的财务战略带来了巨大的变革。

(3) 经济环境的变化

经济环境的迅速变化，使得韩国企业财务战略的重要性又上升了一层。从80年代中期开始，高费用低效率的产业构造使得韩国企业把生产向海外转移，促进了经营的全球化。

在这样的背景之下，企业对于财务活动全球化的要求提高，全球化财务战略在经营战略中也开始占据着重要的地位。但是在另一方面，全球化财务始终还是和国内财务有着许多差异，所以全球化财务的运营存在着几个问题。

全球化财务因为是不同国家，不同市场之间的交易，相互间法律和交易习惯上的差异会导致诸多问题的发生。其次，由交易引起的风险问题上，除了国内的信贷风险、利率风险之外，企业在国际交易中还需重视外汇风险和国家信用风险。此外，海外投资和海外融资也需要高度的运作技巧。

2. 全球化财务的特征

支撑着全球化财务的战略性决策活动的立足点便是各国间存在的各种制度、惯例、财务环境等方面的不同之处。全球化企业要重视各国间物价水准、通货膨胀率、资本费用、外汇风险、逃税和会计制度等这些围绕着企业全球化财务环境中显然存在的异质性，努力克服和完善在制度上多样而又复杂的环境条件所引起的信息缺口。此外，企业欲在系统内部对信息进行垄断性保有。这样的"内部化"行动就是全球化企业财务战略的特征。

再者，在管理决策方面来看全球化财务的特征，财务的基本技能有①融资 ②运营资金的管理 ③财务计划和统计等。这些行动原则和手法在内外企业活动这两个角度上看，本质上并没有什么不同。只是在全球化事业活动时，由于所处的财务环境更加复杂和多样，与国内活动有着很大的差异。构建出了立足于独特的融资方法、资金转移方法和环保意识方法的管理体系。全球化财务的担当者对自公司内部保有的财务资源有着不同的看法，正确地对外部环境因素进行评价，开发自公司独特的管理系统。如今，从开发的管理系统上来看，企业展开的业务性决策活动就是所谓藏在企业最高机密里的核心技术。

全球化财务最重要的特征为当母公司和海外子公司通过网络来实现融资、利润汇出、转移价格测定、外汇风险对冲等业务性决策时，公司大部分的决定权是建立在一元管理和集权管理体制下的。这恰好证明了财务是全球化管理的主要工具。

1) 多元化融资的来源和选择基准

跨国公司可以在理论上相对容易地以较低的费用借入资金，并把资产转移给相关的企业运营。这是财务政策的原则。

融资的来源以子公司所处的位置为基准，分为当地融资与外国融资；以企业的系统总体为基准，分为内部融资和外部融资。(见表13.1)

(1) 当地外部资金(左下)

子公司如有需要的资金，是否从当地的外部资金源融资，最终依照子公司的财务政策来决定。这样的财政政策与各种风险回避，利益保障，乃至最大化有关。而且即使是相同的外部资金，是从子公司所在的当地借入，还是从第三国导入并运营，要站在企业系统全体的立场而综合考虑。

表 13-1. 融资的来源

分类	当地资金源	外国融资
内部融资	•从子公司的活动中产生的现金流动（留存收益和折旧准备金）	•通过母公司或集团其他子公司直接融资（发行制股份资本，母、子公司间的贷款和产业信贷）
外部融资	•证券转让 •金融机构借入 •政府、地方自治体的补贴 •产业信贷	•国际证券转让 •国际金融机构借入 •国际产业信贷

(2) 当地内部资金(左上)

子公司的融资能力是按照公司的 ①增长率 ②收益率 ③子公司的汇款政策而决定的。在当地迅速成长的子公司，可以选择自行筹资和外部融资中适合自己的融资方式。结果导致对于母公司或着对于外国的内部资金源的依存度的弱化。相反，子公司变成企业内债权人的情况也时有发生，但这样的战略性决策都属于总公司的债权权利。

(3) 外国外部资金(右下)

虽然子公司的资金需求是运营当地或外国(第三国)的外部资金的直接动机，但1. 对于防止伴随着内部资金的大量投入而引发的危险(消极动机)和2. 子公司的自主权和激励强化(积极动机)这两个层面需要进一步考虑。

(4) 外国内部资金(右上)

从全球化财务政策的观点上来看，外国内部资金的运用是最需要关注的资金来源。虽然它是对待 ①当地外部金融市场的情况 ②实际借入费用 ③子公司的信用确立度 ④通货膨胀等环境条件制约的第二选择。但是凭借积极的转移价格设定和对冲功能，外国内部资金作为国际投机的资金源还是在被灵活运用。

2) 多面性企业内的财务衔接

作为全球化企业，在企业相互间转移的现金项目和财务衔接(图13. 1)呈现出多面化的特点。而且正如(图13. 2)所示，根据子公司数量的增加，在企业内部流动的必要资金的名目在以几何级数的形式增加。

所以，从财务的层面来说明企业全球化，正如图所示的体现在全球性规模的企业内部资金的最适分配和利润最大化上。

3) 转让价的设定, 价格设定

转让价是全球化企业对于企业内部交易而设定的价格。全球化企业应用全球性规模的管理系统，展开提供企业内部相互间对于原材料、零部件、制品的销售、服务的相互支援活动。

但是，在此过程中所设定的价格和独立企业之间的交易过程中所设定的市场价格有着一定的差异。

企业内部使用价格转移战略的主要目的集中在如下两点。

第一，达到系统全体中经营支援的最适分配，长期利润的最大化。

第二，提供测定本公司的利益成果的基准。

此外，市场规模的扩大，竞争力的增加，规模经济和范围经济的实现，内外政府的放宽限制也是价格转移战略的目的。而且，具体来说也有着 ①节税 ②汇兑损失的极小化 ③新晋子公司和赤字子公司的资金援助 ④利润幅度调整 ⑤合资企业的利润逃避 ⑥关税、非关税墙壁的回避等目的。

图 13-1. 全球化财务的企业间财务衔接

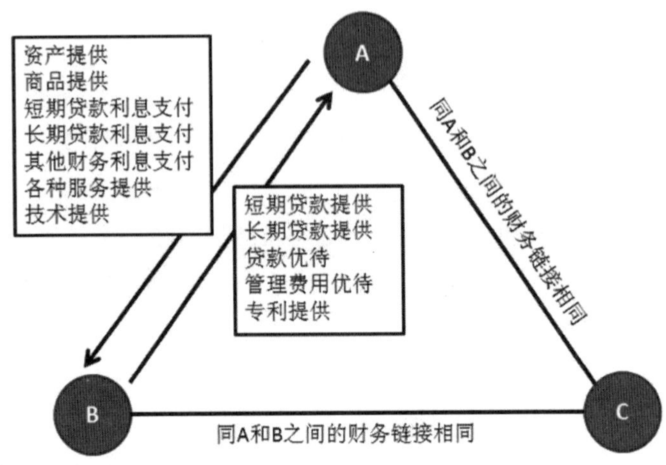

图 13-2. 企业间财务关系给财务系统带来的效果

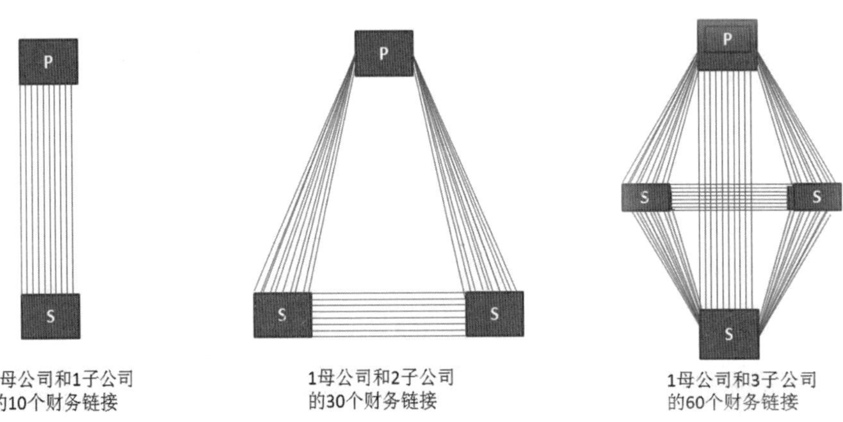

第二节 全球化财务的特征和应用

1. 外币资金的运用

(1) 外币资金

外币资金指的是以美元为首的，瑞士法郎，澳币等货币以外币基准存入外汇银行的存款。除了一般的外币存款，还有着定期存款，普通存款与活期存款这些种类。

外币存款的应用包括 ①外币交易账户的使用法 ②积极资产运用的使用法等方面。①指的是在出口中回笼的美元不转换为韩币直接用作进口结算的方法。这样可以回避汇率的变动风险等目的。②指的是通过存入高利率流通货币的方法。这样可以比存入韩币得到更高的收益率。但是，即使是外币高利率存款，在到期时换成韩币时的汇率比存入时的汇率低的话，也会导致外币存款的货币价值下降，从而造成汇兑损失。这样的情况也需注意。

此外，为了回避存款到期日的汇率风险，还有缔结外汇期货合同的方法。在这种情况下，由于考察了到期日的汇价，实际收益一般可以反映市场利率情况。这样的外币存款被称为期货合同外币存款；前面的①②中的方法，则被称为开放式外汇存款。

(2)外币基准债券

外币基准债券的投资是外币资金的运用方法中广为普及的重要方法。外币基准债券中从安全性和流通性层面来看，使用美国国债的情况居多。

但是，由于美国国债是美元基准，汇价的变动会导致美元价值下跌。这种情况下，即使用之前得到高收益资金投资韩国国债时，也会发生利率下跌和本金减少的情况。即，外币基准债券的收益率是依照外债利率和汇率的变动而增减的。

外币基准收益＝外债收益率 ± 汇率变动收益率

汇率变动收益率的变化是把购入时使用的汇价和卖出或偿还时使用的汇价的变动率换算成年收益率进行计算，过程如下。

$$\frac{\text{卖出时（偿还时）汇率-购入时汇率}}{\text{购入时汇率}} \times \frac{1}{\text{投资期限（连续）}} \times 100$$

汇率变动的影响随着投资期限的增加而减少。例如以1美元对1000元韩币的汇率投资的话，即使卖出时的汇率为900元韩币，投资期限为一年和投资期限为十年这两种情况之间，带来的影响会有很大的不同。

$$\frac{900-1000}{1000} \times \frac{1}{1} \times 100\% = \triangle 10.0\% \qquad \text{1年的情况}$$

$$\frac{900-1000}{1000} \times \frac{1}{10} \times 100\% = \triangle 1.0\% \qquad \text{10年的情况}$$

当美国国债和韩国国债的利率差为2.0%，US$1兑1000韩币时，投资美国国债的情况。

$$\frac{x-1000}{1000} \times \frac{1}{5} \times 100\% = \triangle 2.0\% \qquad \text{5年的情况}$$

$$X = 90\%$$

即，韩币升值时，5年期间1美元兑900的情况下，会生成2%的汇兑损失。

此外，严谨地说依照外币基准的利率支付也受到汇率变动的影响，从而使外币基准变动。所以，体现外币利率的汇率变动的纯韩币基准收益率可以有如下计算方法。

外债利率 × (1±汇率变动收益率) ± 汇率变动收益率

2. 外币融资手段

(1) 外币贷款(impact loan)

外币融资中最基本的方法就是外币贷款。外币贷款一般是通过以运营资金为首，以贸易金融的补充等多种目而进行的贷款。它是一种没有确定使用目的"使用对象没有限制的外币的款"，币种包括美元、欧元、英镑等。

外币贷款在 ①低利率优势的利用 ②汇兑风险的回避 ③韩币基准贷款的对策上发挥着作用。

① 是通过借入比韩币利率低的货币来降低费用的方法。但是这种方法如同开放式外汇存款一样，有着汇率变动的风险。即，即期的汇率和借入时的汇率比较时韩币汇率下降(笼统化的上升)的话，会造成汇兑损失，这样的情况也需要注意。

② 是指出口贷款时外币的回笼可以预测的情况下，使还债日期和外币回笼日期相符时方法。这样一来，外币回收时产生的外币兑换可以通过贷款发生时间来追溯，来降低外汇风险。

③ 是指按照贷款日期来缔结外汇期货合同的方法。外汇利率与汇价相加的比重，几乎反映了外币市场利率。所以比一般国内的贷款基准——最优惠贷款利率，更有使用的价值。

(2) 项目融资(project finance)

项目融资是资源开发等大型融资形式之一。项目融资的融资对象主要是石油，燃气，煤炭等矿物资源的开发，主要提供促进石油化学等经济单位事业的必要资金。而且项目融资的有关当事者①担任母公司或产品消费者等项目的赞助商，主要负责开发等事业计划和促进项目。②得到担任事业开发的项目公司赞助出资的事业体。③通过提供项目融资的银行等金融机关来构成。

主要通过民间银行来进行，国有金融机构和世界银行参与贷款的情况也存在。贷款人主要向融资公司直接贷款，担保通过融资公司来提供，公债偿还基金成为企业营业所产生的现金流。赞助商向融资公司出资后变成消费者时，产品的买卖契约方可缔结。融资时一般不像金融的贷款人提供支付保证。

图 13-3. 项目融资的参与者

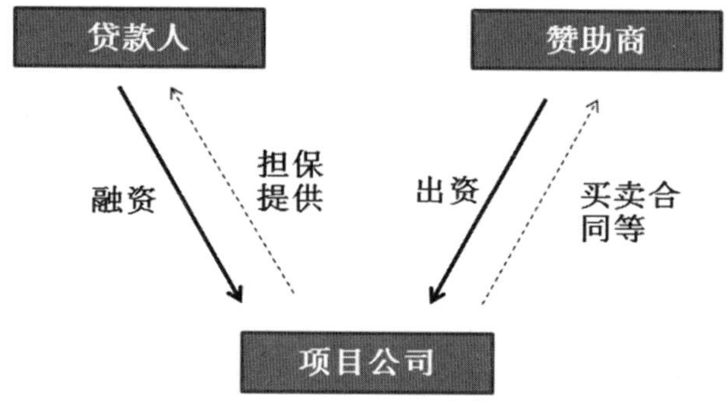

(3) 联合贷款(syndicated loan)

联合贷款是指多数银行组成共同协助融资团体(辛迪加团)，提供中长期贷款等信贷业务的贷款形式。联合贷款的交易规模比较大，且要求借款人有着较高的国际信用度。一般贷款银行在接收信贷后会组成辛迪加团，然后把贷款的一部分向其他银行出售。联合贷款的贷款利率一般以短期国际金融市场利率作为基准。即，贷款时间是5年等中长期利率与三个月或六个月的LIBOR(伦敦金融市场贷款利率)利率相加而得的变动利率来决定的。

联合贷款的扩大是通过政府、机构、央行、国营企业、地方政府和其他有关部门的借款来达成的。所谓的主权贷款(最终通过国家借款而达成的贷款)就是联合贷款的一种。此外，国际机关或民营大企业等符合国际信用度高的机关也是贷款对象。

联合贷款是多数银行参与融资的表现，因此有着借款人可以获得较大额度贷款的优点。即，主干事(lead manager)通过并购来组成辛迪加团，并按照参与融资的金额而分为干事(manager)，副干事(co-manager)，一般成员(participant)等级别。贷款银行根据条件和对借款人的判断来决定贷款金额。

虽然是长期贷款，但利率在短时期内会有变化，所以贷款银行要筹集充足的短期资金才可以进行长期贷款，这对于银行算较为简单的参与长期贷款的方法。此外，贷款的主要货币为美元，但日元或欧元的情况也在增加，而且借款人也可以根据自身需要选择多种货币贷款(multi-currency loan)。

(4) 可转换债券(CB: convertible bond)

外债发行，作为融资的一个环节，指的是韩国企业在海外资本市场发行债券的情况。外债发行有助于促进融资方式的多样化。选择最有利的市场发行公司债券，不仅可以利率较低，而且通过在证券交易所上市也可以提高知名度。外币债券发行时，选择发行可转换债券的情况正在逐渐增加。

可转换债券，指的是在一定条件下可以转换为发行者公司股票的债券。转换价格和转换汇率在发行债券时已经定下，选择转换与否是根据之后公司股价和汇率而定。例如，当转换条件是股价10000元韩币，兑美元汇率1000：1的情况下，如果发行后股价上升至12000元韩币时，转换就可以得利。对于汇率也相同，当一美元可以兑换900元韩币时，韩币基准的股价和美元基准的公司债券比较的话，韩币升值的额度即为实际价值的上升的额度，在这种情况下转换即可得利。

在这样的条件下，可转换债券的价格判断指标如下面的平价公式(parity)所示。当平价超过100时，即可获得转换利益。

$$平价=\frac{股票价格}{转换价格}\times\frac{转换汇率}{汇率}\times 100$$

可转换债券的优点有 ①因为转换权在投资者手上，利率往往比普通债券要底。②通过转换可以将负债变为资本。

(5) 带认股权证的债券(WB: bond with warrant)

带认股权的债券允许债券持有人购买发行人的新股，又称为附加购进新股条件的公司债券。带认股权证的债券，与新股购买权为一体的非分离型和可分离型。分离型的流通形式分为附加购进新股条件的公司债券，认股权证和除息债券(ex-warrant)三种。认股权证的形式条件和可转换债券一样，认股价格和汇率已在债券发行时固定。是否能行使认股权证是根据未来的股价和汇率的变化来决定的，如果没有行使价值时也可放弃行使权利。

根据权利行使方法的不同，认购新股分为用现金支付的现金支付型和用债券支付的代用支付型。代用支付型中，一部分的债券会用来

带认股权证债券发行的优点是投资者拥有新股优先认购权，而且债券利率底，这点与可转换债券相同。使用现金支付型的情况还可以筹措追加资金。

第三节 衍生金融商品交易的特征和方法

1. 衍生金融商品交易的特征和注意事项

衍生金融商品(Derivatives)是指从原本的金融商品中衍生出来的新型交易方式，主要包括期权、互换、金融期货等形式。正如之前提到的，这种类型的交易从1980年开始慢慢得以普及，现在已成为发展全球化财务活动的重要手段。接下来会按照顺序来一一介绍各种交易形式的方法和其需要注意的地方。

衍生金融商品是具有创意的优秀交易形式，但另一方面也有着结构复杂，价格变动难以预测等缺点。

此外，交易时一般不需要巨额的本金，所以和期权类交易和利率交易相比本金较少。这种以较少资金运作巨额交易的方式叫做杠杆效应。

在杠杆效应中，巨大的利益往往与巨大的危险并存。从多方面来看，衍生金融商品交易是把双刃剑。虽然它是全球化财务手段的有效手段之一，但需要对其运作机制和特质进行充分把握。

2008年始于美国的金融危机也是由于衍生金融商品的过度使用而导致的。那些想让杠杆效应极大化的大型金融机构的贪欲受到了批判。

2. 货币期权

(1) 外币期货合同

首先，衍生产品中也有以进出口交易为中心的货币期权，且普及率很高。期权和一般贷款相比，使用具体例子来说明会更容易理解。下面便是有关外币期货合同的具体事例。

在韩币升值和贬值都有可能发生的情况下，出口企业应该采取什么样的措施呢？出口合同定制后本以为可以安心，但万一韩币升值(汇率下跌)的话，汇兑收益就会有所损失。在这种情况下，企业可以选择附有购买期权的外币期货合同。即，如果韩币升值(汇率下跌)的情况下，可以行使合同履行权，但韩币贬值(汇率上升)的情况，也可以不履行合同，以韩币贬值后的市场汇率来进行交易。

图 13-4. 附有期权的适用汇率

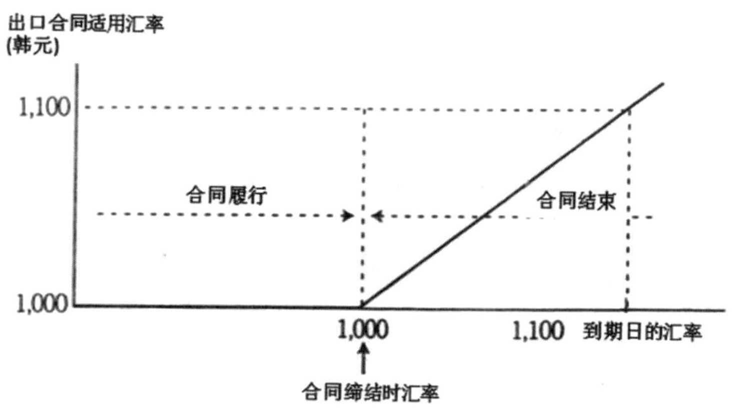

图 13-5. 购入美元看涨期权的损益

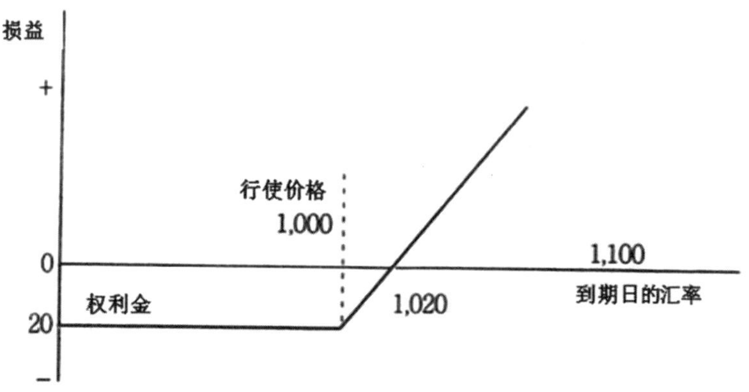

例如，出口合同中1美元兑1000元韩币时，到期日的汇率变为900元韩币，在这种韩币升值的情况下当然会行使1美元兑1000元韩币的期权合同。

相反，如果韩币贬值后，汇率变为1美元兑1100元韩币时，出口企业会放弃使用期权的权利，以汇率的市场价格来进行出口交易。但是，因为这种附有购买期权的合同对于使用者很有利，制定合约时需要支付权利金。权利金的金额根据合同缔结时的汇率、合同期限和预想变动等条件来决定的。

(2) 货币期权的构造

上文提到的外汇合同属于货币期权的基本形式之一。货币期权赋予在未来买入或卖出美元等外汇的权利。拥有买入美元的权利被称为美元看涨期权(dollar call)，拥有卖出美元的权利被称为美元看跌期权(dollar put)。

看涨和看跌实际操作时使用的价格(美元市价)为实行价格。因为在买入期权时即可获得行使权利，所以需要向卖方支付权利金(premium)。

例如，投资人以1000元韩币购买美元看涨期权(可以购买美元的权利)，权利金为20元韩币时，如果美元的价格升至1000元韩币以上的话，行使期权时为低买高卖，投资人可以获得收益。但由于支付了20元韩币的权利金，损益平衡点变为1020元韩币，在此基础上价格升得越高，收益也就越高。

另一方面，当美元市价降至1000韩币以下时，行使期权的权利往往被投资人放弃，当初支付的20元韩币也相应损失了。但是不管美元如何下跌，损失也不会超过权利金的额度。

与此相反，如果买入美元看跌期权的损益状况是怎么样的呢？美元升至1000元韩币以上的话，期权投资人行使权利的话，会以更高的价格来购买之前以较低价格卖出的美元，这样一来就会给投资人带来损失。但由于支付了20元韩币的权利金，损益平衡点变为1020元韩币，在此基础上美元价格越高，损失也就越大。当美元下跌至1000元韩币以下时，投资人放弃行使权利，获得的收益也只局限于20元韩币。期权交易属于买入方与卖出方之间的交易，双方的损益相加为0，两者的损益图往往呈对称型。

图 13-6. 卖出美元看涨期权的损益

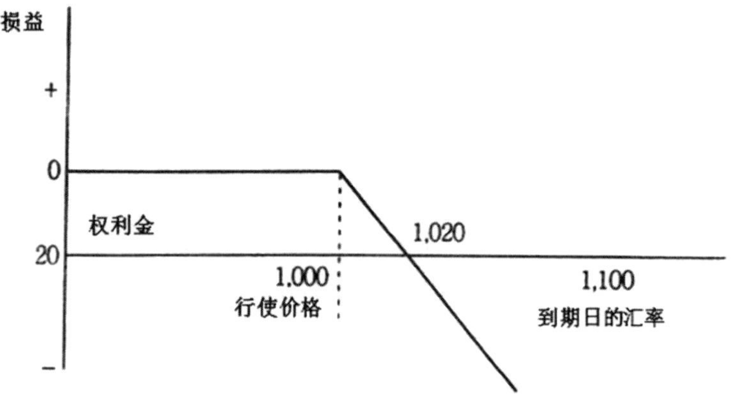

3. 货币、利率掉期

首先，先用一个简单的例子来说明掉期(Swap)。发行商业票据(Commercial Paper)来进行短期融资的X公司了解到未来利率会上升的消息。商业票据是一种可以在金融市场直接融资的短期期票。依靠商业票据的融资会根据融资的市场环境的变化而变化，而且不集中在一个企业的时候更有利于融资的进行。但是因为期限只有三个月左右，所以需要反复发行，这样一来就要承担利率上升的风险。使用掉期则可以回避这种风险。

即，X公司在发行商业票据的同时，使用了买入远期汇率和卖出即期汇率的交换。这样一来X公司为了商业票据支付的即期汇率可以在掉期市场得到，所以只剩下远期汇率的买入。这种远期汇率，时间为5年，利息率为3.5%。X公司以后的五年间无论利率怎么上升，融资时所支付的利率被固定在3.5%。

X公司是以韩币作为基准来进行远期汇率和即期汇率的交换的。掉期是相同种货币资金的不同种类利率之间的交换交易。

此外，在掉期中也有不同种的货币，比如美元和韩元之间相互交换本息的交易。利率掉期和货币掉期作为规避外汇风险的重要全球化财务手段之一正在被广泛普及。

图 13-7. 利率掉期的交易事例

4. 金融期货交易

回避外汇风险的手段除了之前提到过的外币期货合同，还包括金融期货交易。期货是应对存贷款利率，债券等利率的变动的有力手段。即，通过期货交易可以确定金融商品远期利率的交易方式。

金融期货交易约定了金融商品可以在未来一定时间以确定的价格进行交易。但实际上在结算日之前，就进行了买卖的相反交易，通常以买卖价格的差额进行。在结算日时以现货收受的情况很少见。这种交易方式也成为清算交易。

可以成为金融期货交易对象的金融商品多种多样，主要分为以下几种。即，①以欧洲日元或欧洲美元存款为对象的利率期货。②以韩国国债或美国国债为对象的债券期货 ③以美元或欧元等货币为对象的货币期货、股指期货等。

金融期货交易按照期货交易所的规则有如下几点特征。①提供便于买卖的、有着定型化交易单位和收受日期的交易 ②按照差额结算的清算方式 ③需要缴纳保证金 ④每日结算制度(make-to-market) ⑤所有的交易均在期货交易所进行。

金融期货具有代表性的商品有欧洲美元存款和欧洲日元存款的利率期货交易。

利率期货交易价格以[100-利率]表示。例如，欧洲日元利率的期货价格是96.80的情况下，欧洲日本利率为100-96.80=3.20，即3.20%。

美元，日元的存款时间全部为三个月。交收期货的月份被称为合约交割月份。合约交割月份包括三个月之后，六个月以后，九个月以后和一年以后。

交易单位为100万美元和1亿日元，价格的最小变动价位(要价单位)是0.01(1teak)。价格全部为100-利率(%)，价格变动1单位时，如下图所示，会出现25美元和2500日元的损益。

$$100\text{万美元} \times \frac{0.01}{100} \times \frac{3}{12} = 25\text{美元}$$

$$1\text{亿日元} \times \frac{0.01}{100} \times \frac{3}{12} = 2500\text{日元}$$

利率期货的价格体系以“100-利率”表示，所以利率上升的话期货的价格会相应下跌。相反，当利率下跌时期货的价格会相应上升。当利率上升可以被预测时，应当进行期货交易来规避利率上升风险。即，应当卖出利率期货。

如预想的一样，实际利率上升的情况发生时，期货价格通常会下降。这时购买期货的话则可以较低的价格购入而获得收益。根据利率上升而引起的现货利率交易的损失通过期货的收益抵消，风险得以对冲(hedge)。

相反，当利率下降可以被预测时，为了规避利率下降的风险可以通过购买期货来获得收益。即，这时应买入期货。

第四节 风险管理和全球化财务

1. 全球化财务的风险和特征

随着企业活动的全球化，财务活动也逐渐向全球化与多样化发展，交易的手法也变得高级化与复杂化。在这样的背景之下，企业的财务活动中所承担的危险的种类和内容也逐渐变得多样和复杂。全球化财务和国内财务活动的根本不同点有交易对象在国外和使用外汇等方面。这也是全球化财务的风险所在。

图 13-8. 全球化财务的主要风险

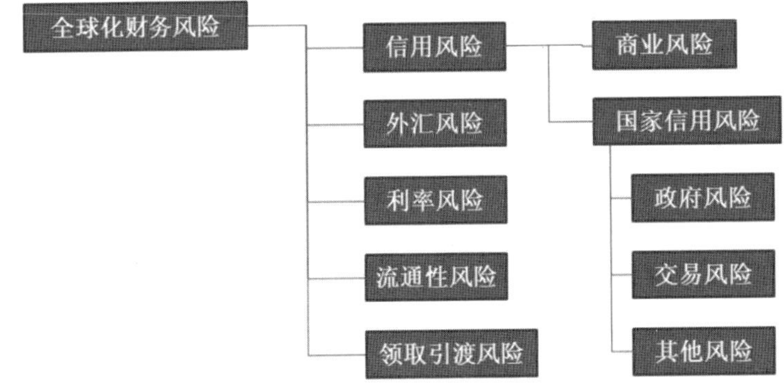

如[图13-8]所示，全球化财务的风险与国内财务的风险相同，不仅包括商业风险、信用风险、利率风险、领取引渡风险等，而且还有着全球化财务特有的国家信用风险和外汇风险等。国内财务活动中也存在利率风险 ，但全球化财务和多种货币有关所以对应的风险的会更加复杂。

全球化财务需要对各种风险的特征进行充分的理解和把握，制定出相应的风险管理体系。在下文中，主要对全球化财务特有的国家信用风险和外汇风险进行了说明。

2. 国家信用风险和海外进口商的信用调查

(1) 商业风险和国家信用风险

财务交易中最基本的风险为不管在全球化财务还是国内财务中都会出现的信用风险。信用风险主要发生在财务交易的债券不能回收或对方不履行合同内容时。国内财务交易中产生的信用风险主要指交易对象以融资的问题为由，不履行财务或合同的情况。全球化财务中也会发生类似的信用风险。商业往来中根据自身而引起的风险被称为商业风险，它是国内和全球两种财务交易中都会存在的风险。

全球化财务特有的债权回收风险中存在国家信用风险。国家信用风险指的是交易对象国由于其政治上、经济上、社会上的问题而引起的债权回收困难或不履行合同的情况。即，战争、革命、企业的国有化、国际收支的恶化、外汇储备的压迫、汇兑管理强化等状况发生时会导致的债券回收困难和无法履行合同。

此外，国际信用风险 ①最终还是国家交易的风险，即政府风险。②交易对象虽然具备抵债能力和履行合同的能力但由于国家外汇储备不足等原因而无法对外支付的情况也时有发生，这种交易风险也时有发生。③也会因为其他政治，经济，社会原因而导致。

1997年末开始导致韩国外汇危机的根本原因是一边倒的经常收支赤

字，但更直接的原因是美国的信用评级机构“穆迪投资服务(Moody's Investors Service)”和“标准普尔(Standard & Poors)对韩国投资等级评价的下调。穆迪的等级评价把存款和债券的信用度分为A至C共19个等级。在这信用等级中，韩国的投资等级被评为了高风险债券(junk bond)。这样一来韩国的信用急速下跌，即使上调利率，金融机关也不愿再贷款。这样导致必要的外汇借入难以实现，国家无力还本付息。韩国政府无计可施，于是在1997年12月向IMF(国际货币基金组织)申请了救济贷款。所以，国家信用风险是全球财务中不可忽视的要素之一。

(2) 海外进口商的信用调查

出口是与在国外的进口商进行的交易，所以需要优先考虑进口商的破产，无力偿付，一方的违约，债务履行的拖延等信用风险。最近随着出口竞争的日益激烈和无信用证方式的增加，和进口商信用状态有关的调查变得愈发重要。所以，保险公司需要对进口商的信用状态进行评估后才可决定是否接受交易。即使双方达成了交易，则需要制定保险费和承兑限额。即，被保险人需要对风险的程度进行把握。

另一方面，出口商在制定出口合同之前也要对进口商信用状态进行把握。但是在现实中操作起来时，出口商对进口商的情报把握往往不那么容易，尤其是一些规模小的中小企业。

所以，韩国出口保险公司开设了出口信用信息中心，为该中心的会员提供进口商的信息。该中心的目的是提供出口支援，所以不仅没有会员申请费和使用费，也和世界各国的信用调查机关进行了合作。出口商在申请出口保险之前，应先成为该中心的会员对进口商进行信用调查，且根据信用调查的结果来决定是否接受交易，从而制定保险费与承兑限额。该中心的主要目的就是为了出口交易而提供信用调查。

(3) 外汇风险以及其对策

在全球化财务交易中，外汇风险同国家信用风险一样，也属于比较容易发生的具有代表性的风险。外汇风险简单来说就是由于汇率变动而引起的损失。

企业和银行以外币基准而持有资产时，相对韩币的外币评价上升的话，资产中以韩币为基准计算时利益会增加。相反，如果相对韩币的外币评价下降的话，资产中以韩币为基准计算时，会发生损失。

另一方面，企业或银行以外币为基准持有债券时，对韩币的外汇价值上升的话，一韩币为基准计算时，会发生损失；相反，对韩币的外币价值下跌的话，以韩币为基准计算时负债会有所减少，利益会增加。

以外币基准持有财产或负债时，根据外币的价值变化会产生收益。外汇风险进一步说明的话，持有的外币基准债券和债务的差额会受到外汇风险的影响而产生损益。

所以，下文中出口交易的例子可以更好地理解外汇风险产生的原理。假设某个电视机制造商以1台100万元韩币的价格收到了海外进口商100台的订货要求。这是的汇率为1美元=1000韩币，所以1台电视机的价格为1000美金(100万韩币)。

即，为了收取100万韩币×100台=1亿韩币时，有

1000美金×100台=10万美金

10万美金×1000台=1亿韩币

预想的两个公式。

但是，实际上当电视机生产出来后进行出口时，汇率变为1美元=900韩币的话会有什么情况发生呢？海外进口商支付合同上所规定的10万美金，换算成韩币为：

10万美金 × 900韩币 = 9000万韩币

即，如果换算成韩币时会比原先预计金额少1000万韩币。

上文以简单的事例说明了外汇风险，实际上全球化财务的外汇风险种类繁多，而且产生风险的几率很大。正如这个例子所提到的，在出口交易中韩币升值不仅会带来外汇风险，而且也会给以外币为基准的融资海外直接投资、海外证券投资等活动带来风险。即，海外子公司的贷款有关公司购入的股票、有投资目的的股票、债券的购买等投资，以利息收益和韩币回收角度同投资融资的角度比较来看的话，在韩币升值时，外币换算成韩币的金额就会较少，从而产生外汇风险。

相反，进口交易的情况下，一般韩币贬值时会产生外汇风险。外汇借入和外债发行等交易也会因韩币贬值而产生外汇风险。即，对于外币基准的外币贷款和债券发行这些融资手段，如果韩币贬值，则在购买和偿还本金的过程中需要支付更多的韩币，从而产生外汇风险。

为了回避这样的外汇风险，外币基准的债券和债务应通过不分别以韩币结算来达到外汇冲消(exchange marry)，或通过提前或延迟外币结汇(leads and lags)来应对汇率变动。此外，还有以日元为基准结汇等方法。但是，这些方法也各有利弊，不能完全规避风险。

图 13-9. 外汇风险的原理

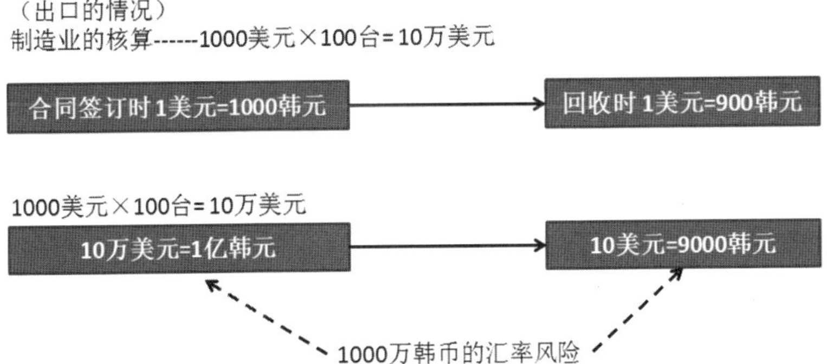

3. 全球化税务

(1) 全球化税务的问题

随着全球化的发展，税收问题逐渐成为企业的全球化财务中的重要话题。原本，各国只审查和树立自己国家的税收方式，并不参考其他国家的方式。

所以，税收权重复和双重征税的现象时常会发生。即使双重征税被废除，其他的问题也有很多。例如，发展中国家为了促进发展实行了海外投资优待，并减少了税收。但是，即使投资企业的所属国没有进行双重税收，也会使投资企业减少投资本国企业的动机。

全球化的税制会给包括企业财务活动的经济活动带来广泛的影响。所以，本章中谈到了企业的全球化管理上不可缺少的税务战略。

(2) 外国税收抵免制度

外国税收抵免制度是废除国际双重征税(international double taxation)的方法之一。双重征税是指所得税和法人税在不同的国家重复征收的现象。例如，韩国企业纽约分公司的收益被韩国和美国两方征收的情况。

国际化经济的进展过程中，这种税制上的矛盾在逐渐被解决的过程中。即，双重征税的废除。废除的方法包括 ①居住地国放弃征税权的外国所得免税的方式和 ②在居住地国扣除对外国交付税额的外国税额扣除的方式。另外，国家间的纳税条约也以这些方式为基础，比如瑞士和法国依照国内法实行第一种方式，日本和美国依照国内法则实行第二种方式。

(3) 免税信贷

免税信贷(tax sparing credit)指的是在一般税制中规定减轻税率的

外国税额扣除制度。正如前面所提到的，韩国企业如果投资施行此项制度的新加坡和马来西亚的企业，依照该国的纳税条约，在规定分红和利息的固定税率上会享受税率较低优待税率。即，减免的税金看做在被投资国(来源国)缴付，投资国(居住地国)可以施行外国税额扣除制度。

被投资国为了促进外资而施行的优待税制，主要通过免税信贷来给投资国企业提供优惠，并吸引他们的投资。

(4) 避税场所制度

在海外，有些国家法人所得税的税率很低甚至还有免税的情况。例如，在巴哈马、开曼群岛、香港等地的税率就很低，被称为避税场所(tax haven)

为了让在避税场所的子公司也纳税，一般会把韩国的总公司与海外子公司的所得相加一起纳税，这种制度被称为避税场所制度。

为了保护所得而逃避收税的皮包公司是这项制度的针对对象。而在当局国注册了的，实际运营的企业并不适用此项制度。

第十四章

国际人力资源管理

第一节 国际企业人力资源管理概述

人力资源管理对国际企业而言尤为重要，国际企业人力资源管理与一般企业相比，设计的面更广。如何运用科学的方法优化选择和使用各类经营人员，并且最有效地调动他们的积极性、主动性和创造性，最大限度地挖掘每个人的潜力，提高经营效率，确保企业总体目标的实现，是企业国际人力资源管理的根本任务。在国际企业管理中，有知识的人员是组织中最基本的资源。企业所拥有的设备、技术、资金和信息，归根结底要由人来发挥它们的作用。企业的竞争力实际上是人才的竞争力。安排合适的人选在适当的工作岗位上，最大限度地发挥他们的积极性，是国际企业取得成功的关键所在。

1. 国际企业人力资源管理的内涵

人力资源管理是公司战略的一个重要组成部分。通过对公司人员的管理从而对生产、销售、技术开发和基础设施等价值链的各个环节施加积极的影响，人力资源管理可以帮助公司实现主要的战略目标：降低创造价值所需的成本，通过更好地满足顾客的需要来增加价值。

为国际企业人力资源管理做出一个精确的定义并不容易，况且人力资源经理在国际企业内做的工作又因不同的公司而有所区别，还要看该经理实在国际企业总部还是在海外子公司工作。概括而言，其定义可以归纳为：国际企业人力资源管理是指对海外工作人员进行招聘选拔、培训开发、业绩评估和激励酬劳的过程。国际企业人力资源管理的主要战略目标是平衡因全球化的竞争性、灵活性和知识性的目标而产生的自治、调整和控制的需要。

2. 国际企业人力资源管理的复杂性

虽然有人认为国际企业人力资源管理与一般的国内公司一样，没有区别，但也有学者指出了其区别。首先，从本质上说，国际企业与国内公司并无区别，一些著名的研究国际企业的学者，如巴克莱、卡森等认为，国际企业不过是一般企业的特例，从人力资源管理职能来看，都是执行人力资源计划、招募、培训、绩效考核及报酬管理等职能，但是国际企业的人力资源管理面临的环境比国内公司更加复杂，这可能会影响人力资源管理的目标；其次，活动范围更大，涉及不同国家的文化和民族感情，并且比国内人力资源管理面临更大的风险；其次，企业经营的分散性等因素使国际企业还必须处理一系列新的人员管理问题，例如，海外经营应具备素质和选拔问题、经营人员的跨国调动及返回母公司等问题。

在这种情况下，与国内人力资源管理相比较，国际企业人力资源管理需要更广泛的洞察力。海外资公司的人力资源经理起着两种文化的边界或中间人的作用，对其下属，他们代表公司，而对于公司总部，他们是属于子公司的“地方经理”，他们必须熟知当地的文化和语言，理解海外文化对人力资源管理业务实践的影响。对于居于公司总部的人力资源管理来说，广泛的洞察力更为重要。例如，在薪酬管理上，以总部为基础的人力资源管理必须能在不同的国家以不同的货币转换成相应的价值，以求平等。

另外，与国内公司的人力资源管理相比，风险是其面临的特殊因素。不平等雇用员工可能会导致公司因触犯平等就业机会的法律而被控告，并受到罚款制裁；未能与劳工或工会建立有建设性的关系可能导致罢工和其他形式的劳工行为；甚至还需要面对不寻常的威胁情况，例如埃克森石油公司在阿根廷的子公司的总经理被绑架，经过长达144天的反复交涉，最后赎金降到1420万美元，时间才得以解决。

如果海外子公司的人力资源制度触犯了东道国的协会或重要的政治组织，国际企业的国外资产会被没收，这种政治和政府风险是国内人力资源经理不会遇到的。总的来说，国际企业人力资源管理的活动范围比国内人力资源管理更广泛，而且人力资源管理活动收到更多的外部力量的影响。总部经历可能不得不制定相应的就业机会制度去迎合母国和许多东道国的法律要求，应付东道国的政府官员、各种社会和经济利益团体，以及处理不同文化背景的员工团体。

3. 国际企业人力资源计划

人力资源是指能够推动整个经济和社会发展的、具有智力劳动和体力劳动能力的人的总称，包括数量和质量两个指标。人力资源具有能动性、两重性、时效性、再生性、社会性等特性。

人力资源计划(human resource planning)是指国际企业根据自身的目标、企业发展战略以及环境的变化，科学地预测、分析企业在未来多国环境中的人力资源工给和需求状况，从而制定相应的政策措施以保证企业在适当的时间和一定的部门及岗位上火的所需人员，并使企业和员工的长期利益得到满足。人力资源计划可分为长期计划、中期计划和短期计划。

长期计划一般在五年以上，是对企业总体安排、方向的概括说明。从企业人力资源计划的范围上看，又可分为企业整体人力资源计划、部门人力资源计划和围绕某一项具体的生产经营活动或任务而制定的人力资源计划。

企业人力资源计划包括两个层次的内容，即人力资源战略计划和人力资源操作计划。

人力资源战略计划属于战略规划，与企业的整体战略紧密相连，是企业整体战略的重要组成部分，为企业整体目标的实现服务。其主要内容包括：在一定的规划时期内企业对各种人力资源的需求，对人力资源配置及相关投资的总预算、总安排；总体实施步骤；重要方针政策，如有关人员的选拔、聘用、培训与发展、绩效评估、福利待遇等方面的重大方针政策。人力资源操作计划时人力资源战略规划的展开与实施，包括：职务计划、人员配备计划、教育培训计划、工作福利计划、职业发展计划等。每一个计划都有具体的目标、内容、实施步骤和相关的政策，要求明确，易于落实。

4. 国际企业人力资源管理的一般模式

为实施跨国战略，国际企业的人力资源管理方式通常包括：民族中心、多中心、地区中心和全球中心四种方式(如表14—1所示)。

在民族中心方式中，国际企业只是简单地把母公司使用的人力资源管理惯例和政策转移到海外子公司，由国际企业派出的经理来管理海外子公司，而国际企业总部则对子公司保持紧密的控制。

在多中心方式中，人力资源政策为适合每一个子公司所在地的环境而发展，在海外雇佣当地人做经理去管理有关人力资源的事物。

在地区中心方式中，有代表子公司的一个地区进行组织，人力资源政策在地区范围内尽可能保持一致，子公司可能有来自地区内的任何一个国家的经历组织管理员工，这对地区内的平衡和通信要求很高，不过地区和国际企业总部之间的联系十分有限。

在全球中心方式中，人力资源政策要发展成为适合母公司和外国子公司全球网络的目标要求。子公司被看作全球事务系统中的一个组成部分，而不是把母公司与子公司分开考虑。人力资源管理的国际企业的其他事物都由最合适该工作的人来管理而不在乎他是哪一个国家的人。

表 14-1. 国际企业人力资源管理管理的四种方式

管理内容	方式			
	民族中心	多中心	地区中心	全球中心
标准制定、评估和控制	通过母国的总公司	通过当地子公司管理	在地区的各个国家内协调	于当地的标准和控制一样的全球性
通信和协调	从总公司到当地的子公司	子公司之间以及子公司于母公司之间很少	子公司于总公司之间很少，地区内的子公司较多或很多	子公司之间完全由总公司的网络系统联系
员工管理	母国经理	东道国	经理可能来自于地区内的某个国家	最佳的人选分配到能发挥最佳效果的地方

※ 资料来源：D.A. Heenan and Howard V. Perlmutter，Multinational Organization Development，Addison-Wesley Publishing，Inc.，1979.

那么，应选择哪一种方式进行国际企业人力资源管理？许多因素可能会影响国际企业选择人力资源管理的方式，其中包括政府政策和东道国的法规，东道国教育和技术发展的状态，国际企业的技术和产品的自然属性，组织的生命周期和文化的区别。具体来说，应该考虑一下几方面的因素。

1) 政府政策和法规

采用民族中心方式管理海外人力资源，由母公司派经理去管理和经营子公司，这种管理方式可能会被东道国的政府政策和合法规则所抵制。政策对移民有所限制并要求为东道国提供广泛的就业机会，鼓励国际企业去雇佣、培训、发展当地的员工，特别是管理和技术型的员工。这种情况最有可能发生在发展中国家，这些东道国的管理和技术培训教育系统还未完善，当地政府把该国的国际企业视为培养和发展当地专家的一种方式。

2) 东道国的管理、教育和技术的发展

一个国际企业在欧洲开办子公司将面对更大的人力资源管理挑战。在欧洲，劳动力接受过分充分的教育，并且具有技术和管理上的经验，因此，发展国际人力资源和管理的民族中心方式、地区中心方式，或全球中心方式都是可行的。在西非，管理和技术教育可能非常有限，大量的劳动力缺乏现代化生产或服务活动的基本技能，这种情况下就需要由母国的人事经理来执行所在地的国际人力资源管理职能。

3) 技术以及产品的自然属性

这个因素与全面提到的两个因素会相互作用。对技术性要求较高的产品或服务，若要保持产品的高标准和进行质量控制，需要有集中的人力资源管理功能以及母公司对经理标准的指示，这种情况多出现在子公司设在技术和管理水平较低的东道国。一些产品为了在当地或得成功，必须适应当地人的口味，例如，一些在美国非常受欢迎的食品可能在其他国家不受欢迎。在这种情况下，为使产品适应东道国市场，必须采用多中心的人力资源管理方式。

4) 组织的生命周期

一些研究者认为事宜的国际人力资源管理方式将由组织的生命周期和公司在多变的国际市场上的产品生命周期来决定。在初始阶段，企业集中精力使自己发展起来，并在国内和有限的国外市场上建立起自己的市场。国际化过程可能会局限于出口或非常有限的国际销售，这种情况下，企业会趋向于民族中心的国际人力资源管理方式。在功能性成长阶段，公司建立外国产品细分市场，是国际化成为一个重要的经营部分，这事公司把国际业务视为组织成长的促进因素，但不是公司战略的中必不可少的一部分，采用多中心的国际人力资源管理方式，依靠当地的管理者去经营每一个海外分支机构。在受控的成长阶段，公司试图扩大产品的生产能力并控制成本，充分利用规模经济和范围经济去拓展海外业务，地区中心方式成为国际人力资源的方式，并且可能向全球中心的方式发展。最后，在战略成长阶段，国内和国际竞争迫使公司将其业务看作全球的事物，这时全球网络系统、战略联盟和合资公司纷纷建立起来，把国内和国外市场综合起来，是竞争收益达到最大化。

5) 文化上的区别

文化，特别是总公司的民族文化，决定着国际人力资源管理的方式。文化至少在两个方面影响总公司的决策。首先，一些文化使得国际企业更多地使用民族中心的管理方式。例如，研究表明，日本的国际企业比美国或者欧洲的国际企业更加频繁地以母国的管理人员来充实海外子公司的管理层，当然这其中也存在地区性的例外。其次，国际企业子公司内文化的混合和子公司内文化水平的差异会抵制所运用的国际人力资源管理。由于子公司内文化差异增加，国际企业总部的人力资源经理要在世界范围内进行人力资源的管理将会更加困难，即使国际企业可能更愿意以民族中心的方式来管理人力资源，但是总公司制定的政策可能对某个特定的子公司完全不适用，而多中心或地区中心的管理方式可能更合适。

第二节 国际企业人员的招聘与培养

企业经营战略发展的各个阶段必须要有合格的人才作支撑，市场的竞争归根到底是人才的竞争，而员工流动是当代企业面临的共性问题，因此员工招聘和培训是企业人力资源管理的经常性工作。

1. 国际企业人员的招聘

人员招聘的目的是为企业在一定的时间、地点获得一定数量和素质要求的人员，是企业进行人员配置的过程。企业通过这项工作，为特定的岗位配置符合一定要求的工作人员，以确保企业的各项活动的正常进行。

1) 国际企业人员的招聘原则

国际企业在海外子公司招聘员工必须遵守东道国的法律法规，注意东道国的种族、宗教问题以及员工本地化问题。

(1) 遵守东道国的劳动立法和社会传统

国际企业的海外子公司在招聘员工时，会面临当地缺乏技术工人和熟练工人而非熟练工人又供过于求的情况。有些国家的雇佣政策具有很大的影响力，如政府劳动局会简单指派工人给国际企业，过着只批准国际企业在特定区域内招聘特定工种的员工。劳动局给国际企业提供技术不熟练的工人，而国际企业难以拒绝。在日本，国外公司难以雇用到优秀的日本员工，由于文化传统，优秀的日本员工宁愿为本国公司服务，也不愿为外国雇主服务。此外，许多国家制定更加自由的劳动法来指导工会的活动，结果往往是工人的期望增加，要求更高的工资。

海外子公司在招聘员工时，必须考虑当地的立法，并且还不能忽视当地的传统，如裙带关系、性别歧视等。裙带关系在有些国家十分流行，子公司人力资源部门的当地人往往特别照顾他们的家庭成员、亲戚和朋友，这种做法在西方国家是不可思议的，但在有些国家确实合乎道德且可行，而且可能还有便于管理等优势。

(2) 注意东道国的种族及民族宗教问题

种族、民族和宗教等问题也困扰着海外子公司，这些问题可能使人力资源经理陷入两难境地。例如，要尊重东道国的法规，就会与母国的文化发生冲突。在某些多民族或多种族的国家，人们的社会地位与种族有关，例如在印度，等级制度使得低社会等级的人管理高社会等级的人变的不可行。在日本，年轻人管理年纪大的人也是不合适的，因此，子公司招聘员工是必须注意这些问题。宗教信仰也是一个需要注意的问题，例如，在一个多文化的社会里，来自某个宗教组织的员工可能难以被另一个宗教组织的成员接受。

(3) 员工本地化

几乎所有的国家法律都要求雇用和提升当地人。例如，欧盟国家允许劳动力自由流动，二队欧盟以外其他国家的移民，则要求有居留证或工作证；日本对除技术人员和管理人员以外的劳动力进入日本严加限制。大多数国家，特别是发展中国家都要求外国企业优先雇佣当地人，只有在没有合适的本国人的情况下，才发给外国技术人员和管理人员工作签证。

2) 国际企业人员的招聘途径

图 14-1. 人员招聘的基本途径

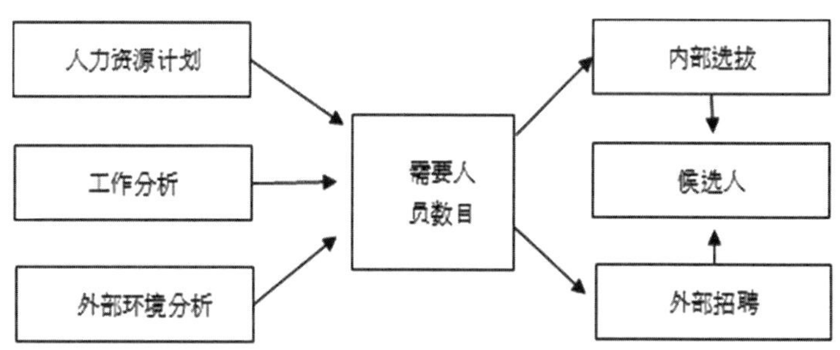

对国际经营人员的选择渠道有很多。在开展国际化经营的初期，大部分经营人员都是从国内招聘的，这些员工的素质一般很难胜任所要从事的工作，而且培训难度很大。企业并购是补充国际经营人员的有效渠道，被并购企业的经营人员为国际企业迅速进入目标市场创造了有利条件。此外，企业还可以通过国际人才市场、职业介绍所等渠道录用有实际经营的经营人员，或受过良好国际经营知识教育的国内外商学院的毕业生从事经营活动。目标市场所在地的本国侨胞或从目标市场国移民到企业母国以及在企业母国的留学人员、工作人员是高素质国际经营人员的重要来源，他们通晓两地的语言、文化，能迅速打开经营局面，应引起国际企业的重视。国际企业人员招聘工作可以通过内部和外部两种途径进行，如图14-1所示。调查表明，西方企业90%以上的管理职位都是由企业内部提拔的人员担任的。对于一些专业技术人员、办公室职员的选聘采用内部提拔方式的企业也为数不少。当企业有职位孔雀石，从内部提升人员进行填补，有利于调动企业内部人员的积极性，给员工更多的发展机会，而且从内部选拔的人员对企业比较了解，企业也较熟悉员工，从而降低招聘风险。

表 14-2. 内外部招聘途径比较

	内部招聘	外部招聘
优点	1. 对情况了解全面、准确性高 2. 可鼓舞士气，激励员工进取 3. 应聘者可更快适应工作 4. 使培训投资得到回报 5. 选择费用低	1. 人员来源广泛，选择余地大，有利于招聘到一流人才 2. 新雇员能带来新思想、新方法 3. 当内部有多人竞争而难以决策时，向外部招聘可在一定程度上平息或缓解与内部竞争者的矛盾 4. 人才现成，减少培训投资
缺点	1. 局限于企业内部，水平有限 2. 容易造成"近亲繁殖" 3. 可能会因为某些工作或员工心理等原因造成内部矛盾	1. 不了解企业情况，进入角色慢 2. 对应聘者了解少，可能找错人 3. 对内部员工得不到机会，积极性可能受到影响

※ 资料来源：李敏等：《国际企业管理》，233页，广州，华南理工大学出版社，2006。

当企业现有人员不足以胜任出现的空缺职位时，企业管理者就要考虑从企业外部寻找合适的人选。然而企业刚起步走向国际市场时，通常不具备一直从事国际经营管理的骨干队伍，此时国际经营管理人才大多从企业内部选拔。当企业通过并购方式向国外市场扩展时，一些公司可将被并购公司的关键管理人员留用。国际企业还可以从外部雇佣有经验的跨国经营人才。另外，高等院校的毕业生接受过正规的系统教育，通常素质比较高，也是国际企业可以利用的中要的人力资源，但他们打多缺乏实际经验，往往需要锻炼几年方可独当一面。

利用外部途径招聘人员最大的好处在与外部人才带来新的思想方法和工作方法。有些外部聘用的人员，相对于内部培养来说成本更低，对企业有利。对于国际企业来讲，从外部招聘人员有着更加广阔的空间，但不可否认的事，从外部招聘人员也有不利的一面，如外部人员需要一段适应期，以对组织和岗位的情况进行了解。两种招聘途径的利弊分析见表14-2。

3) 国际企业人员招聘的程序

国际企业进行人员招聘与一般企业类似，也要经过指定招聘计划、对外发布信息以及选拔和测试的过程，行程最终的招聘决策，并通知候选人。

(1) 指定招聘计划

人员招聘过程的第一步是指定招聘计划，也就是要确定多招聘人员应具备的基本资格和条件决定需要招聘人员的数目、招聘区域以及具体用人时间等，此外，还要考虑企业的招聘预算，并分析企业内部及外部劳动力的供应情况，这些都对人员招聘和选拔工作有着重大影响。

(2) 发布招聘信息

发布招聘信息是指企业面向可能应征的人权传递招聘信息以吸引应聘者的过程。使相关的人群能够得到企业有关职位空缺的信息，需要利用一定的媒体，在何当的时间、地点，以一定的形式向他们传输。

(3) 选拔与测试

经过多年的发展，热暖选拔与测试已形成一套科学、系统的方法。常用的有面试、心里测试、只是测试以及模拟测试等。在保证测试的公平性、合理性的基础上，综合考虑人员的文化和个体差异，结合各种测试手段的优缺点，选择最为经济，有效的测试手段进行人员选拔。

(4) 人员招聘决策

根据面试及各种测试的结果，企业基本上决定了最终采用的人员。一般在通知候选人最后的决定并经过体检后，国际企业将依照一定的法律规定与录用人员签订劳动合同，然后开始试工，或者经过一段时间的培训后上岗工作。值得注意的事，每次招聘工作结束之后，企业都应及时总结整个招聘过程中的经验和教训，以便不断改进。

2. 国际企业人员的培训

国际市场激烈的竞争，技术的变革，提高生产率的要求，这些都促使国际企业增加培训投资。技术人员要更新自己在电子和机械方面的知识；工人要提高流水生产线上的操作技能；管理人员要擦你啊各种研讨会来学习如何做一个有效的领导者。各级员工都需要不断进行培训，才能适应企业发展的需要。工业发达国家都有一套较完整的教育培训体系。如摩托罗拉、康宁、新加坡航空公司等，每年的培训费用至少是员工工资总额的3%，施乐公司每年用于员工培训的费用超过了3亿美元。

1) 培训的主要目的和意义

培训的主要目的和意义是提高员工整体素质，形成和谐、统一、团结的工作集体和积极向上的工作态度，最终实现企业的目标；通过不断学习，提高员工掌握新知识、新技能的本领，适应企业内外部环境的迅速变化；促进员工的自我发展和自我实现；对新进人企业的员工产生同化作用，使其学会与其他成员写作和沟通，形成在企业共同目标的指引下努力达到工作目标的工作态度和精神。

培训的基本方式通常可分为外部培训、内部培训和岗位培训三种。

(1) 外部培训

外部培训是把管理人员送到高等院校进修有关课程。外部培训可使管理人员了解经营管理某一方面的最新理论、方法和发展趋势等。由于外部培训需要利用外部的一些专门机构来为企业提供服务，通常成本较高，尤其当接收培训的人数较多，或者选择的培训机构名气较大时，收费比较昂贵。

⑵ 内部培训

内部培训是根据某一企业跨国经营的具体需要而举办的培训班，可邀请有关专家学者一起分析和研究本企业的战略目标和人力资源情况，然后制定出切实可行的培训方案。这种培训方式的效果比外部培训更直接、更明显，而且成本较低。

⑶ 岗位培训

岗位培训是在工作岗位上培训管理人员跨国经营能力的方法。对于有培养前途的中层、基层管理人员，可直接将其派往国外子公司，担任子公司总经理的助手或其他职务，在一位更有经验的管理人员的知道和监督下工作。

2) 培训的对象及内容

由于资源有限，企业在安排培训时，要有计划地选择最需要接收培训的人员，根据他们最需要培训的方面确定具体培训内容、选定培训时间、跟踪培训效果。一般而言，国际企业在安排对象时应考虑一下几种人员：⑴对于可以改进目前工作的员工，经过一定的培训促进其更加熟练地掌握本职工作；⑵对于有能力通过学习掌握另外一门技术的员工，在培训后安排他们到更重要、更复杂的岗位上；⑶对于经过考察具有一定潜力的员工，企业力图通过系统、全面的培训，使他们掌握各种不同的只是和更复杂的技术或者一定的管理技能，目的是让他们进入更高一层的岗位。国际企业培训的类型及内容可参考表14-3。

表 14-3. 国际企业培训的类型及内容

培训类型	主要培训内容	培训时间(月)
一般技能培训	技术技能培训，如计算机知识、生产性操作、办公自动化、驾驶等	1~9
专业技能培训	对软件工程师、网络系统工程师、程序员、网络管理员、行政管理员等急需人才进行有关专业知识技能方面的培训	2~12
人际关系培训	员工之间的交往能力和合作能力	2~6
文化培训	培养外派人员对东道国文化的理解，使他们更易于在情感上与当地文化相通，以便更好地和东道国人员相处	2~6
商务语言培训	英语及东道国语言的培训，以英语为主	0.5~5
实际培训	帮助外派经理及其家人轻松自如地应对在东道国的日常生活	2~10

3) 外派人员的培训

国际企业对招聘的国际人才一定要进行上岗的培训，尤其是外派人员，必须向他们介绍所去国家的文化、风土人情以及出国工作的注意事项，让他们从思想上做好充分的准备，是他们对异国的不同文化背景、工作环境、职业生涯发展机会、生活上可能碰到的不便以及两国间的基本差异等有一个深刻的了解。如果不重视对外派人员的培训，将给国际企业带来严重的损失。美国学者的研究显示，驻外人员不能适应海外公司工作的主要原因是不能适应国外不同的文化和工作方式，美国人在伦敦工作的有18%的人不能适应，在比利时布鲁塞尔有27%，在东京有36%，在阿拉伯国家的美国人就有68名提前回国。除了提前回国外，还有30%～50%驻外的美国人不能高效率或有效的工作。从经济上看，对每一个不成功的驻外美国人，公司要损失大约4万～25万美元不等，这还不包括公司形象的损失以及今后公司贸易合作的损失等。由此可见，对到海外公司工作的人员进行培训非常重要。根据实践经验，国际企业外派人员的培训应包括以下几个方面。

(1) 启程前的培训

在临行前对外派人员及其家人的指导和培训对外派任务的完成有重要的影响，培训的主要内容有以下几方面。

① 所在国的情况介绍以及课程培训，即向驻外人员及其家属介绍所在国的政治制度、政府机构、经济体制、历史背景、文化传统、生活条件、医疗状况、服饰与住房情况以及签证的申请办法等，其中要特别加强文化差异的培训，可以通过录像、电影等介绍所在国的文化和价值观，促使驻外人员认识到文化上的差异，正确处理好与外国同事的关系。

② 敏感性训练。敏感性训练是跨文化培训中的一种重要方式，它是为了加强人们对不同文化环境的反应和适应能力，促进不同文化背景的人之间的沟通和理解而进行的。敏感性训练的目标一般包括：使一个人能更好地洞悉自己的行为，了解自己在别人心目中的印象；更好地理解他人的文化特征；在集体活动中，培养跨文化的判断问题和解决问题的能力。具体做法包括把具有不同文化背景的员工或在不同文化地区工作的经理和职员集中在一起进行专门的文化培训，通过实地考察、情景对话、角色扮演、小群体讨论等方式，打破每个人心中的文化障碍和角色束缚，加强不同文化之间的合作意识和联系。

③ 所在国的语言训练。主要是加强口语和听力的训练，可以请大学教师或所在国语言专家对国际企业人员进行培训，使他们能够在短期内提高口语和听力的水平，以便开展工作。

④ 工作职责与待遇。应向驻外人员讲明公司的政策，驻外人员的岗

位职责、权限；在外的期限；休假、工资、奖励和补贴、所得税的缴纳；回国后的待遇等。

(2) 抵达后的培训

外派人员到达所要去的国家后，公司应安排接待，让他们休息好，尤其让他们适应时差、饮食习惯，然后进行抵达后教育，其内容有以下几方面。

① 所在地环境介绍。首先介绍公司所在地的基本情况，包括语言特点、文化差异、风俗习惯、交通状况、商店和银行的分布、如何获得住房、建立银行账户、获得驾驶执照、安排孩子入学以及建立医疗关系等，这种介绍可以使刚抵达的外派人员及其家属很快熟悉周围环境。

② 公司的情况介绍及相关培训。公司应派专人向新来者介绍公司的基本情况，他们今后工作的部门与地点、岗位职责、合作的同事、公司对他们的要求等，并就公司文化、管理制度等进行相关培训，使其尽快了解公司情况，有针对性地开展工作。如果能请有经验的人向他们介绍在海外公司工作的亲身体会，会使他们少走弯路，更快的适应当地工作环境。

(3) 就任期间的培训

① 扩展技能。外派人员刚刚到达所在国开展工作，肯定会遇到各种各样的问题和困难，母公司应调动已有的资源和信息，帮助其扩展跨国经营技能，已顺利完成工作任务。

② 职业计划。员工接受国外工作安排的最大担心是他们会不被注意，影响他们的事业发展。外派人员的国外工作经历，应被看成对公司和外派人员自身的事业发展都是有好处的。克服这个问题的一种方法就是定期邀请外派人员回国，进行互动，在这个系统中，

外派人员与公司总部的一名经理对应，这名经理和外派人员经常交谈，确保外派人员在公司总部的升迁和发展的讨论中被提及，以及解决外派人员在该公司总部所存在的问题。

（4）归国培训和发展

归国指的是将外派人员调回国内。不少外派人员发现，回国后他们面临着对母国文化和生活环境的重新适应。对许多公司而言，将外派人员调回国内并使其重新融入公司是一个很困难的问题。一项调查指出，61%的外派人员觉得，他们没有机会运用他们的国际经验，在多年充满挑战的国际化任职后，3/4的归国人员认为他们目前的工作级别降低了，有25%的人想离开公司。在回国后两年内，流动率可能达到50%。管理者在返回母国重新从事原来相关工作时所面临的困难被称作“归国问题”，然而，通过外派人员和公司恰当的准备和策划工作，这些难题可以得到解决。

为归国提供培训和帮助可在归国前6个月开始，首先是相其提供母国的信息，通报公司当前的变化和存在的工作机会，为下一项任职做好归国准备和特定培训。另外，为了缓和归国初期的困难，公司可帮助寻找住房，如有必要还可以调整薪酬。

人力资源管理部门和外派人员的上级可帮助外派人员规划归国行为，充分利用外派人员的经验推进组织的目标，使其返回后能够顺利发展。

随着国际企业的发展，越来越多的人员将跨出国门到海外去工作，因此，企业应该有一个同其全球战略和企业经营计划相适应的人力资源管理计划，使本企业的国际人力资源得到充分发展和利用。

第三节 国际企业人员的绩效考评

人员绩效考评是人力资源管理的核心部分，人员绩效考评为企业制定人力资源计划和人力资源决策提供一定的依据，同时又是检验其他人力资源管理活动的手段。对于国际企业来讲，由于其经营范围跨区域，经营人员跨文化，以及组织结构的复杂性，人员绩效考评难度更大。

1. 人员绩效考评的基本程序

人员绩效考评的基本程序主要由五个步骤构成，如图14—2所示。

图 14-2. 人员绩效考评的基本程序

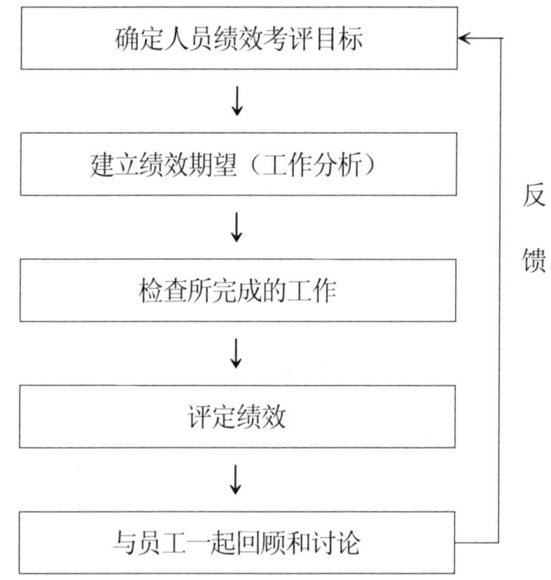

※ 资料来源：李敏等：《国际企业管理》，212页，广州，华南理工大学出版社，2005.

1) 人员绩效考评目标的确定

在具体实施之前要确定明确的目标。在国际企业总的目标和行动方案指导下，不同于公司、不同部门的人员绩效考评的具体是什么，达到何种效果，取得何种改进，都应当事先确定下来，以指导绩效考评的具体过程。

2) 建立绩效期望

要明确员工所完成工作的具体要求是什么，有哪些具体职责、任务。建立绩效期望实际上就是通过工作分析的过程，建立每一项工作的完成标准，是人员绩效考评活动有据可循，便于考评者客观公正地进行考评，也有利于员工明确工作标准，进行自我对照，更客观地理解考评结果。另外，建立绩效期望还有助于员工依据标准对考评过程给予监督。

3) 检查员工完成的工作

人员绩效考评的标准建立起来以后便是对员工实际完成工作的检查和对照过程。依据一定的工作标准，衡量员工的实际工作如何，工作成果、工作质量如何。

4) 评定绩效

将员工实际工作绩效与绩效期望进行对比，依照对比的结果来评定员工的工作绩效，评定员工工作绩效的过程十分关键，应尽量按照工作标准来评定，克服评定过程中的主观因素，做到客观公正。同时，要注意国际企业中具有不同文化背景的员工的想法和可接受程度，给予全面考虑，以灵活的方法进行具体考评。

5) 与员工一起回顾和讨论

企业进行人员绩效考评的目的就是帮助员工认识到在工作中自己的长处和不足，以便改进工作，进一步提高工作效率和效益。依据这样的目的，与员工一起讨论和分析绩效考评结果的过程是十分重要的。与员工一起回顾和讨论工作绩效考评的结果，对不明确或不理解之处做出解释，有助于员工接受考评结果。通过分析，管理者和员工可以共同探讨出最佳的改进方案。在这个过程中，加强员工间、管理者与员工之间的沟通是很重要的，这不仅要求国际企业管理者具有良好的沟通技巧，还要注意在沟通过程中考虑多方面的因素，诸如民族、价值观念、风俗习惯、语言等方面的差异。

6) 反馈过程

将绩效考评的结果反馈给员工的同时，还要将总结的经验和问题及时反馈到下一次人员绩效考评的目标制定中去，为下一轮的人员绩效考评目标的设立、考评方法的改进以及考评信息收集来源等提供参考，这种反馈甚至包括由各个子公司向国际企业总部的反馈。

2. 人员绩效考评的方法

人员绩效考评的方法很多，以下介绍几种主要的人员绩效考评方法。

1) 排队法

排队法是将被考评员工按照工作业绩的好坏进行一定次序的排列，以区别员工的业绩水平。排队法又可以分为直接排队法和简介排队法两种。直接排队法指的是将员工按照业绩水平由好到坏进行排列，即先列最好的，然后是次好的，再到一般、较差和最差。间接排队法是先挑出最好的员工，然后找出最差的，之后分别排列次好的和次差的，依次向下进行，直到全部排完为止。

2) 成对比较法

成对比较法是将每一个被考评员工都与小组或团队中的其他成员进行比较，而不只是按照一定的顺序依次比较。在成对比较中，管理者只有在对每个员工与其他所有员工进行比较之后，才能得出对其业绩的总的评价结果，如表14-4所示。该方法工作量较大，通常用于人员较少的部门的人员绩效考评。

表 14-4. 成对比较法示例

	A	B	C	D	E
A	*	+	+	+	+
B	−	*	+	−	+
C	−	−	*	+	−
D	−	+	−	*	−
E	−	−	+	+	*

※ 说明："+"表示优于，"*"表示不能比较，结果；分别进行比较后，发现A在与B，C，D，E比较中均获得"+"，故A的业绩最佳。

3) 强迫分配法

强迫分配法是指将员工按照事先确定的若干等级分别归入某一级别中的人员绩效考评方法，实施强迫分配法，首先要确定分类等级及其相应的人数，然后将员工按照业绩归入到某一等级当中去，如表14-5所示，强迫分配法可以用来对人数较多的员工进行考评，在员工间形成较大的绩效等级差别，以挖掘出工作确实优秀的员工。

表 14-5. 强迫分配法

员工	优(10%)	良(20%)	一般(40%)	较差(20%)	差(10%)
100人	10人	20人	40人	20人	10人

4) 图表评定法

图表评定法是应用最为普遍的考评方法之一。首先要确定与被考评的工作相应的几项基本考评要素是，然后对应于各项考评要素列出各种行为程度的选择项。当对员工进行绩效考评时，对应于每个考评要素，对员工的工作绩效确定出一定的行为程度，进行汇总是，可得出员工的绩效结果，如表14-6所示，图表评定法操作比较简单，使用方便，有利于员工之间进行对比，因此得到广泛应用。

表 14-6. 图表评定法

评定日期	员工姓名		工作名称	部门
考评要素	考评等级			
	很差, 完全不符合要求	低于一般，有时不符合要求	一般, 能符合要求	优秀, 经常超出要求
质量：完成工作精确性、完整性及可接受性				
数量：是否达到可接受水平的工作量要求				
可靠性：员工在实现工作承诺方面的可信程度如何				

积极性：工作中是否愿意主动承担责任、自信				
适应性：是否具备对工作中变化的迅速反应能力和灵活性				

5) 目标管理法

目标管理法(简称MBO法)是通过考察员工工作目标达成程度来进行人员绩效考评的一种方法，目标管理法一方面强调员工工作成果的重要性，另一方面强调个人和组织目标的一致性，减少主管人员将工作考核重点偏离组织目标的情况，目标管理的实施步骤如图14-3所示。

图 14-3. 目标管理法的实施步骤

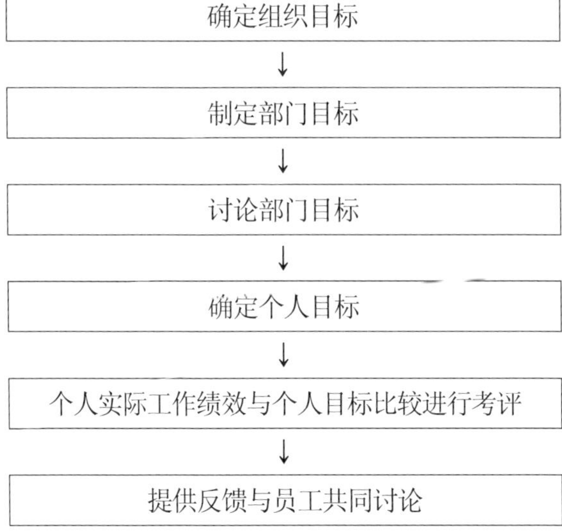

在确定组织目标的基础上制定出部门的目标，然后由部门领导就本部门的目标与下属展开讨论，并帮助员工制定出个有的工作计划，进而确定个人工作目标。在其后的工作绩效考评工作中，将员工的工作成果与预期的工作目标进行比较，并共同讨论比较结果，及时提供反馈。

目标管理法的最大长处在于能够为员工提供清晰、明确的工作目标，而且人员绩效考评工作由于有明确的参照标准，可以减少考评人员主观方面的影响，但是利用目标管理法进行人员绩效考评需要耗费大量时间，还需要主管和员工的良好合作才能实现。

3. 绩效考评的国别差异

不同的国家制度体系和文化价值导致绩效评价标准与方法存在较大差异。例如，美国的绩效考评体系代表着一种信奉个人的权利、义务与报酬之间联系的文化价值观，还代表着一种提倡机会平等的法律体系，这样，理想的美国绩绞考评体系是具有高度理性、逻辑性和合法性的。绩效标准反映了管理者可接受的工作产出的质量或数量目标。这些标准包括与工作有关的知识、质量、数量和创造性。例如，一名秘书应每分钟能打一定数目的单词，而不只是一天工作几小时，绩效考评是按照绩效标准对雇员进行客观的和比较性的评估，最常用的方法是使用某种评分标准，绩效考评结果一般通过上下级之间的正式面谈进行反馈。

在集体主义文化中，绩效考评与员工年龄和在群体内成员身份(通常是家庭或社会地位)密切相关，也就是说雇主和员工都认为，人力资源决策应当更多地考虑个人背景特征而不是成就，这才是正确和公平的，由于重要的是为群体利益工作，所以群体成员会根据工作绩效含蓄地赞扬或惩罚某人，管理者也可以采取间接方式惩罚业绩差的员工，比如取消正常的关爱或通过中间人(通常是亲属)采取行动是很普遍的。员工通常依据年龄和资历得到相应的薪资和晋升，对新的管理者来讲减少管理者之间的竞争、保持群体内的和谐比确定绩效优秀者更为重要。

4. 海外管理人员绩效考评的影响因素

对国际企业来讲，如何对员工进行绩效考评是一个很重要的问题，因为企业很难用一个统一的标准和方法对处于不同的国际环境下的员工进行有效的评价，尤其是海外管理人员，通常而言，海外管理人员的绩效难以考评的主要影响因素有以下几方面：

1) 总公司的战略目标

国际企业进入某个特定的国际市场常常是出于战略方面的考虑，而不是其国际经营所带来的直接利润，了解、开拓新市场或应对挑战，追随国际竞争对手的战略目标可能会使一些子公司陷入亏损状态，在这种情况下，如果依然采用像投资收益率这样的绩效考核指标来衡量，那么当地管理者的绩效就很不令人满意，尽管他们为实现总公司的总体目标做出了很大的贡献。

2) 环境因素

国际环境常常瞬息万变，政治、经济及其他环境条件的快速变化经常会使外派管理者难以实现总部所制定的合理的绩效目标，同时由于制度，文化差异等因素，各国的人力资源管理有很大的差别，比如假期与休假的数量、可接受的工作节奏、当地平均效率、对当地工人培训的类型与时间长短等都会直接影响管理者的绩效。

3) 信息的可靠性

一方面，由于当地组织与母公司之间存在地理上和时间上的差别，使得外派管理者和当地管理者与总部之间沟通的有效性大大降低，总部无法随时全面了解海外管理者的情况，从而影响到绩效考核上。另一方面，由于会计准则的不同，用来衡量当地企业绩效的数据可能与母国有较大的差别，因而失去了可比性。

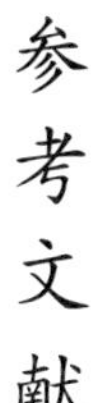

参考文献

1 B. S. Chakravarthy and H. V. Perlmutter, "Strategic Planning for A global Business," Columbia Journal of World Business, Vol.20(2), 1985, pp.3~10.

2 C. P. Kindleberger, American Business Abroad, New Heaven :Yale University Press, 1969, pp.1~3.

3 Chekitan S. Dev, Saul Klein and Reed A. Fisher, "Market-Based Approach for Partner Selection in Marketing Alliances," *Journal of Travel Research*, 1996, p.11.

4 D.A. Heenan and Howard V. Perlmutter, *Multinational Organization Development*, Addison Wesley Publishing Company, Inc., 1979.

5 D. F. Channon and M. Jalland, *Multinational Strategic Planning*, NY: AMACOM, 1978, pp.210~213.

6 Dong Sung Cho & Michael E. Porter, "Changing Global Industry Leadership: The Case of Shipbuilding." In Michael E. Porter(ed.). Competition inGlobal Industries, Harvard Business School Press, 1996.

7 Donald A. Ball, Wendell H. Mcculloch, *International Business*, 6th ed., Richard D. Irwin, 1996, p.667.

8 E. J. Kolde, *International Business Enterprise*, 4nd ed., Englewood Cliffs, Prentice-Hall Inc., 1991, pp. 204~208.

9 Franklin R. Root, Entry Strategies for International Markets, Lexington, 1987.

10 Haspeslagh and Jemison, *Managing Acquisitions*, The Free Press, 1991, p. 15.

11 J. H. Dunning, Toward an Eclectic Theory of International Production, Strategic Management Journal, Vol. 9, 1998.

12 J. F. Hennart, A Transaction Cost Theory of Equity Joint Venture, Strategic Management Journal, Vol. 9, 1998.

13 K. Kojima, Direct Foreign Investment : A Japanese Model of Multinational Operations, Croom Helm, 1978.

14 M. R. Czinkota, & I. A. Ronkainen, "International Marketing", The Dryden Press, 1993, p. 518.

15 M. Cauley de la Sierra, *Managing Global Alliance*, Addison Wesley, 1995.

16 Michael E. Porter, Competition in the Global Industries, Harvard Business School Press, 1986.

17 Michael E. Porter(ed.). Competition in Global Industries, Harvard Business School Press, 1996.

18 Michael R. Czinkota, llka A. Ronkainen, *International Business*, Dryden Press, 1993, p. 529.

19 Michael Y. Yoshino, U. Srinivasa Rangan, *Strategic Alliances*, Harvard Business School Press, 1995, p. 3.

20 Ohn, D. Oaniels, Lee H. Raderbaugh, *International Business*, 7th ed., Addison Wesley Publishing Company, 1995, p. 10.

21 Oliver E, Williamson, The Economic Institutions of Capitalism: Firms, Markets, Relational Contracting, Free Press, 1985.

22 P. J. Buckley. & M. Casson, The Future of Multinational Enterprise,

Macmillan, 1976. International Business Studies, Spring-Summer 1980.

23 R. Vernon, International Investment and International Trade in the Product Cycle, Quarterly Journal of Economics, Vol,80, 1966.

24 S. Gollander, Joint Venture and Corporate Strategy, *Columbia Journal of World Business*, Fall 1976, pp.104～106.

25 S. Robock, K. Simmonds & J.Zwick, International Business and Multinational Enterprise, Richard D. Irwin, Inc., 1972.

26 S.H.Hymer, The International Operations of National Firms: A Study of Direct Foreign Investment, MIT Press, 1976, p.219.

27 UN, Transnational Corporations in World Development: A Re-Examination, 1978.

28 UN, Transnational Corporations on Development and on International Relations, 1974.

29 金英莱,《全球战略经营》, Dunam, 2002.p.148.

30 金英来，SAITO YOSIO ，国际经营，斗南，2001，第4章.

31 金时宗,《国际经营战略论》，1998，p.404.

32 郑具贤，合作投资协商和分析，全国经纪人联合会，国际经营院，1980, pp.12～13.

33 郑具贤,《国际经营学》，法务社，1997，p.348.

34 潘炳吉，国际经营，博英社，1999，pp.334～335.

35 禹允大，国际经营，学贤社，1996，pp.304～306.

36 全英澈，国际经营管理论，贸易经营社，1994，p.172.

37 潘炳吉，国际经营，博英社，1999，pp.360～363.

38 宋敏善，日本海外直接投资的变化和启示，LG经济周刊，2001.3., pp.10～14.

39 元仲进，国际经营学，博英社，1997，p.105.

40 江泰九，海外直接投资理论和海外进出方式有关的文献研究，97秋季学术发表论文集，韩国贸易学会，1997，p.99.

41 元仲进，国际经营学，博英社，1997，p. 99.
42 元宗根,《国际经营学》，博英社，1997，p. 343.
43 郑久贤，国际经营学，法文社，1997，p. 75.
44 M. E. Porter/土岐坤 译，グローバル企業の競争戦略，ダイヤモンド社，1989.
45 竹田志郎 编,《国际经营论》，中央经济社，平成6年，p. 53.
46 朴孝植,《国际经营论》，博英社，1995. pp. 60～61.
47 潘炳吉,《国际经营》，博英社，1999，p. 313.
48 竹田志郎,《国际战略提携》，同文馆，1993，pp. 37～41.
49 竹田志郎， 参照上书.
50 林N以 · 德永善昭，グローバル，中央经济社，平成7年.
51 许辉,《国际企业管理》，中国人民大学出版社，2011.
52 徐子建，朱明侠,《国际营销学》2版，对外经济贸易大学出版社，2007.
53 李敏,《国际企业管理》，华南理工大学出版社，2006.

作者简历

朴明燮

成均馆大学贸易学科本科、硕士、博士课程结束 (ABD)
英国利物浦大学 经济学博士
釜山水产大学、国立釜庆大学贸易学科教授
美国国务省邀请“Summer Institute in the U. S. Economy and Public Policy for Foreign University Teacher”已修
日本神户大学 经营学部 外国研究员(Japan Foundation Fellow 神户港研究)
大韩商事仲裁院 仲裁人
外交通商部 通商交涉本部 咨询委员
海洋水产部 WTO/DDA 民间对策协议会 委员
建设交通部 物流改善企划团 咨询委员
韩国贸易学会 副会长
韩国安保通商学会会长
现任成均馆大学经营学部教授，成均馆大学贸易研究所所长

【著作、译作】

服务贸易(译作)，比峰出版社，1993.
交通经济学(译作)，大光文化社，1989.

IT革命与物流相遇之际(译作)，时代之窗，2001.
国际物流的理解和实例(著作)，法文社，2005.
全球化贸易的理解(著作)，Academy Press, 2010.
绿色贸易的理解(著作)，成均馆大学出版社，2012 等众多著作、译作.

【主要论文】

Participation of Developing Countries in World Shipping, Ph.D. Thesis, Univ. of Liverpool, 1991.

A Plan for Cooperation in Transport between South and North Korea, Transport Reviews (SSCI Journal), Vol.16, No.3, 1996.

关于韩国中小企业3PL的应用实态及应用要素的研究(日文)，日本海运经济学会志33号，1999.

关于欧洲海运服务自由化的研究(韩文)，韩国海法学会志，第27卷，第2号，2005.

关于物流企业的组织文化对吸收能力产生的影响(韩文)，贸易学会志，第37卷，第4号，2012.

The U.S. Trade Policy in Transition: An Over view，通商法律第69号，2006.

Future Impacts of RFID on Supply Chain Management and Redesigning the Distribution Structure of Seafood in Korea，贸易商务研究，第32卷，2007.

Multimodal Transport and Land Bridges in the Global Supply Chain, Journal Of Korea Trade 第12卷，第2号，2008.

An Empirical Study onthe Effect of Organizational Learning on Logistics Service of 3PL Companies，欧洲科学研究，第8卷，2009.

"長距離路線運航の 格安航空会社のビジネス•モデルに 關する 研究", 日本貿易学會年報, No. 48, 2011, 等英、韩、日文(SSCI 学术杂志) 论文多数刊登.

译者简历

宇

成均馆大学贸易大学院 经营学博士
成均馆大学贸易研究所 研究员
成均馆大学经营学科，经营专门大学院 讲师
大邱加图立大学贸易学科 助教授
韩国海洋商务学会 理事
现任韩国贸易经营学会 理事
现任成均馆大学经营学科 客座教授

【主要论文】

博士论文：A Study on the Opening of China's Legal Market after WTO Accession(韩文)，成均馆大学，贸易大学院，2010.

China's Electricity Law toward Renovation of the Electric Power Industry(英文)，通商法律，通卷，第88号，2009.

A Study on the China's Law Related with China's Enterprises M&A by Foreign Capital(韩文)，CHINA研究，第7集，2009.

关于中国能源安全有关法律制度的研究(韩文)，安保通商研究，第4卷，第1号，2010.

国际物流论(译作)，成均馆大学出版社，2011.

关于大连大窑湾保税港区的发展战略研究(韩文)，地域产业研究，第34卷，第1号，2011.

关于中国法律市场的开放及相关法律制度的研究(韩文)，通商法律，通卷，第102号，2011. 等多数论文刊登.